全国导游人员资格考试系列教材

DAOYOU YEWU

导游业务

全国导游人员资格考试教材编写组 ⊙ 编

第 5 版

GUIDE

北京·旅游教育出版社

出版说明

作为专业的全国旅游教材出版机构，我社曾于1994年配合国家旅游局人教司编写出版了全国第一套导游人员资格考试教材。该套教材是全国诸多同类教材中历史最久、使用面最广、内容最权威的教材，对帮助广大考生学习导游专业知识、规范全国导游人员考试起到了积极的推动作用。多年来，该套教材为适应旅游业的蓬勃发展，不断进行修订，因其权威性、实用性和先进性一直广受好评，畅销不衰。

为给国家和社会选拔合格和更高素质的导游人才，国家旅游局从2016年起实行全国统一的导游人员资格考试制度。过去的几年里，我社都在以往导游考试教材基础上根据新大纲修订编写出新的导游考试教材。该教材为考生顺利通过导游考试发挥了积极作用。2020年，根据社会对考试情况的反馈，文化和旅游部又及时修订了大纲以适应新形势的发展要求。我社在前几年统编教材的基础上组织了一批有多年旅游行业管理、一线旅游院校教学、导游人才培训和丰富命题经验的专家，组成导考教材编写组。编写组人员认真研究新大纲、讨论编写内容及体例，以服务考生为基本宗旨，严格按照新大纲修订编写了全国导游人员资格考试系列教材。

此套导考教材优点突出、特色鲜明，具体情况如下：

第一，整套教材编写与大纲紧密贴合。完全根据国家新大纲规定科目编写，具体每本书的框架构成也是根据大纲要求考生掌握的内容来制定的。全套教材根据大纲"了解""熟悉""掌握"三个层级对内容的要求确定重点与非重点，内容全面涵盖要点，细处高度契合大纲条目，论述详略得当，条目清楚，知识点明晰，便于考生识记，从容应考。

第二，编写团队均来自旅游业内一线专家和学者。作者是多年从事旅游行政管理、旅游院校教学和旅游人才选拔培训的一线人员，有着丰富的实践经验和深厚的理论修养。他们的编写态度严谨、认真、精益求精。编审团队也由社内最专业的编辑和社外专家组成,进一步保证了知识的准确性、权威性。

第三,教材内容既有二十多年专业导考教材的深厚积淀,又体现了与时俱进的时代特色和先进性。此教材秉承了原教材的优点,又紧紧抓住旅游业发展对导游人员素质提出的新要求,反映了国家旅游及相关行业进程的演变及新成果。

第四,教材备考体系全方位、立体化、高效能。根据新大纲的规定科目,我们的全国导游人员资格考试系列教材包括《政策与法律法规》《导游业务》《全国导游基础知识》《地方导游基础知识》。同时,我社还开发了与之配套的《全国导游人员资格统一考试模拟试题汇编》《全国导游人员资格考试全真模拟冲刺试卷》,来帮助考生梳理每个科目的核心内容和重要知识点,并进行同步强化练习,巩固掌握知识点。为了提高导游的实操能力,本次教材修订充分体现了立体化教材的特点,根据内容增加了法律法规文件、模拟导游视频、实操文本、经典图片、随堂练等实用性的拓展知识。这些知识都是针对导游需要的重点、难点而精心制作和遴选的,有助于打通教与学过程中的关键脉络。除此之外,我社还将在纸质书出版后,及时在"我是导游"APP平台上推出与此配套的电子书、在线题库、在线模拟试卷、导游词、在线辅导课程,帮助考生随时随地利用碎片时间高效学习备考。

最后,感谢所有参与本套教材论证、编写的专家、学者及对此套教材提出宝贵意见的用户和读者!我们将以优质的服务、专业的知识为考生尽心竭力地服务,为国家导游人才的选拔和培养贡献自己的一份力量。

旅游教育出版社

导游业务
在线题库

在线模拟试卷

目 录

第一章　导游服务 ··· 1
　第一节　导游服务的内涵及类型 ··· 1
　第二节　导游服务的发展历程 ·· 6
　第三节　导游服务的性质、特点及原则 ··································· 15
　第四节　导游服务的地位及作用 ·· 23

第二章　导　游 ·· 27
　第一节　导游的内涵及类型 ·· 27
　第二节　导游的从业素质和职责要求 ······································ 31
　第三节　导游的职业道德与修养 ·· 40
　第四节　导游领队引导文明旅游规范 ······································ 46
　第五节　导游服务礼仪规范 ·· 52

第三章　团队导游服务规范 ·· 69
　第一节　地方导游服务程序及服务质量 ··································· 69
　第二节　全程导游服务程序及服务质量 ··································· 91
　第三节　景区导游服务程序及服务质量 ·································· 105

第四章　散客导游服务规范 ··· 111
　第一节　散客旅游的内涵和特点 ··· 111
　第二节　散客导游服务流程 ··· 114

第五章　导游语言技能 ··· 120
　第一节　导游语言的内涵及特性 ··· 120

第二节　导游口头语言表达技巧 …………………………… 128
　　第三节　导游态势语言运用技巧 …………………………… 132
　　第四节　导游语言的沟通技巧 ……………………………… 137

第六章　导游带团技能 …………………………………………… 147
　　第一节　导游带团的特点与原则 …………………………… 147
　　第二节　导游的主导地位和形象塑造 ……………………… 148
　　第三节　导游提供心理服务的技巧 ………………………… 151
　　第四节　导游引导游客审美的技巧 ………………………… 158
　　第五节　导游组织和协调的技巧 …………………………… 163
　　第六节　导游接待不同类型游客的技巧 …………………… 169

第七章　导游讲解技能 …………………………………………… 172
　　第一节　导游讲解原则和要求 ……………………………… 172
　　第二节　实地导游讲解常用技法 …………………………… 177
　　第三节　实地导游讲解的要领 ……………………………… 186

第八章　导游应变技能 …………………………………………… 190
　　第一节　游客个别要求的处理 ……………………………… 190
　　第二节　问题与事故处理 …………………………………… 202
　　第三节　自然灾害与突发公共卫生事件应对 ……………… 226

第九章　导游相关知识 …………………………………………… 234
　　第一节　旅行社知识 ………………………………………… 234
　　第二节　旅游饭店知识 ……………………………………… 250
　　第三节　旅游景区知识 ……………………………………… 262
　　第四节　入出境知识 ………………………………………… 275
　　第五节　交通知识 …………………………………………… 288
　　第六节　其他相关知识 ……………………………………… 300

参考文献 …………………………………………………………… 319

第一章
导游服务

【学习目标】

了解导游服务的产生及发展历程。了解导游服务的内涵和特点。熟悉导游服务的性质、地位和作用。

第一节 导游服务的内涵及类型

一、导游服务的内涵

导游服务是指导游代表被委派的旅游企业接待或陪同游客进行旅游活动，并按照组团合同或约定的内容和标准向游客提供的旅游接待服务。

导游服务的内涵，具体来说包括以下几层含义：

首先，导游服务的主体是具有导游资格的导游，而且导游必须是旅游企业（包括线上和线下旅游企业或景区景点）委派的。

其次，导游服务的主要内容是游客的接待。一般来说，多数导游是在陪同游客旅行、游览的过程中向其提供导游服务的，但是也有些导游是在旅行社设置的不同地点的柜台前接待客人，向客人提供旅游咨询服务，帮助客人联系和安排各项旅游事宜。他们同样提供的是接待服务，所不同的是，前者是在游览中提供接待服务，后者则是在出游前提供接待服务。

最后，向游客提供的接待服务，对于团队游客而言，导游必须按组团合同的规定和导游服务质量标准实施，对于散客则应按事前约定的内容和标准实施。导游不得擅自增加或减少甚至取消旅游项目，也不得降低导游服务质量标准。

因此，导游服务是整个旅游服务的灵魂，导游在导游过程中所体现出的敬业精神、文化修养、人格魅力和服务艺术（包括服务技能、服务效率、语言艺术和组织应变能力等)对游客的综合旅游感受会形成最直接的影响。不仅如此，导游服务工作的优劣还会直接影响到整个旅游行业的声誉，对旅游业的发展产生正面或负面的影响。

二、导游服务的类型

导游服务包括图文声像导游和实地口语导游两种方式。

(一)图文声像导游

图文声像导游亦称物化导游，是指作为游客旅游指导的招徕宣传品和旅游纪念品，包括多种不同形式的图文印刷资料和声像制品。

1. 图册类

导游图、交通图、旅游指南、景点介绍册页、画册、旅游产品目录等。

2. 纪念品类

有关旅游产品、专项旅游活动的宣传品、广告、招贴以及旅游纪念品等。

3. 声像类

有关国情(城市)介绍、景点介绍的录像带、录音带、电影片、幻灯片和光盘等。

旅游业发达的国家和地区对图文声像导游极为重视，各大中城市、旅游景点以及机场、火车站、码头等处都设有摆放着各种印制精美的旅游宣传资料的"旅游服务中心"或"旅游问讯处"，游客可以随意翻阅、自由索取。工作人员还热情、耐心地解答有关旅游活动的各种问题并向问讯者提供有参考价值的建议。很多旅行社通过定期向公众放映有关旅游目的国(地)的电影或录像、举办展览会等方式来影响潜在的游客。组团旅行社通常在旅游团出发前，在领队向团员介绍目的地的风俗民情及旅游注意事项的同时，为游客放映有关旅游目的地的电影、录像或幻灯片，散发《旅游指南》等资料，帮助游客了解即将前往参观游览的旅游目的地。此外，许多博物馆、教堂和重要的旅游景点都装备有先进的声像设施，方便游客参观游览，帮助游客较为深刻地理解重要景观景物的文化内涵和艺术价值，从而获得更多美好的享受。

4. 语音导览器

自助式语音导览器具有多种语言可供选择，可通过红外无线连接，采用图、文、声、像全方位多媒体技术对展览内容进行翔实的介绍，使展览得到更大程度的扩展和延伸。

5. 智慧旅游

通过融合通信与信息平台，利用云计算、物联网和互联网技术，借助全球卫星定位系统，使用便携式移动终端上网设备，主动感知旅游相关信息，实现导游服务。简单地说，就是游客与网络实时互动，让游程安排进入触摸时代。如使用百度、高德等导航软件，可以方便地实现向导服务；利用景区开发的第三方应用程序（APP），可以实现景区游线规划、景点讲解、安全提示、旅游商品销售等目的。智慧旅游无疑是物化导游重要的表现形式。

2020年新冠肺炎疫情来势汹汹，疫情之中，不少企业抓住当下"非接触经济"的风口，积极拥抱移动互联网，利用5G、VR等技术，开辟线上展厅、线上博物馆等，让民众足不出户在家实现"云游览"。

（二）实地口语导游

实地口语导游亦称讲解导游，它包括导游在游客旅行、游览途中所做的介绍、交谈和问题解答等导游活动，以及在参观游览途中所做的导游讲解。

随着时代的发展、科学技术的进步，导游服务方式将越来越多样化、高科技化。图文声像导游形象生动、便于携带和保存的优势将会进一步发挥，在导游服务中的作用会进一步加强。然而，同实地口语导游相比，图文声像导游仍将处于从属地位，实地口语导游在导游服务中的核心地位是不可替代的，并将永远发挥着主导作用。其原因主要有以下三个方面。

1. 导游服务对象是有思想和目的的游客，需要导游提供有针对性的导游服务

由于社会背景和旅游动机的不同，不同游客的出游动机和目的不尽相同，其表达方式也存在差异。有的人直截了当，有的人则比较含蓄，还有的人可能缄默不语。单纯依靠图、文、声、像一类千篇一律的固定模式介绍旅游景点，是不可能满足不同社会背景和出游目的的游客的需求的。导游可以通过实地口语导游了解游客对旅游景点的喜好程度，在与游客的接触和交谈中，掌握不同游客的想法和出游目的，然后根据游客的不同需求，在对景观景物进行必要的介绍的同时，有针对性、有重点地进行导游讲解。这是图文声像导游难以企及的。

2. 现场导游情况复杂多变，需要导游灵活、妥善处理

现场导游的情况是纷繁复杂的，在导游对景观景物进行介绍和讲解时，有的游客会专心致志地听，有的则满不在乎，有的还会借题发挥提出各种稀奇古怪的问题。这些情况都需要导游沉着应对，妥善处理。在不降低导游服务质量标准的前提下，一方面满足那些确实想了解旅游目的地景观景物知识的游客的需求，另一方面要想方设法调动那些对旅游目的地不感兴趣的游客的游兴，还要对提出古怪问题的游客做必要的解释，以活跃整个团队的旅游气氛。此类复杂情况并非现代科技导游手段可以解决的，只有人，而且是高水平的导游才能得心应手地加以处理。

3. 旅游是一种人际交往和情感交流活动，需要导游的参与和沟通

旅游是客源地的人们到旅游目的地的一种社会文化活动，游客通过接触目的地居民来了解目的地的社会文化，实现不同国度、不同地域、不同民族之间的人际交往和情感交流。导游是游客率先接触且接触时间最长的目的地居民，其仪容仪表、神态风度和言谈举止都会给游客留下难以磨灭的印象。通过导游的介绍和讲解，游客还可以了解旅游目的地的文化，增长知识，陶冶情操。经过一段时间的接触和交往，游客和导游之间会自然而然地产生一种情感交流，建立起相互信任和友谊。这种导游与游客之间建立的正常的人与人之间的情感关系是提高导游服务质量的重要保证，这同样是高科技导游方式难以做到的。

三、导游服务的范围

导游服务的范围是指导游向游客提供服务的领域，亦即导游业务工作的内容。导游服务繁重纷杂，范围很广，食、住、行、游、购、娱几乎无所不包（图1-1）。但归纳起来，导游服务主要包括以下几类。

图1-1 导游服务示意图

(一)导游讲解服务

导游讲解服务包括游客在目的地旅行时导游所做的沿途讲解、参观游览地的导游讲解,以及座谈、访问和某些参观点的口译服务等。

导游讲解服务有助于传播文化、增进了解和陶情怡性。导游的介绍、讲解或翻译,可以帮助游客认识一个国家(或地区)的历史文化、传统风俗、生活方式和现代文明,以及当地居民的精神面貌、价值观念和道德水准,使游客通过对目的地社会文化和精神风貌的切身体验,获得惬意的审美感受和美好的回忆。高质量的导游讲解服务还可以在某种程度上弥补旅途生活服务中的某些不足,消除因生活服务的不尽如人意而造成的不愉快。

(二)旅行生活服务

旅行生活服务包括游客入出境迎送、旅途生活照料、安全服务以及上下站联络等。

旅行生活服务是目的地旅游接待工作中不可缺少的环节,也是导游服务的重要内容。首先,导游通过做好迎送游客、帮助游客办理住店离店事宜、安排游客行李运送、注意保护游客安全等日常工作,以及与饭店、餐馆、商店等旅游相关接待单位进行必要的协调、沟通,可使游客在旅游期间的生活顺利、愉快;其次,提供令人满意的旅行生活服务,可使游客对导游产生信赖感,逐渐消除初见时的隔膜和距离;最后,提供热情周到的旅行生活服务,使游客的旅游生活丰富多彩、精神轻松愉快。客、导之间关系融洽,有利于游客集中精力倾听导游的讲解,从而使导游讲解取得良好的效果。

(三)市内交通服务

市内交通服务是指导游同时兼任驾驶员为游客在市内和市郊旅行游览时提供的驾车服务。这种服务在西方旅游发达国家比较普遍,目前在我国还处于萌芽状态,但随着网约导游业务的普及,导游在履行合法手续并经旅游企业或游客同意后,将逐渐把为散客或小型团队提供的市内及周边交通服务纳入导游服务的范畴。

(四)导游讲解服务、旅行生活服务与旅游接待服务的关系

导游向游客提供的导游讲解服务和旅行生活服务是旅游接待服务的重要组成部分。

一方面,从导游讲解服务来说,游客到目的地来主要是为了增加对目的地社会文化等方面的了解,获取在目的地的旅游经历。旅游目的地的旅游接待工作就是要满足游客的这种需要,满足的办法则是安排游客在目的地参观游览,而导游带领游客参观游览并对参观游览的内容及相关知识进行讲解或翻译是满足游客需要的主要途径。导游的介绍、讲解或翻译，能帮助游客认识一个国家（或地区）及其民族的历史文化、传统习俗、生活方式和现代文明，进而了解他们的精神面貌、价值观念和道德风尚，使游客对所访目的地的社会文化和精神风貌有切身的体验。

另一方面，从旅行生活服务来说，它也是目的地旅游接待工作不可缺少的一环。在现代，游客以实现享受需要为其出游的主要目的之一。因此，认真做好游客的旅行生活服务显得十分重要。在这方面，导游是做好游客旅行生活服务的重要环节，除了迎送游客、帮助游客住店离店、安排行李运送、注意保护游客安全等项事宜外，导游还要与饭店、餐馆、商店等服务行业进行必要的沟通，使游客在旅游期间的生活顺利、愉快，这不仅有利于增加游客对目的地的认识和了解，提高游客的满意程度，而且也有利于激发游客对目的地旅游的兴趣，增加对导游为其提供各项服务的好感和信赖。总之，做好游客的旅行生活服务会给游客留下美好的印象。

导游讲解服务与旅行生活服务之间是相辅相成的关系。虽然二者满足游客需要的方面不同，然而它们都是游客整体旅游需要的一部分，相互之间既密切联系，又互相补充。对导游来说，一个方面服务上的某些欠缺在某种程度上可用另一方面服务的加强予以弥补，即高质量的导游讲解服务在某种程度上可以弥补旅行生活服务上的某些不足，反过来热情周到的旅行生活服务在某种程度上也可以弥补导游讲解中的某些不足。

第二节　导游服务的发展历程

导游服务是旅游服务的一个组成部分，是旅游活动发展到一定阶段的产物，伴随着旅游活动的发展而发展。

一、导游服务的产生与发展

在人类历史上，人类有意识地外出旅行是由于产品或商品交换引起的。早在原始社会旅行活动就已经开始，但产生导游服务的条件还未形成。奴隶社会和封建社会时期，人类的旅游活动有了一定的发展，外出旅游的人数不断增加，旅游的目的也不再单一，但旅游活动仍处于一种小规模、无组织、无领导的状态。虽然已出现有人在旅行时聘请当地熟悉路途的人做向导，但是这些向导都只是临时性的，正如"借问酒家何处有，牧童遥指杏花村"中所描述的，其作用仅是为旅行者引路的"牧童"而已，还不是我们现代意义上的导游。作为一种商业性质的职业导游，是到了近代才产生的。

（一）导游服务的产生

18世纪60年代后，以英国为代表的西方国家开始进入工业革命时期。随着生产力的迅速发展，旅游活动产生了本质性的变化，其最突出的标志是近代旅游业的诞生和导游服务的产生。

世界公认的第一次商业性旅游活动是由英国人托马斯·库克（Thomas Cook）组织的。1841年7月5日，托马斯·库克组织了570人，利用包租火车的方式，从莱斯特到拉夫巴勒参加一次禁酒大会。这次活动虽然不是一次纯粹的商业性活动，却成了近代旅游活动的标志，更重要的是托马斯·库克从中看到了巨大的商机。1845年，托马斯·库克又组织了一次350人的团体消遣性旅游活动，从莱斯特到利物浦，为期一周。为组织这次活动，托马斯·库克做了大量的先期准备工作，印制了世界上最早的旅游指南《利物浦之行手册》，不仅自己全程陪同，而且在卡那封城堡和斯诺登山游览中还聘请了地方导游，因此可以说这是世界上第一次大规模的、有组织的、纯粹以商业为目的的旅游活动。同年，托马斯·库克在莱斯特创办了世界上第一家商业性旅行社。此后，他放弃了原来的工作，开始专门从事旅游代理业务，成为世界上第一位专职的旅行代理商。

1846年，托马斯·库克亲自带领一个旅行团到苏格兰旅行。旅行社为每个成员发了一份活动日程表，还为旅行团专门配备了向导，这是世界上第一次有商业性导游陪同的旅游活动，导游服务作为一种职业正式登上了历史的舞台。

1865年，托马斯·库克与儿子约翰·梅森·库克（John Mason Cook）将原来的托马斯·库克旅行社更名为托马斯·库克父子公司（即后来的通济隆旅游公司），迁址于伦敦，并在美洲、亚洲、非洲设立分公司。1872年，托马斯·库克亲自带领一个9人旅行团访问纽约、南北战争战场、多伦多等地，把旅游业务扩展到了北美洲。这次环球旅行使其声名远播，产生了极大的影响。

1892年，托马斯·库克还创造性地发明了一种流通券。凡持有流通券的国际游客可在旅游目的地兑换等价的当地货币。这种流通券即旅行支票，这更加方便了游客进行跨国和洲际旅游。

后来，欧洲、北美诸国和日本纷纷仿效托马斯·库克组织旅游活动的成功模式，先后组建了旅行社或类似的旅游组织，招募陪同或导游，导游队伍逐渐形成。这个时期不仅出现了导游服务，而且从事这一工作的人员分成了全程陪同服务和地方游览讲解服务两种类型，为现代导游服务奠定了坚实的基础。

（二）导游服务的发展

第二次世界大战后，由于世界范围的和平与发展，大众化旅游活动迅速发展,导游队伍得以不断壮大,现代导游服务由此进入了发展时期。特别是20世纪60年代以来,由于世界经济的稳步发展,人们收入水平不断提高,闲暇时间增多,出于各种目的的旅行和旅游活动得到了迅速发展。根据世界旅行与旅游理事会(WTTC)《2019旅行与旅游全球经济影响与趋势报告》中发布的数据,2018年旅游业为全球经济贡献38.8万亿美元,这相当于全球GDP的10.4%,提供了3.19亿份工作岗位,占全球工作岗位的10%,其中包括为游客提供导游服务的人员。

随着现代旅游的迅猛发展,世界导游队伍的不断扩大,旅游服务质量,特别是导游服务质量引起了各国政府的高度重视,各国纷纷采取措施,制定旅游服务质量标准,加强了对导游的执业资格、选拔、培训以及服务质量的管理,形成了不同类型的导游管理体制,从而实现对导游的规范化服务与管理。

1."封闭式·严格型"的导游管理体制

(1)资格准入门槛高

以新加坡和以色列这两个国家为例,新加坡和以色列均规定:想申请做导游工作者,必须参加并通过全国统一组织的导游资格考试,才能取得导游资格,否则会受严厉的处罚。

(2)执业管理很严格

新加坡:对导游行业实行定期报告、换证和在册导游培训制度。导游每隔半年要报告过去6个月的接团量。注册导游每隔一定年限须参加一次导游考试,通过者换发新证,未通过者将被取消导游资格。客人的意见和评价直接关系到导游的就业机会。出现对导游服务质量的投诉,旅行社会根据情况决定是否续聘该导游。旅游局收到投诉后也要进行调查,情况属实则发出警告,多次被投诉者会被取消导游资格。

以色列:以色列旅游部发给每个导游统一编号的导游证和胸卡,导游在国内提供导游服务时,必须佩戴胸卡以接受监督和检查。对违章导游,旅游部将收回导游证和胸卡,取消其资格,并且一般不批准其重新参加导游培训和资格考试的申请。

2."开放式·宽松型"的导游管理体制

(1)资格准入很宽松

以澳大利亚、英国和德国为例:

澳大利亚:有意当导游者,可自愿参加由澳大利亚入境旅游组织举办的导游资格考试,通过者可获得导游资格证书和导游胸卡。但这一证书只作为专业水平的证明,而非导游必备的条件。

英国：与澳大利亚类似，获得资格证书有助于寻找工作，但如果没有这一证书也可以当导游。

德国：无职业导游，所有导游都是临时、兼职或业余的。所以，德国不设导游资格考试制度。

（2）执业管理靠游客

实行"开放式·宽松型"体制的国家，导游监管主要靠雇主——旅行社和服务对象——游客进行。

澳大利亚：导游是自由职业者，无专门的机构去监管，主要靠雇主根据游客的反映增减付给导游的薪金，或做出是否续聘的决定来实施动态管理。对不合格的导游，目前尚无任何处罚规定。

德国：目前尚无监督管理导游服务质量的专门机构，游客的评价就是最好的监督，旅行社据此决定是否续聘该导游。

3."开放式·严格型"的导游管理体制

以我国为例，随着旅游业的发展，为适应旅游市场的需求，我国的导游管理体制经历了由"封闭式·严格型"向"开放式·严格型"的转变，呈现出以下特点：

（1）导游资格终身制

导游资格证在全国通用，而且终身有效。

（2）导游多渠道执业

导游除了可以由旅行社委派外，还可以由游客通过线上平台或线下自主联系预约导游获得工作，实现交易完全开放。

（3）导游管理信息化

取消导游年审制度，通过导游公共服务监管平台，用信息化手段实现对导游的常态管理。

二、我国导游服务的发展演变

我国导游服务起步于1923年8月，至今经历了五个发展阶段。

（一）起步阶段（1923—1949年）

1923年8月，上海商业储备银行总经理陈光甫先生在其同人的支持下，在该银行下创设了旅游部。1927年6月1日，旅游部从该银行独立出来，成立了中国旅行社，其分支社遍布华东、华北、华南等地区15个城市。与此同时，中国还出现了其他类似的旅游组织。这些旅行社和旅游组织承担了近代中国人旅游活动的组织工作，同时也产生了我国的第一批导游。

（二）开拓阶段（1949—1978年）

中华人民共和国成立后，我国旅游事业有了进一步发展。第一家旅行社"华侨服务社"于1949年11月在厦门正式营业。此时便诞生了中华人民共和国成立后的第一批导游。1954年4月15日，中国国际旅行社在北京西交民巷4号诞生。其后又在各地设立分支社，主要负责接待外宾，为外国人来华旅游提供方便，但不承担自费旅游的接待业务。到1956年，由于中国国际旅行社与苏联国际旅行社签订了《相互接待自费旅游者的合同》，来华旅游的苏联游客逐渐增多，加上华侨、港澳同胞等回国观光探亲的人越来越多，旅行社开始接待自费游客。1964年6月，国务院批准成立"中国旅行游览事业管理局"作为国务院直属机构，加强对旅游事业的组织和领导。在此期间导游队伍逐渐形成，规模有二三百人，十几种语言导游。这一时期导游服务以外事接待工作为主要内容，因此，从事导游服务的工作人员均称为翻译导游。

（三）发展阶段（1978—1988年）

中国共产党第十一届三中全会后，我国实行对外开放政策，吸引了大批海外游客拥入我国，国内旅游也蓬勃发展。1978年，"中国旅行游览事业管理局"改名为"中国旅行游览事业管理总局"，各省、市、自治区都设立相应的旅游局。1980年6月，中国青年旅行社总社成立，几个中央部委如邮电、教育、铁路等也相继成立了旅行社。1984年，旅行社外联权下放，全国各行业和地区性旅行社迅速发展。到1988年年底，全国形成了以国旅、中旅、青旅为主干框架的近1600家旅行社体系，全国导游队伍迅速扩大到25 000多人。但由于增长速度过快，导游队伍中出现了鱼龙混杂的局面。

（四）全面建设导游队伍阶段（1988—2016年）

为了整顿导游队伍，使导游服务水平适应我国旅游业发展的需要，1988年国家旅游局开始在上海和浙江设立导游考试试点，1989年举行全国导游考试，随后每年开展一次导游资格考试。为配合导游资格考试，中国旅游报社等单位发起了"春花杯导游大奖赛"，此后又举办了多次全国导游大奖赛，对提高我国的导游服务水平、推进导游工作规范化的进程做出了贡献，同时也标志着我国开始迈入全面建设导游队伍的阶段。

1994年，国家旅游局决定对全国持有导游证的专职及兼职导游分等定级，划分为初级、中级、高级、特级四个级别，进一步加强导游队伍建设。同年，国家旅游局联合国家技术监督局发布了《导游人员职业等级标准（试行）》，1995年发布《中华人民共和国国家标准导游服务质量》。1999年5月国务院颁发的《导游人员管理条例》标志着我国导游队伍的建设迈上了法律进程。

2001年，国家旅游局运用现代科学技术手段建立导游数据库，在全国范围内推行导游电子信息网络化管理。

2002年，国家旅游局开展整顿和规范旅游市场秩序活动，把全面清理整顿导游队伍作为三个重点环节之一来抓，明确提出严厉查处乱拿、私收回扣，打击非法从事导游活动，坚决清理一批政治、道德、业务素质不合格的导游，建立和完善"专职导游"和"社会导游"两套组织体系和教育管理体系，全面推行导游记分制管理和IC卡管理等举措，促进了导游工作的规范化，加强了导游队伍的建设。

2013年10月1日，《中华人民共和国旅游法》正式施行。该法对导游准入条件做出重大修改，从源头保证各类导游都有固定的收入渠道、规范了导游与旅行社之间的利益分配关系，并且进一步明确了导游执业行为应该承担的法律责任。相信通过认真贯彻落实该法，必将为推进我国导游的职业化进程、全面提升导游素质和社会地位打下坚实基础。

(五)深化导游改革阶段(2016年至今)

2016年1月29日，全国旅游工作会议提出要深化导游管理体制改革，导游从"行政化、非流动、封闭式"管理向"市场化、自由化、法制化"管理转变。

2016年5月9日，国家旅游局(2018年与文化部合并为文化和旅游部)印发了《关于开展导游自由执业试点工作的通知》，附带《导游自由执业试点实施方案》《导游自由执业试点管理办法(试行)》两个文件，决定从2016年5月开始，正式启动在江浙沪三省市、广东省的线上导游自由执业试点工作，在吉林长白山、湖南长沙和张家界、广西桂林、海南三亚、四川成都的线上线下导游自由执业试点工作。由此，标志着导游进入到自由执业阶段。在试点过程中，国家旅游局为导游自由执业划定了门槛：持有在试点地区注册的初级及以上导游证，身体健康，且两年内未受到行政处罚的导游，由各试点地区的旅游主管部门审核，可以参与导游自由执业。同时，参与自由执业的导游应该具有导游自由执业责任保险，每次事故每人责任限额应不低于50万元人民币。

为了方便导游执业，加强对导游的信息化管理和制度保证，2016年8月24日全国导游公共服务监管平台正式上线。该平台的功能主要有：导游执业管理、导游执业信息全记录、导游服务评价和投诉、旅游部门监管执法及其他公共服务。随着平台建设不断完善，将实现导游网上培训、星级评价、信息咨询、突发事件应急管理等公共服务。同年9月27日宣布废止《导游人员管理实施办法》，停止实施导游岗前培训考核制度、计分管理制度、年审管理制度和导游资格证3年有效制度，并在2018年1月1日起实施的《导游管理办法》中做了明确规定。

导游执业方式自由化是导游自由执业的核心，目前导游执业主要有两大类型和五种模式。

1. 导游自由执业的两大类型

（1）线上导游自由执业

指导游向通过网络平台预约其服务的消费者提供单项讲解或向导服务，并通过第三方支付平台收取导游服务费的执业方式。

（2）线下导游自由执业

指导游向通过旅游集散中心、旅游咨询中心、A级景区游客中心等机构预约其服务的消费者提供单项讲解或向导服务，并通过第三方支付平台收取导游服务费的执业方式。

2. 导游自由执业的五种模式

（1）"旅行社委派"模式

指导游接受旅行社委派，为游客提供服务的模式。是现有旅行社委派导游经营模式的延续。

（2）"旅行社预订"模式

指游客通过旅行社预订导游服务的模式。旅行社保留的与部分优秀导游的劳动关系或雇佣关系，在导游自由执业后依然存在。

（3）"协会预订"模式

指游客通过旅游行业协会，譬如导游协会预订导游服务的模式。只要旅游行业协会能够真正成为"导游之家"，维护导游的合法权益，旅游行业协会必然会成为导游的集聚地。游客通过旅游行业协会预订导游服务，必定会成为导游自由执业后的趋势之一。譬如，张家界"导游协会"、四川"导游之家"。

（4）"导游服务公司"模式

指导游服务公司、导游经纪公司为游客提供导游服务的模式。这里所指导游服务公司，与目前正在营运的一些导游服务公司不是一个概念。现在的导游服务公司多为半官方性质，能按照市场化模式运转的少之又少。只要导游自由执业全面实施，导游服务公司等经济实体必将应运而生，专职从事预订和提供导游服务。

（5）"游客直联"模式

指游客直接与导游本人联系，预订其导游服务。这种模式为那些业务素质精湛、服务质量高的导游提供了施展才华的天地，目前只适用于试点省市（地区）。

三、导游服务的发展趋势

(一)旅游活动的发展趋向

1. 世界旅游业发展增速虽然放缓，但仍将持续增长

虽然近几年来全球经济不振、复苏乏力，中东和北非政局动荡，中美贸易摩擦以及恐怖主义威胁带来了不利影响，但世界旅游业仍持续增长。2019年全球国际旅游总人次达到15亿，比2018年增长近4%，却为2016年以来的最低增速。增速放缓与全球经济状况有关，全球经济增速在3%左右，另外，围绕英国"脱欧"的很大不确定性、地缘政治紧张局势加剧和世界上最古老的托马斯·库克旅行社倒闭也是造成国际游客数量增速放缓的原因。2020年因为新冠肺炎疫情在全球的暴发，国际旅游业增长速度将进一步放缓。

2. 我国居民出游势头强劲

过去30多年中，中国国民经济的持续快速发展，城乡居民收入水平的大大提高，推动了中国公民国内旅游和出境旅游的迅速发展。1985—2019年，中国居民国内旅游人数年均增长9.9%；1987—2019年，中国居民出境旅游人数年均增长34%，2019年已达1.55亿人次，中国成为世界最大的客源市场和世界第一大旅游消费国。

21世纪中国居民的国内旅游和出境旅游将继续发展，其消费水平会进一步提高，这是因为：

第一，我国国民经济的发展速度今后虽然可能放缓，但仍居于世界各国的前列，随着经济的发展，我国国力将不断增强。随着"一带一路"倡议的实施，我国同世界各国的经济联系将日益加深，同世界各国的文化往来将日益频繁，公务和商务出境旅游将继续扩大。

第二，随着城镇化的发展，城市人口将不断增加，城市居民的实际收入水平将进一步提高。在国家扩大内需、鼓励消费政策的引导下，城乡居民进行国内旅游的人数将进一步增多，旅游平均消费水平将有较大提高。在我国居民中，尤其是那些率先致富的家庭，更有实力进行国内和出境旅游。

第三，双休日假期的实行、公共假期的延长和带薪休假的逐步落实为人们出游提供了条件。随着时代的发展，人们的生活方式正在发生变化，出外休闲度假已成为人们提高生活质量的一种方式。

(二)导游服务的发展趋势

未来旅游活动的发展趋向对导游服务将会产生直接影响并对其提出新的要求。导游服务在未来将出现如下五种趋势。

1. 导游内容高知识化

导游服务是一种知识密集型的服务，即通过导游的讲解来传播文化、传递知识，促进世界各地区间的文化交流。在未来社会，人们的文化修养更高，对知识的更新更加重视，获取旅游相关知识的途径更加便捷，加上文化旅游、专业旅游、科研考察的发展，对导游服务提出了更高的知识要求。

根据这一趋势，导游必须提高自身的文化修养，不断吸收新知识和新信息，导游掌握的知识不仅要有广度，还要有深度；导游不仅能同游客讨论一般问题，还能较深入地谈论某些专业问题。这样使导游讲解的内容进一步深化，更具有科学性，导游讲解更有说服力。总之，在知识方面，导游不仅要成为"杂家"，还要成为某些知识领域的行家里手。

2. 导游手段科技化

随着科学技术的发展，将来还会有更先进的科技手段运用到导游服务中来。如图文声像导游、网络导游等先进的导游手段，在游览前或在游览现场引导游客参观游览过程中，不仅让游客看到（听到）了景观景物的现状，还进一步了解其历史沿革和相关知识，起到深化实地导游讲解和以点带面的作用，成为导游服务不可或缺的辅助手段。因此，导游必须学会使用它们，并在游前导、游中导和游后导中运用自如，与实地口语导游密切配合，使二者相辅相成，为导游讲解锦上添花。同时，在导游过程中讲解科技知识、运用科技手段，能够使游客了解到旅游和高科技发展之间的关系，使导游服务与时俱进，充满时代气息。

3. 导游方法多样化

旅游活动日趋多样化，尤其是参与性旅游活动的兴起和发展，要求导游随之变化其导游方法。参与性旅游活动的发展，意味着人们追求自我价值实现的意识在不断增强。追求自我价值不仅体现在工作中，人们还将其转移到娱乐活动之中。人们参加各种节庆活动，与当地居民一起活动、生活，在旅游目的地学习语言、各种手艺和技能，甚至参加冒险活动等。这都要求导游不仅会说（导游讲解），还要能动，与游客一起参加各种活动。

4. 导游服务个性化

今天的社会是个性张扬的社会，个性化发展成为时代的主题，人们对旅游的需求个性化，旅游产品的消费也呈现个性化的趋势。一方面，导游服务的个性化要求导游要根据游客的个性差异和不同的旅游需求提供有针对性的服务，使不同的游客获得更大的心理满足；另一方面，导游服务的个性化有利于导游根据自己的优势或特长、爱好，形成自己的个性风格，朝品牌化导游方向发展，给游客留下特色鲜明的印象。

5. 导游职业自由化

从世界各国导游发展的历史来看,导游作为自由职业者是必然趋势。他们身份自由、行动自由、收入自由,靠为游客提供良好的服务和高尚的职业道德获得社会认同。导游的收入取决于带团机会,服务水平高、个人声誉好的导游带团机会就多,收入就高,体现了"优胜劣汰"的原则。目前,我国各地区成立的导游自由执业平台、导游公司或导游服务中心就是这一趋势的反映。

总之,未来的旅游业要求导游不仅要有"十八般武艺",而且还要掌握更多的导游技艺,来满足游客不断变化的旅游需求,只有这样,导游才能胜任未来的导游服务工作,才有可能将导游服务做得有声有色。

第三节 导游服务的性质、特点及原则

导游是旅游业的"形象大使",他们所提供的服务也被看作旅游业的标志性产品。作为旅游业的代表性工种,导游服务具有鲜明的行业特征和不同于其他服务的性质和特点。

一、导游服务的性质

导游服务的性质因国家和地区的不同,其政治属性也不同。在资本主义制度下,导游由于长期受资本主义社会环境影响,在向游客提供导游服务时,往往会自觉或不自觉地传播资本主义人生观、价值观和伦理道德,使导游服务有形或无形地带有资本主义色彩。

我国导游服务工作在本质上有别于资本主义国家,是一项为国家的社会主义建设和国内外民间交往服务的旅游服务工作。它以游客为服务对象,以协调旅游活动、导游讲解、帮助游客了解中国为主要服务职责,以沟通语言和文化为主要服务形式,以增进相互了解和友谊为主要工作目的,以"游客为本、服务至诚"为核心价值观。

除政治属性外,世界各国的导游服务还具有以下共同属性。

(一)社会性

旅游活动是一种社会现象,在促进社会物质文明和精神文明建设中起着十分重要的作用。在旅游活动中,导游处于旅游接待工作的中心位置,接待着四海宾朋、八方游客,推动着世界上这一规模最大的社会活动。所以导游所从事的工作本身就具有社会性。与此同时,导游服务又是一种社会职业,对大多数

导游来说，它是一种谋生的手段。

(二)文化性

由于国别、语言和所处环境等方面的不同，游客与旅游目的地之间往往存在较大的文化差异，从而产生交流和欣赏的障碍。为了加强旅游的美感和愉悦程度，游客迫切地需要导游的引导和服务，需要通过导游讲解来跨越不同的文化范畴，弥合不同的文化差异。导游服务的文化性主要体现在以下两个方面。

1. 导游服务是促进文化交流的重要渠道

导游的讲解、翻译、与游客的日常交谈，一言一行都在影响着游客，都在扩大着一个国家(或地区)及其民族的传统文化和现代文明的影响。导游为来自世界各国、各民族的游客服务，通过引导和生动、精彩的讲解给游客以知识、乐趣和美的享受；同时，也对各国、各民族的传统文化和现代文明兼收并蓄，有意无意间传播着异国(或异地)文化，促进了文化的交流。

2. 导游服务是引导审美和求知的媒介

游客要通过旅游去认识过去不曾接触或不曾了解过的事物，以期得到求知欲望的满足。导游讲解服务能循循善诱地指导游客以最佳的方式或最合适的角度去欣赏某一名胜古迹、历史故事、神话传说，能妙趣横生地向游客介绍当地的风俗习惯、掌故趣谈、风味特产等，使游客得到自然美和艺术美的享受，并在潜移默化中增长知识。由此可见，导游服务是游客在旅游过程中进行审美活动和满足求知欲的重要媒介。

(三)服务性

导游服务与第三产业的其他服务一样，属于非生产劳动，是一种通过提供一定的劳务活动，提供一定的服务产品，创造特定的使用价值的劳动。与一般服务工作不同的是，导游服务不是一般的简单服务，它围绕游客展开，采取翻译、讲解、安排生活、组织活动等形式，工作内容涉及旅途中的交通、住宿、饮食、娱乐、购物、票证、货币和其他各方面的生活需求等，给游客提供全方位、全过程的服务。导游除具有丰富的专业知识外，还应具备一定的社会活动能力、应变能力以及独立处理问题的工作能力。因此，导游服务是一种复杂的、高智能的服务，其代表性体现在以下两个方面。

1. 导游服务可以提高游客的旅游生活质量

旅游是人类的一种高级休闲形式，是在旅游动机的主导下进行的有目的的享受性、休闲性、娱乐性、提高性的活动，其基本特点之一就是异地性。游客身处陌生的环境，如果没有导游的服务，就会茫然不知所措，或疲于奔命而破坏旅游情绪。游客要自己安排食、住、行，势必会分散游览观光的精力，也会影响旅游活动的顺利进行。有了导游的服务，游客就可获得事半功倍的旅游效果。即使那些旅游经验丰富、不需要导游的人也往往离不开物化的导游服务（即旅游指南和各种旅游地的指示）。

2. 导游服务可以满足游客的心理需求

人类总是渴求一种归属感。游客身处他乡异地，四顾茫然，很希望有人对其在精神上进行抚慰、在生活上尽心关照。热情的导游能消除游客在旅游过程中出现的拘谨心理和寂寞感，增强安全感。同时，旅游生活中常有因对当地风俗不了解或因语言不通而造成误会的情况发生，有时甚至因不熟悉情况，冒犯当地居民的风俗习惯而发生不愉快的事情，使人极为扫兴。因此，帮助游客避免上述情况的发生，就责无旁贷地落在了导游的肩上。

（四）经济性

导游服务是导游通过向游客提供劳务而创造特殊使用价值的劳动。在商品经济条件下，这种劳动通过交换而具有交换价值，在市场上表现为价格。

旅游业是国民经济的重要组成部分，是具有独立特色的经济部门，是无烟的朝阳产业。导游服务的对象是游客，通过协调、组织、迎送、翻译、讲解、代理等形式为游客服务，目的在于引导游客、方便游客、满足游客的相应旅游需求，实现旅游企业的经济目标，获取相应的个人经济收入，体现个人的人生和社会价值。因此，导游服务具有较为明显的经济性，且主要表现在以下四个方面。

1. 优质服务，直接创收

旅行社是现代旅游业的龙头行业。旅行社的产品开发能力、促销能力、接待能力如何对整个旅游业的发展意义重大。旅行社组合的旅游产品在形式上是通过签订旅游合同销售出去的，但实际上，旅游产品不同于一般的有形商品，它的销售是多次性的，贯穿于旅游全过程，通过提供综合性服务来实现，而导游服务在其中起着举足轻重的作用。产品的设计是为了接待，宣传和销售的效果需要通过接待来实现。会计业务的顺利进行依赖于接待工作的顺利完成，依赖于导游的协调和回款。导游直接为游客服务，为他们提供语言翻译服务、导游讲解服务、旅行生活服务以及各种代办服务，收取服务费和手续费。旅行社的产品最终是通过导游工作生产和提供的。因此，导游服务是旅行社产品的最终生产者和提供者，它直接为国家建设创收外汇、回笼货币、积累资金。

2. 扩大客源，间接创收

游客是旅游业生存和发展的先决条件。没有游客，发展旅游业就无从谈起，导游也就没有了服务对象。世界上许多国家和地区的政府为支持旅游业的发展，不惜投入大量资金和人力在国内外进行大规模的广告宣传和举办促销活动以招徕游客。然而，与广告宣传相比，另一种更为有效的宣传方式则是游客的"口头宣传"，例如游客在旅游目的地参观访问之后，回家向亲朋好友讲述其在旅游目的地所受到的接待以及其旅游经历和体验，或者通过微信、微博、QQ空间和论坛发表游记，记录其在旅游目的地的美好感受。这种"口头宣传"不仅向游客周围的人传播了旅游目的地的旅游信息，提高了旅游目的地和旅游公司的知名度，而且在一定程度上会对其他游客今后的旅游流向产生影响。因为，游客的亲身体验比任何广告宣传更可靠、更令人信服。所以，导游向游客提供优质的导游服务，在招徕回头客、扩大客源等方面起着不可忽视的间接创收的作用。

3. 因势利导，促销商品

旅游商品和纪念品的开发、生产和促销是发展旅游业的重要组成部分。各国、各地对此都非常重视，并将其视作争夺客源和增加旅游收入的重要手段。据统计，在国际旅游总消费中，用于购物的部分约占50%，在新加坡、中国香港等国家和地区的旅游总收入中，销售商品和纪念品的收入远远超过了上述比例，在促销商品过程中，导游的作用举足轻重。

4. 增进了解，促进经济交流

来我国旅游的海外人士及国内游客中，不乏有人希望借旅游之机与各地的同行接触，相互交流信息；或想通过参观访问，了解经济合作的可能性以及投资的环境。因此，导游在与游客交往过程中要做一个有心人，设法了解他们的愿望，并不失时机地向旅行社报告，在有关领导的指示下积极牵线搭桥，促进中外及地区间的科技、经济交流与合作，为国家和地区的经济建设做出应有的贡献。

（五）涉外性

发展入境旅游是我国旅游业的长期方针，也是一项战略任务。根据《中华人民共和国旅游法》，我国合法设立的旅行社均可从事入境旅游接待业务，理论上都具有涉外性。改革开放以来，随着我国综合国力的提升和人民生活水平的不断提高，我国公民出境旅游发展势头也很强劲。2019年全年，我国入出境旅游总人数达3亿人次。对于入境旅游，导游是为海外游客提供导游服务；而对于出境旅游，导游为中国公民提供出境陪同服务，两者都具有明显的涉外性。据世界旅游组织数据显示，到2019年年底，国际游客数量达到15亿人次。游客的跨国界旅行为增进各国人民之间的了解和友谊、促进世界和平做出了积极贡献。

导游服务的涉外性要求我国导游在入境旅游接待和出境旅游陪同中，积极宣传社会主义中国，充分发挥民间大使的作用。与此同时，还要对海外有关情况进行调查研究，特别要了解旅游客源国游客的需求及其变化，了解外国旅游企业的运作和经营管理模式。这有助于导游有针对性地提供导游服务，提高导游服务质量；也有助于提高我国旅游产品的开发、设计水平，更具针对性地开展旅游宣传、招徕与促销活动。

二、导游服务的特点

导游服务是旅游服务中具有代表性的工作，有着鲜明的个性特征。

（一）独立性强

导游服务工作独当一面。在游客整个旅游活动过程中，往往只有导游与游客朝夕相处，时刻照顾他们食、住、行、游、购、娱等方面的需求，独立地提供各项服务，特别是在回答游客政策性很强的问题或处理突发性事故时，常常要当机立断、独立决策，事后才能向领导和有关方面汇报。导游讲解也是比较独特的，因为在同一景点，导游要根据不同游客的不同特性、不同时机进行针对性的导游讲解，以满足他们的精神享受。这是每位导游都必须努力完成的任务，其他人无法替代。

（二）脑体高度结合

导游服务是一项脑力劳动与体力劳动高度结合的服务性工作。由于旅游活动涉及面广，要求导游具有丰富而广博的知识，只有这样才能使导游服务工作做到尽善尽美、精益求精。除了掌握导游服务规范外，导游还必须具有一定的政治、经济、历史、地理、天文、宗教、民俗、建筑、心理学、美学等方面的基本知识，还必须了解我国当前的大政方针和旅游业的发展状况及有关的政策法规，掌握旅游目的地主要游览点、旅游线路的基本知识。同时，还要了解客源国（或地区）的政治倾向、社会经济、风土人情、宗教信仰、禁忌习俗等。导游在进行景点讲解、回答游客问题时，都需要运用所掌握的知识和智能来应对，这是一种艰苦而复杂的脑力劳动。此外，导游的工作量也相当大，除了在旅行游览过程中进行介绍、讲解，还要随时随地应游客的要求，帮助解决问题，事无巨细，也无分内与分外之分。尤其是旅游旺季时，导游往往会连轴转，整日、整月陪同游客，无论严寒酷暑长期在外作业，体力消耗大，又常常无法正常休息。因此，要求导游具备较强的事业心和良好的身体素质。

（三）客观要求复杂多变

导游服务具有较为规范的工作流程，如接站、送站、旅途服务和各方面关系的接洽、协调等，均按一定的程序进行工作，具有较强的规范性和可操作性。但导游服务中更多的是不确定性和未知性，即使是在预定的行程和规程范围内，由于服务对象不同、人际关系复杂、游客需求多样，具体情况可能千差万别，各种矛盾可能随时显现，甚至意外情况也有可能出现。因此，导游必须具备处理各种偶然和意外情况的能力。归纳起来，导游服务的复杂性主要体现在以下四个方面。

1. 服务对象复杂

导游服务的对象是游客，他们来自五湖四海，不同国籍、民族、肤色的人都有，职业、性别、年龄、宗教信仰和受教育的情况各异，性格、习惯、爱好等各不相同。导游面对的就是这样一个复杂的群体，而且每一次接待的游客都互不相同，这就更增加了导游服务的难度和复杂性。

2. 游客需求多样

导游除按计划安排和落实旅游活动外，还要处理游客随时随地提出的各种个别要求，以及解决旅游过程中可能出现的问题和情况，如会见亲友、传递信件、转递物品、游客患病、游客走失、游客财物被窃与证件丢失等。而且由于对象不同、时间场合不同、客观条件不同，同样的要求或问题也会出现不同的情况，这需要导游审时度势、判断准确并妥善处理。

3. 人际关系复杂

导游是旅行社的代表，他们既代表着旅行社的利益，又要维护游客的利益，在安排和组织游客活动时还要同饭店、餐馆、旅游景区、商店、娱乐、交通等部门和单位的人员接洽、交涉和协调，人际关系相当复杂。与此同时，导游还要处理和协调导游中全陪、地陪与外方领队的关系，争取各方面的支持和配合。虽然导游面对的这方方面面的关系是建立在共同目标基础之上的合作关系，但每一种关系的背后都有各自的利益，落实到具体人员身上，情况就更为复杂。

4. 直面"精神污染"

导游常年接触各方游客，直接面对各色各样的意识形态、政治、经济、文化观点、价值观念和生活方式，有时还会面临金钱、色情、利益、地位的不断诱惑，耳濡目染，直接面对"精神污染"的概率大大高于常人。常言道"近朱者赤，近墨者黑"，导游如果缺乏高度的自觉性和抵抗力，往往容易受其影响。

（四）跨文化性

导游服务是传播文化的重要渠道，起着沟通和传播文明、为人类创造精神财富的作用。游客来自不同的国家和地区，民族习性不同，文化背景各异。导游必须在各种文化的差异中，甚至在不同民族、不同地域文化的碰撞中工作，架设不同文化间沟通的桥梁，找到不同文化间的共同语言，减少文化接触中的负面冲撞，增加文化交融互补的机会，尽可能多地了解不同文化间的差异，圆满地完成文化传播的任务。

三、导游服务的原则

（一）满足游客合理需求的原则

导游服务的根本是满足游客的需求。游客是导游服务的对象，没有游客，就没有旅游，也就没有导游服务。游客是旅游活动的主体，是旅游产品的购买者和消费者。对旅游目的地和旅游企业来说，对游客就要竭诚服务，要把在合理而可能的基础上努力满足游客的需要作为服务的准则。

1. 以"宾客至上"为主旨

所谓"宾客至上"，首先，就是要求导游的工作要以游客的利益为出发点，努力维护游客的合法权益；其次，要礼貌待客，在态度、言语和行为上尊重游客；最后，要平等待客，无论游客来自境内还是境外，也不论其肤色、宗教信仰、消费水平如何，都应一视同仁、平等相待，绝不能厚此薄彼。

2. 认真落实接待计划

接待计划是游客或其组团社同接待旅行社达成的约定或所签合同内容的具体安排计划，它反映了游客的共同需求，是游客购买旅游产品的主要兴趣之所在。因此，导游应将落实接待计划规定的内容放在导游服务的第一位，它是衡量导游是否履行职责的基本尺度。

3. 规范化服务与个性化服务相结合

规范化服务又称标准化服务，是由国家和（或）行业主管部门所制定并发布的某项服务（工作）应达到的统一标准，导游应按照《导游服务规范》、《旅行社国内旅游服务规范》和《旅行社出境旅游服务规范》的要求向游客提供规范化的服务。然而，规范化服务并不等于优质服务，它只是导游在服务中必须达到的基本要求。导游向游客提供的服务可以而且应该比上述标准要求的更高、更好。导游应从旅行社的发展和我国旅游业的根本利益出发，在落实旅游合同规定的服务内容时，向游客提供优质的导游服务，即将规范化服务与个性化服务密切结合起来。

个性化服务又称特殊服务，是导游按照规范化服务的要求落实旅游接待计划之外，为满足部分游客或个别游客的合理需求而提供的服务。

(二)维护游客合法权益的原则

游客作为旅游产品和服务的购买者和消费者,其权益也应受到《中华人民共和国消费者权益保护法》的保护。游客的合法权益主要有以下几个方面。

1. 旅游自由权

旅游自由权包括旅行自由权和逗留权。前者是指游客在不违背有关法律法规和履行了必要的手续的条件下,有权按照自己的意愿前往各地旅行,其旅行方式、旅行时间和旅行地点均不应受到不合理的干涉;后者是指游客在旅游目的地和途中有权根据自己的需要逗留,其逗留的时间、方式也不应受到不合理的限制。

2. 旅游服务自主选择权

旅游服务自主选择权是指游客有权自行选择旅游目的地、旅游经营的企业、旅游线路、旅游项目和旅游服务等级,不受任何部门、企业、单位和个人的干预。

3. 旅游公平交易权

旅游公平交易权是指游客在购买旅游经营企业的产品和服务时有权获得公平、公正的待遇,旅游经营企业不得用任何欺骗、恐吓的手段来诱骗和强制游客购买。游客对交易的旅游产品和服务不满意时拥有拒绝购买和签约的权利。

4. 旅游服务内容知悉权

旅游服务内容知悉权是指游客在购买和接受旅游服务时,有获悉包括服务内容和其他相关信息的权利,旅游经营企业有向游客提供真实情况和信息的义务。如游客购买和接受导游服务时,有权了解旅游目的地和游览的景点的知识,导游则有义务向游客做真实的介绍。

5. 依约享受旅游服务权

依约享受旅游服务权是指游客有权享受所签旅游合同中约定的服务数量和质量,旅游经营企业和导游应当按照合同提供相应数量和质量的旅游服务。对合同规定之外的服务,游客有权予以拒绝。

6. 人身和财物安全权

人身和财物安全权是指游客在购买了旅游经营企业的旅游产品和服务后,享有其人身和财物不受侵犯的权利,旅游经营企业和导游有采取一切措施保障游客的人身和财物安全的义务。

7. 医疗、求助权

医疗、求助权是指游客在旅游过程中患病或受伤时享有治疗的权利和在遇到困难时享有请求获得帮助的权利，旅游经营企业和导游有予以协助的义务。

8. 求偿权和寻求法律救援权

求偿权是指游客的上述合法权益受到损害或侵犯时，有向有关部门投诉和要求有关旅游经营企业或保险公司赔偿的权利。寻求法律救援权是指游客的合法权益受到侵害而又得不到满意的解决时有向法院提起诉讼的权利。

（三）注重经济效益和社会效益的原则

导游服务既是一种文化传播的社会活动，又是一种可以获取经营收入的经济活动。前者的主旨在于扩大影响，提高社会效益；后者的目标在于增加经营收入，提高经济效益。在导游服务中，要同时注重经济效益和社会效益的提高，二者不能偏废，这也是导游服务中应遵循的一项基本原则。

旅游服务的经济效益分为直接经济效益和间接经济效益。直接经济效益从包价旅游来说又分为两部分，一部分表现为旅行社的经营收入，另一部分则表现为相关旅游接待部门、单位或个体的经营收入。间接经济效益包括三个方面：一是游客在包价范围以外的支出而引起旅游目的地其他部门、单位和个人增加的收入，如购物收入、邮电通信收入等，游客在这些方面的消费额不仅在旅游目的地旅游收入构成中占有较大比重，而且需求弹性也较大；二是通过导游的牵线搭桥，可促进国家之间或地区之间的投资和经济交流；三是优质的导游服务为旅游目的地和旅行社创造了潜在客源，从而为将来赢得经济效益创造了条件。

社会效益是指由导游服务所引起的对社会各方面的影响和作用。导游服务的社会效益主要表现为三个方面：一是优质的导游服务有助于树立和提高旅游目的地和旅行社的形象和声誉，优质的国际导游服务则有助于树立和提高一个国家在国际上的形象和声誉；二是导游服务能增进不同国家人民之间或不同地区人民之间的了解和友谊，有利于促进和谐社会和和平事业的发展；三是导游服务有助于推进不同国家或地区之间文化和科技的传播与交流。

注重经济效益和社会效益对于导游来说都同等重要。只注重经济效益而无视社会效益，导游服务就会偏离方向，满足游客的需要就可能成为一句空话；反过来，只注重社会效益而无视经济效益，导游服务就会脱离市场经济的轨道，导游便失去了作为旅游企业一员的价值。

第四节 导游服务的地位及作用

旅行社在现代旅游业的三大板块中处于核心地位，而在旅行社接待工作中处于第一线的关键角色则是导游。因此，世界各国的旅游专家都把导游服务视为现代旅游业的代表性工种,并给予高度的评价。譬如日本旅游专家土井厚就认为"任何行业都有代表性的业务,在旅游业中,就是导游服务"。有些国际旅游界人士甚至直言"没有导游的旅行,是不完美的旅行,甚至是没有灵魂的旅行",并为导游冠以"旅游业的灵魂""旅行社的支柱""旅游活动的导演"等美誉。虽然赞词各异,但都说明导游服务在旅游接待工作中有着不可或缺的作用。

一、导游服务的地位

导游服务贯穿于旅游活动的始终,涉及食、住、行、游、购、娱六大旅游要素,是整个旅游服务中最重要的一个部分,在现代旅游业中具有极其重要的地位。

(一)导游服务在旅游服务中具有主导地位

对游客而言,导游是旅行社的代表,是旅游产品的提供人。旅行社对客服务的各项业务,如产品设计、线路组合、市场促销、车(船、机)票预订,最终都通过导游服务传递给游客。因此可以说,旅行社各部门的工作都是围绕导游服务这条主线展开的,都是导游服务的幕后支持者。

(二)导游服务是旅游服务水平和质量的体现

导游服务是直接面对游客的服务,游客对导游服务的质量也最敏感,因此可以说,导游服务的质量代表着旅游服务的质量。一般来说,如果导游服务质量好,可以弥补其他旅游服务质量的某些欠缺;如果导游服务水平低,则最容易引起游客的不满。

(三)导游服务是旅游竞争的焦点

旅游竞争重要的方式之一就是导游服务质量的竞争。优质的导游服务能使游客增长知识,使旅游活动更富有魅力、更充满情趣。拥有一流的导游队伍无疑是旅行社扩大知名度、争取更多客源的法宝,也是旅行社最大的一笔财富。

(四)导游服务是旅游产品改进的主要途径

导游工作在旅游第一线,熟悉旅游产品链中每一个环节的服务质量,了解游客的消费心理,可以及时将有关信息反馈给旅行社,有利于旅行社改进服务方式,提高产品的针对性,推出更具竞争力的旅游产品。

二、导游服务的作用

(一)纽带作用

导游服务是旅游接待服务的核心和纽带。导游在旅游服务各环节之间起着沟通上下、连接内外、协调左右的作用。

1. 沟通上下

导游是国家方针政策的宣传者和具体执行者，代表旅行社执行并完成旅游计划，同时，游客的意见、要求、建议乃至投诉，其他旅游服务部门在接待中出现的问题及其建议和要求，一般也通过导游向旅行社和各级旅游行政管理部门传递，直至上达国家最高旅游行政管理部门。

2. 连接内外

导游既代表接待方旅行社的利益，又肩负着维护游客合法权益的责任；导游既有责任向游客介绍中国，同时又要多与游客接触，进行调查研究，了解外国，了解游客。

3. 协调左右

导游是旅行社与饭店、餐馆、游览点、交通部门、商店、娱乐场所等企业之间的第一联络员，在各旅游企业之间起着重要的协调作用。各旅游企业的相互协作，是导游服务中的生活服务部分得以顺利进行的重要保障，对提高旅游质量至关重要，而导游处在各项旅游服务协调的中心位置，责任重大，作用显著。

（二）标志作用

导游服务质量是旅游服务质量高低的最敏感的标志。导游服务质量包括导游讲解质量、为游客提供生活服务的质量和各项旅游活动安排落实的质量。导游与游客朝夕相处，因此游客对导游的服务接触最直接，感受最深切，对其服务质量的反应最敏感。因此，游客旅游活动的成败更多地取决于导游服务质量。导游服务质量的好坏不仅关系到整个旅游服务质量的高低，而且关系着国家或地区旅游业的声誉和形象。

（三）反馈作用

在旅游消费过程中，游客会根据自己的需要对旅游产品的型号、规格、质量、标准等做出这样或那样的反映。而导游由于处在接待游客的第一线，同游客交往和接触的时间最长，对游客关于旅游产品方面的意见和需求最了解。导游可充分利用这种有利条件，根据自己的接待实践，综合游客的意见，反馈到旅行社有关部门，促使旅游产品的设计、包装和质量得到不断改进和完善，更好地满足游客的需要。

应当指出的是，旅游服务是一项综合性服务，导游服务只是其中一个重要环节。若没有其他各项旅游服务的配合，导游服务也无法做好，旅游产品的价值就不可能充分实现。

(四)扩散作用

优质的导游服务能对旅游目的地的旅游产品和旅行社形象起到扩散或传播作用。旅游产品质量主要由旅游资源质量、旅游服务质量、旅游活动组织安排质量和旅游环境质量构成。它们都与导游服务质量密切相关。因为旅游资源的特色需要导游的讲解才能被认同,"景观景物美不美,全靠导游一张嘴"。而各种旅游服务质量和活动安排都离不开导游的业务水平及其对工作的投入。

游客往往通过导游带领其进行旅游活动的情况来判断旅游产品的使用价值。如果导游服务质量高,游客感到满意,便会认同旅游产品、导游和旅行社,而且会以其亲身体验向亲朋好友进行义务宣传,进而扩大旅游产品的销路。若导游服务质量不高,则会导致游客的抱怨和不满,从而阻碍旅游产品的销售。

总之,导游服务质量的高低,均会对旅游产品的销售起到扩散作用,质量高时起到正面作用,质量低时则起到负面作用。

随堂练

案例

第二章 导 游

【学习目标】

了解导游的内涵和类型。熟悉导游的从业素质、职责要求和礼仪规范,导游职业道德规范的基本内容,以及导游应具备的修养和行为规范。掌握社会主义核心价值观和旅游行业核心价值观。掌握导游引导文明旅游的规范内容,引导游客文明旅游。

第一节 导游的内涵及类型

一、导游的内涵

在日常工作中,导游服务的主体又被称为导游、导游员及导游人员。这三者含义是不同的。"导游"一词有多层含义,既可指导游工作、导游业务、导游服务,也可用作对导游工作人员的简称。

在《导游人员管理条例》中规定:"本条例所称导游人员,是指依照本条例的规定取得导游证,接受旅行社委派,为旅游者提供向导、讲解及相关旅游服务的人员。"所以,应将导游服务主体称为"导游人员"。

但根据《导游服务规范》(GB/T15971—2010)的前言:"本标准代替GB/T15971—1995《导游服务质量》。本标准与GB/T15971—1995相比,主要变化如下:——标准标题更改为'导游服务规范'。——导游人员统称为'导游员'。"应将"导游人员"称为"导游员"。

而《中华人民共和国职业分类大典》中规定:导游是指从事旅游向导、讲解及旅途服务工作的人员。且《中华人民共和国旅游法》也都称为导游。由于"法"大于标准和条例,称"导游"更朗朗上口。因此,导游服务主体应称为

"导游"。

结合以上内容，我国导游的定义应表述为，导游是指取得导游证，接受旅行社委派，为游客提供向导、讲解及其他服务的人员。

对导游的内涵可从以下几个方面来理解。

第一，在现代旅游活动中，人们远离常住地来到异国他乡，追求物质和精神生活的满足。其活动空间极其广阔，活动内容十分复杂。但如果没有导游的参与，这些都会黯然失色。所以，在国际旅游界形成了这样的共识：没有导游的旅行，是不完美的旅行，甚至是没有灵魂的旅行。

第二，导游的工作范围很广。既要指导参观游览，提供导游讲解服务；又要落实安排游客的食、住、行、游、购、娱等活动，提供生活服务；还要与游客沟通思想、交流感情、建立友谊。因此，导游为游客提供的服务是智力与操作兼而有之的综合性劳动服务。

第三，旅游是当今世界最大规模的民间交往活动。在旅游活动中，导游通过自己的辛勤劳动，增进了各国人民和各民族之间的相互了解与友谊，客观上也带动了旅游地经济和社会发展，支持了贫困地区扶贫攻坚工作，促进了民族文化的传承和自然生态环境的保护，为旅游业快速、健康和可持续发展做出了贡献。

第四，导游服务的性质和任务决定了从事这项工作的人，必须具备一定的资格和条件。只有通过旅游管理部门的审查、考核后，获取从业资格证书，并在工作中不断提高自己的业务水平，方可成为一名合格的导游。

二、导游的类型

因导游服务范围广泛、对象复杂，加之各国各地区的具体情况不尽相同，这使得世界各国对导游的分类方法不一，很难有一个世界公认的统一分类标准。

（一）按业务范围划分

按照业务范围，可将我国导游分为以下四种类型，其区别见表2-1。

表2-1 按业务范围划分不同导游的区别

类　型	委派单位	讲解内容	陪同范围	是否提供旅途生活服务
出境旅游领队	组团社（派出方）	旅游目的地（国）情况（行前介绍）	全程陪同	是

续表

类　型	委派单位	讲解内容	陪同范围	是否提供旅途生活服务
全程陪同导游	组团社（接待方）	沿途各站点情况	全程陪同	是
地方陪同导游	地接社	接待地及当地游览景点情况	接待地陪同	是
景区导游	景　区	景区情况	景点陪同	否

1. 出境旅游领队

出境旅游领队是指依法取得从业资格，受组团社委派，全权代表组团社带领旅游团出境旅游，监督境外接待旅行社和导游等执行旅游计划，并为游客提供出入境等相关服务的工作人员。

2. 全程陪同导游

全程陪同导游简称全陪，是指受组团旅行社委派，作为组团社的代表，在领队和地方陪同导游的配合下实施接待计划，为旅游团（者）提供全程服务的工作人员。这里的组团旅行社（或组团社）是指接受旅游团（者）或海外旅行社预订，制订和下达接待计划，并可提供全程导游服务的旅行社。这里的领队是指受海外旅行社委派，全权代表该旅行社带领旅游团队从事旅游活动的工作人员。

3. 地方陪同导游

地方陪同导游简称地陪，是指受地方接待旅行社委派，代表地方接待旅行社实施接待计划，为旅游团（者）提供当地旅游活动安排、讲解、翻译等服务的工作人员。这里的地方接待旅行社（或地接社）是指接受组团社的委托，按照接待计划委派地方导游负责组织安排旅游团（者）在当地参观游览等活动的旅行社。

4. 景区导游

景区导游是指在旅游景区，包括博物馆、自然保护区等，为游客进行导游讲解的工作人员。

（二）按劳动就业方式划分

按照职业性质，可将我国导游分为以下两种类型。

1. 旅行社专职导游

旅行社专职导游是指在一定时期内被旅行社固定聘用，以导游工作为其主要职业的导游。这类导游大多数受过中、高等教育，或受过专门训练，为旅行社正式员工，专职为旅行社带团，并由旅行社支付劳动报酬、缴纳社会保险费用。

2. 社会导游

社会导游主体是取得导游资格证书并在相关旅游行业组织（导游协会）注册而取得导游证的导游，但也包括旅行社临时特聘的导游。社会导游有自由执业导游和兼职导游两类。

（1）自由执业导游。是以导游工作为主要职业，但并不受雇于固定的旅行社，而是通过签订临时劳动合同为多家旅行社服务，或者通过导游自由执业平台为散客提供导游服务的人员。自由执业导游是西方大部分国家导游队伍的主体，近年来在我国导游队伍中也占据了主体地位，其主要收入来源是旅行社（或游客）支付的导游服务费。

（2）兼职导游。亦称业余导游，是指不以导游工作为主要职业，而是利用业余时间从事导游工作的人员。目前这类导游可细分为两种：一种是通过了国家导游资格考试并取得导游证但只是兼职从事导游工作的人员，他们一般有其他职业，只在空闲时帮助旅游企业带团；另一种是没有取得导游证，但具有特定知识或语种语言能力，受聘于旅行社，临时从事导游工作的人员。兼职导游是我国导游队伍中一支不可缺少的生力军。

（三）按使用语言划分

按照使用语言，可将我国导游分为以下两种类型。

1. 中文导游

中文导游是指使用普通话、地方话或者少数民族语言从事导游业务的导游。目前，这类导游的服务对象主要是国内旅游中的中国公民和入境旅游中的港、澳、台同胞。

2. 外语导游

外语导游是指运用外语从事导游业务的导游。目前，这类导游的服务对象主要是入境旅游的外国游客和出境旅游的中国公民。

（四）按技术等级划分

按照技术等级，可将我国导游分为以下四种类型。

1. 初级导游

《中华人民共和国旅游法》中明确规定，参加导游资格考试成绩合格，与旅行社订立劳动合同或者在相关旅游行业组织注册的人员，可以申请取得导游证。也就是说，具有高中、中专及以上学历，通过国家文化和旅游部组织的统一考试，获得导游资格证书并进行岗前培训，与旅行社订立劳动合同或在相关旅游行业组织注册后，自动成为初级导游。

2. 中级导游

初级导游报考同语种中级导游和初级外语导游报考中文（普通话）导游的，学历不限；初级中文（普通话）导游和中级中文（普通话）导游报考外语导游的，需具备所报考语种大专以上学历。取得导游资格证书满3年，或具有大专以上学历的取得导游证满2年，报考前3年内实际带团不少于90个工作日，经笔试《导游知识专题》《汉语言文学知识》或《外语》，合格者晋升为中级导游。

3. 高级导游

取得中级导游资格满3年，具有本科以上学历或旅游类、外语类大专学历，报考前3年内以中级导游身份实际带团不少于90个工作日，经笔试《导游能力测试》和《导游综合知识》（包括对旅游政策法规的掌握和运用能力，对旅游业发展趋势的深入了解，对国内外重大事件的及时掌握和分析，以及对旅游相关知识的综合运用能力），合格者晋升为高级导游。

4. 特级导游

取得高级导游资格5年以上，业绩优异，有突出贡献，有高水平的科研成果，在国内外同行和旅行商中有较大影响，经论文答辩通过后晋升为特级导游。

第二节　导游的从业素质和职责要求

早在20世纪60年代，周恩来总理就对包括翻译导游在内的我国外事工作人员提出了"三过硬"和"五大员"的要求。"三过硬"即要思想过硬、业务过硬、外语过硬，"五大员"是指要当好宣传员、调研员、服务员、安全员和翻译员。改革开放以来，我国导游工作发生了较大的变化，著名导游专家王连义认为，当今导游要真正做好导游服务工作，真正成为游客喜欢的导游，必须当好"八大员"，即国情讲解员、导游翻译员、旅游协调员、生活服务员、安全保卫员、情况调查员、座谈报告员和经济统计员。具体来说，一名合格的导游应该具备以下素质。

一、导游的从业素质

（一）良好的思想品德

1. 热爱社会主义祖国

热爱社会主义祖国是作为一名合格的中国导游的首要条件。首先，导游所从事的工作是社会主义祖国整个事业的一部分，社会主义祖国培育了导游，为导游创造了良好的工作环境与发挥自己智慧和才能的条件。其次，导游的一言一行都与社会主义祖国息息相关。如前所述，在海外游客的心目中，导游是国家形象的代表，游客正是通过导游的思想品德和言行举止来观察、了解中国的。最后，导游向游客介绍和讲解的内容都是祖国灿烂的文化、壮丽的河山、祖国人民的伟大创造和社会主义事业的辉煌成就，没有这些丰富的内容，导游讲解就成了无源之水、无本之木。

2. 优秀的道德品质

社会主义道德的本质是集体主义，是全心全意为人民服务的精神。从接待游客的角度来说，旅行社和各接待单位实际上组成了一个大的接待集体，导游是这个集体中的一员。因此，导游在工作中应从这个大集体的利益出发，从旅游业的发展出发，依靠集体的力量和支持，关心集体的生存和发展。要发扬全心全意为人民服务的精神，并把这一精神与"宾客至上"的旅游服务宗旨紧密结合起来，热情地为国内外游客服务。只有这样，导游服务工作才能真正做好。

3. 践行核心价值观

(1) 社会主义核心价值观

2012年11月8日党的十八大报告，明确提出"三个倡导"，即"倡导富强、民主、文明、和谐，倡导自由、平等、公正、法治，倡导爱国、敬业、诚信、友善，积极培育社会主义核心价值观"，这是对社会主义核心价值观基本内容的精辟概括，即概括了国家的价值目标、社会的价值取向和公民的价值准则。

"富强、民主、文明、和谐"，是我国社会主义现代化国家的建设目标，也是从价值目标层面对社会主义核心价值观基本理念的凝练，在社会主义核心价值观中居于最高层次，对其他层次的价值理念具有统领作用。

"自由、平等、公正、法治"，是对美好社会的生动表述，也是从社会层面对社会主义核心价值观基本理念的凝练。它反映了中国特色社会主义的基本属性，是我们党矢志不渝、长期实践的核心价值理念。

"爱国、敬业、诚信、友善"，是公民基本道德规范，是从个人行为层面对社会主义核心价值观基本理念的凝练。它覆盖社会道德生活的各个领域，是公民必须恪守的基本道德准则，也是评价公民道德行为选择的基本价值标准。

(2) 旅游行业核心价值观

旅游行业核心价值观是"游客为本，服务至诚"。它是社会主义核心价值观在旅游行业中的具体体现。"游客为本"与"服务至诚"二者相辅相成，共同构成旅游行业核心价值观的有机整体。"游客为本"为"服务至诚"指明方向，"服务至诚"为"游客为本"提供支撑。导游是旅游业第一线工作人员，直接为游客提供各项服务，应以此来引领自己的工作，用实际行动践行旅游行业的核心价值观。

"游客为本"是指一切旅游工作都要把游客需求作为最根本的出发点和落脚点，它是旅游行业赖以生存和发展的根本价值取向，解决的是"旅游发展为了谁"的理念问题。导游应在工作中牢固地树立这一理念，将自己的服务对象——游客放在第一位，全心全意地做好服务工作。

"服务至诚"是指以最大限度的诚恳、诚信和真诚做好旅游服务工作。它是旅游行业服务社会的精神内核，是旅游从业人员应当树立的基本工作态度和应当遵循的根本行为准则，解决的是"旅游发展怎么做"的理念问题。服务是导游的本质属性；至诚是导游道德修养应追求的最高境界。二者结合起来就是要求导游要将向游客提供优质服务作为自己的不懈追求。

4. *较强的敬业精神*

导游工作是一项传播文化、促进友谊的服务性工作。导游在为八方来客提供旅游服务时，不但可以结交众多的朋友，而且能增长见识、开阔视野、丰富知识。导游应树立远大理想，将个人的抱负与事业的成功紧密结合起来，立足本职工作，热爱本职工作，尽职敬业，刻苦钻研，不断进取，全身心地投入工作之中，热忱地为游客提供优质的导游服务。

5. *高尚的情操修养*

高尚的情操是导游的必备修养之一。导游要不断学习，提高思想觉悟，努力使个人的功利追求与国家利益结合起来；要提高自己判断是非、识别善恶、分清荣辱的能力；培养自我控制的能力，自觉抵制形形色色的精神污染，力争做到"财贿不足以动其心，爵禄不足以移其志"，始终保持高尚的情操。

6. *自觉地遵纪守法*

遵纪守法是每个公民的义务，作为旅行社代表的导游尤其应树立高度的法纪观念，自觉地遵守国家的法律、法规，遵守旅游行业的规章，严格执行导游服务质量标准，严守国家机密和商业秘密，维护国家和旅行社的利益。对于提供涉外导游服务的导游，还应牢记"内外有别"的原则，在工作中多请示汇报，切忌自作主张，更不能做违法乱纪的事。

（二）较全面的知识体系

旅游的本质是一种追求文化的活动。随着时代的发展，现代旅游活动更加趋向于对文化、知识的追求，人们出游除了消遣，还想通过旅游活动增长知识、扩大阅历、获取教益，这样就对导游提出了更高的要求。为了适应游客的需要，导游要知识面广、有真才实学，只有将渊博的知识作为后盾，讲解时才能做到内容丰富、言之有物。导游的知识体系包罗万象，主要包括以下几个方面。

1. 语言知识

语言是导游最重要的基本功，是导游服务的工具。导游若没有过硬的语言能力，就根本谈不上做好服务工作。语言知识包括外语知识和汉语（或少数民族语言）知识。涉外导游至少应掌握并熟练运用一门外语，并了解或掌握2~3门其他外语。掌握一门外语，了解一种外国文化，有助于接受新思想、新观念，开阔眼界，在传播中外文化中做出贡献。

2. 史地文化知识

史地文化知识包括历史、地理、宗教、民族、风俗民情、风物特产、文学艺术、古典建筑和园林等诸方面的知识。这些知识是导游讲解的素材，是导游服务的"原料"，是导游的看家本领。导游要对本地及邻近省、市、地区的旅游景点、风土人情、历史掌故、民间传说等了如指掌，对国内外的主要名胜景区、景点应有所了解，还要善于将本地的风景名胜与历史典故、文学名著、名人逸事等有机地联系在一起。

3. 政策法规知识

政策法规是导游工作的指针。导游在导游讲解、回答游客的问题或同游客座谈有关问题时，必须以国家的方针政策和法规做指导，否则会给游客造成误解，甚至给国家造成损失。旅游过程中出现的有关问题，导游必须根据国家的政策和有关的法律法规予以正确处理。导游自身的言行也要符合国家政策法规的要求，应自觉地遵纪守法。

4. 心理学知识

导游的工作对象主要是形形色色的游客，还要与各旅游服务部门的工作人员打交道，导游工作集体三成员（全陪、地陪和领队）之间的相处有时也很复杂。导游是做人的工作，而且往往是与人短暂相处，因而掌握必要的心理学知识具有特殊的重要性。导游要随时了解游客的心理活动，有的放矢地做好导游讲解和旅途生活服务工作，有针对性地提供心理服务，从而使游客在心理上得到满足，在精神上获得享受。

5. 美学知识

旅游活动是一项综合性的审美活动。导游不仅要向游客传播知识，也要传递美的信息，让他们获得美的享受。一名合格的导游要懂得什么是美，知道美在何处，并善于用生动形象的语言向具有不同审美情趣的游客介绍美，还要用美学知识来指导自己，使自己的仪表、仪容、仪态符合美的要求。因为导游代表着一个国家（或地区）的旅游形象，其自身就是游客的审美对象。

6. **政治、经济、社会知识**

由于游客来自不同国家（地区）的不同社会阶层，他们中一些人往往对旅游目的地的某些政治、经济和社会问题比较关注，喜欢询问一些相关的问题。有的人还常常把本国本地的社会问题同旅游目的地的社会问题进行比较。另外，在旅游过程中，游客随时可能见到或听到旅游目的地的某些社会现象，引发他们对某些社会问题的思考，要求导游给予相应的解释。所以，导游应掌握相关的政治、经济、社会知识，了解旅游目的地的风土民情、婚丧嫁娶习俗、宗教信仰和禁忌习俗等，以便更好地做好导游服务工作。

7. **国际知识**

涉外导游还应掌握必要的国际知识，要了解国际形势和各时期国际上的热点问题，以及我国的外交政策和对有关国际问题的态度；要熟悉旅游客源国或旅游接待国的概况，了解其历史、地理、文化、民族、风土人情、宗教信仰、民俗禁忌等。了解和熟悉这些情况不仅有助于导游有的放矢地提供导游服务，而且可以加强与游客的沟通。

8. **旅行知识**

导游率领游客在目的地旅游，在提供导游服务的同时，还应随时随地帮助游客解决旅行中的种种问题。因此，导游掌握必要的旅行知识，对旅游活动的顺利进行就显得十分重要。旅行知识主要包括入出境知识、交通知识、通信知识、货币保险知识、卫生知识、旅游业知识等，掌握必要的旅行知识往往能起到少出差错、事半功倍的作用。

（三）较强的独立工作能力

导游工作是一项难度较大、复杂而艰巨的工作，导游的能力直接影响到对客服务的效率和服务效果。导游接受任务后，要独立组织游客参观游览，要独立做出决定、独立处理问题。导游的工作对象形形色色，旅游活动丰富多彩，出现的问题和性质各不相同，因此导游工作时不能墨守成规；相反，必须根据不同的时空条件采取相应的措施，予以处理。因此，较强的独立工作能力和创新精神，对导游具有重要意义。导游的独立工作能力主要表现在以下四个方面。

1. **独立执行政策和宣传讲解的能力**

导游必须具有高度的政策观念和法制观念，要以国家的有关政策和法律、法规指导自己的工作和言行；要积极主动地宣传社会主义中国，讲解我国现行的方针政策，介绍我国人民的伟大创造和社会主义建设的伟大成就；回答游客的种种询问，帮助他们尽可能全面、正确地认识我国。

2. 较强的独立组织协调能力

导游接受任务后要根据旅游合同安排旅游活动并严格执行旅游接待计划，带领全团游客游览好、生活好。这就要求导游具有较强的组织、协调能力，要求导游在安排旅游活动时有较强的针对性并留有余地，在组织各项活动时讲究方式方法并及时掌握变化的客观情况，灵活地采取相应的有效施。

3. 善于和各种人打交道的能力

导游的工作对象甚为广泛，善于和各种人打交道是导游最重要的素质之一。与层次不同、品质各异、性格相左的中外人士打交道，要求导游必须掌握一定的公共关系学知识并能熟练运用，具有灵活性、理解能力和适应不断变化着的氛围的能力，随机应变地处理问题，搞好各方面的关系。导游具有相当的公关能力，就会在待人接物时更自然、得体，能动性和自主性必然会更高，有利于提高导游服务质量。

4. 独立处理问题和事故的能力

冷静分析、果断决定、正确处理意外事故是导游最重要的能力之一。旅游活动中意外事故在所难免，能否妥善地处理事故是对导游的一种严峻考验。临危不惧、头脑清醒、遇事不乱、处理果断、办事利索、积极主动、随机应变是导游处理意外事故时应具备的能力特质。

（四）较熟练的导游技能

服务技能可分为操作技能和智力技能两大类。导游服务需要的主要是智力技能，包括导游与同事协作共事，与游客成为伙伴，使旅游生活愉快的带团技能；根据旅游接待计划和实情，巧妙、合理地安排参观游览活动的技能；选择最佳的游览点、线，组织活动，当好导演的技能；触景生情、随机应变，进行生动精彩的导游讲解的技能；灵活回答游客的询问，帮助他们了解旅游目的地的宣讲技能；沉着、果断地处理意外事故的应急技能；合情、合理、合法地处理各种问题和旅游投诉的技能等。

语言、知识、服务技能构成了导游服务三要素，缺一不可，只有三者的和谐结合才称得上是高质量的导游服务。导游的服务技能与他的工作能力和掌握的知识有很大的关系，需要在实践中培养和发展。导游要在掌握丰富知识的基础上，努力学习导游方法、技巧，并不断总结、提炼，形成适合自己特长的导游方法、技巧及自己独有的导游风格。

（五）积极的进取精神

导游职业是个充分竞争、充满挑战的职业。一方面在国际化和全球化发展的大背景下，中国的海外旅游客源地和目的地越来越多，截至2018年年底，我国正式开展组团业务的出境旅游目的地国家（地区）达到130个，旅游国际交往日趋密切，要求导游掌握的国际旅游知识成倍增加；与此同时，国内旅游发展方兴未艾，老景区改造频繁，新景区层出不穷，旅游方式不断变换，导游知识必须不断更新。另一方面，我国导游管理体制正在发生巨大变化，导游职业社会化的趋势不可逆转，导游面临的竞争和压力越来越大。加上游客越来越成熟，他们旅游的视野可能比导游更开阔，所掌握的"旅游攻略"可能比导游更详尽，通过手机查询到的景点资讯可能让导游讲解相形见绌。因此，导游应有居安思危、优胜劣汰的思想准备，要树立强烈的竞争意识，将压力变为动力，不断开拓进取、完善自我，才能更好地胜任本职工作。

（六）健康的身心

导游工作是一项脑力劳动和体力劳动高度结合的工作，工作繁杂、量大面广、流动性强、体力消耗大，而且工作对象复杂，诱惑性大。因此，导游必须是一个身心健康的人，否则很难胜任工作。导游的身心健康包括以下四个方面。

1. 身体健康

导游从事的工作要求其能走路，会爬山，能连续不间断地工作。全程导游、地方导游和旅游团领队要陪同旅游团周游各地，不断变化的气候和各地的水土、饮食对其都是严峻的考验。

2. 心态平和

导游的精神要始终愉快、饱满，在游客面前应显示出良好的精神状态，进入"导游"角色要快，并且能保持始终而不受任何外来因素的影响。面对游客，导游应笑口常开，绝不能把丝毫不悦的情绪带到导游工作中去。特别是现在，游客的自我保护意识越来越强，有时对导游的工作理解不够，导游要能受得起委屈，要学会调整自己的心态。

3. 头脑冷静

在旅游过程中，导游应始终保持清醒头脑，处事沉着、冷静、有条不紊；处理各方面关系时要机智、灵活、友好协作；处理突发事件以及游客的挑剔、投诉时要干脆利索，要合情、合理、合法。

4. 思想健康

导游应具有高尚的情操和超强的自控能力，能够抵制形形色色的诱惑，清除各种腐朽思想的污染。

总之，一名合格的导游应精干、老练、沉着、果断、坚定，应时时处处显示出有能力领导旅游团，而且工作积极、耐心，会关心人、体谅人，富于幽默感，导游技能高超。正如加拿大导游专家帕特里克·克伦在《导游的成功秘诀》一书中概括的，导游应是"集专业技能和知识、机智、老练、圆滑于一身"的人。

二、导游的职责要求

（一）导游的基本职责

导游的基本职责是指各类导游都应履行的共同职责。各类导游由于其工作性质、工作对象、工作范围和时空条件各不相同，职责重点也有所区别。但他们的基本职责是共同的，就是为游客提供良好的导游讲解和旅行服务。

导游的基本职责有以下五个方面。

1. 接受导游任务，引导文明旅游

导游应接受旅行社分配的导游任务，按照接待计划安排和组织游客参观、游览，以身作则，遵守文明旅游规范，并引导游客开展文明旅游活动。

2. 进行导游讲解，传播中国文化

导游负责向游客导游、讲解，介绍我国（或地方）的传统文化和各地的旅游资源。

3. 安排旅游事宜，保护游客安全

在旅游过程中，导游应配合和督促有关部门安排、落实游客的交通和住宿，保护游客的人身和财产安全。

4. 反映意见要求，安排相关活动

对游客的意见和要求，导游应及时向上级反映，并积极协助有关部门安排会见、座谈等活动。

5. 解答游客问询，处理相关问题

对游客提出的问题或相关咨询，导游应耐心予以解答，并协助处理游客在旅游过程中遇到的问题和事故。

（二）全程陪同导游的主要职责

全程陪同导游在导游工作集体中处于中心地位，起着主导作用。在海外游客心目中，他们是东道国的代表，是旅游团在华活动的主要决策人。对于国内旅游团队而言，全程导游是国内组团旅行社的代表，负责全程陪同旅游团完成旅游活动。全程陪同导游的主要职责有以下五个方面。

1. 实施旅游接待计划

全程陪同导游应按旅游合同或约定实施组团旅行社的接待计划，监督各地接待单位的执行情况和接待质量。

2. 做好联络工作

全程陪同导游负责旅游过程中同组团旅行社和各地接待旅行社的联络，做好旅行各站的衔接工作，确保旅游活动的连贯性、一致性和多样性。

3. *做好组织协调工作*

全程陪同导游应协调旅游团与地方接待旅行社及地方陪同导游之间、领队与地方陪同导游、司机等各方面接待人员之间的合作关系，协调旅游团在各地的旅游活动，听取游客的意见。

4. *维护安全，处理问题*

全程陪同导游应维护游客的人身和财物安全，处理好各类突发事件，转达游客的意见和要求，力所能及地处理游客的意见、要求乃至投诉。

5. *宣传、调研工作*

全程陪同导游应耐心解答游客的问询，介绍我国（地方）文化和旅游资源，开展市场调研，协助开发、改进旅游产品的设计和市场促销。

（三）地方陪同导游的主要职责

地方陪同导游是地方接待旅行社的代表，是旅游计划的具体执行者。就一地而言，地方陪同导游是典型的、完全意义上的导游，他的工作责任最大，处理的事务最多，工作最辛苦，所起的作用最关键。地方陪同导游的主要职责有以下五个方面。

1. *安排旅游活动*

地方陪同导游应严格按照旅游接待计划，合理安排旅游团（游客）在当地的旅游活动。

2. *做好接待工作*

地方陪同导游的重点职责之一是要认真安排、落实旅游团（游客）在当地的接送服务和食、住、行、游、购、娱等服务，并与全陪、领队密切合作，按照旅游接待协议做好当地旅游接待工作。

3. *进行导游讲解*

负责旅游团（游客）在当地参观游览中的导游讲解是地方陪同导游的又一重点职责，地方陪同导游应积极介绍和传播我国（地方）文化和旅游资源，解答游客提出的问题。

4. *维护游客安全*

地方陪同导游要维护游客在当地旅游过程中的人身和财物安全，做好事故防范和安全提示工作。

5. *处理相关问题*

地方陪同导游应妥善处理旅游服务相关各方面的协作关系，以及游客在当地旅游过程中发生的各类问题。

(四)景区导游的主要职责

景区导游的主要职责有以下三个方面。

1. 提供导游讲解

景区导游亦称讲解员,其职责重点就是负责所在景区的导游讲解,解答游客的问询。

2. 做好安全提示

景区导游应提醒游客在参观游览过程中注意安全,并给予游客必要的协助。

3. 宣讲相关知识

景区导游应结合景区的景观景物向游客宣讲环境、生态和文物保护知识。

第三节 导游的职业道德与修养

加强职业道德教育、进行精神文明建设,具有特别重要的意义。当前,旅游行业精神文明建设的目标是:以"全心全意为旅游者服务"为宗旨,立足岗位做奉献,全面提高从业人员的政治和业务素质,逐步规范行业行为,树立起积极、健康、文明的旅游行业新风尚。

建设旅游行业精神文明需要全行业的共同努力,其关键在于提高旅游从业人员的素质,尤其是道德素质。我们要强调职业道德建设,提高导游的道德素质,使其成为有理想、有道德、有文化、有纪律的社会主义旅游工作者;加强职业道德建设,提高导游的服务意识,使其以真心诚意的服务态度接待游客,为他们提供高质量的导游服务;加强职业道德建设,提高导游的道德水平和思想觉悟,抵制"精神污染",反对并纠正旅游行业的不正之风,从而推动我国旅游业的健康发展,使旅游活动产生更大的社会效益和更高的经济效益。

一、导游的职业道德

(一)道德与职业道德

道德是一种社会意识形态,是在一定社会中调整人们之间以及个人与社会之间关系的行为规范的总和。它以善和恶、正义和非正义、公正和偏私、诚实和虚伪等道德观念来评价人们之间的关系;通过多种形式的教育和社会舆论的力量使人们形成一定的信念、习惯、传统而发生作用。社会经济基础在不断变化,道德标准亦随之变化。道德建设重在教育、贵在培养,导游应加强道德建设,树立正确的世界观、人生观、价值观。

职业道德是社会道德在职业行为和职业关系中的具体体现,是整个社会道德生活的重要组成部分。职业道德是指从事某种职业的人员在工作或劳动过程中应遵守的与其职业活动紧密联系的道德规范和原则的总和。导游只有树立良好的职业道德、遵守职业守则、安心本职工作、勤奋钻研业务,才能提高自身的职业能力和素质,在竞争中立于不败之地。

(二)导游职业道德

导游职业道德是指导游在工作的过程中所应遵循的与其职业相适应的道德原则和道德规范的总和,也可以说是导游在工作中所享有的基本权利和基本义务,它既赋予导游可以做出一定行为或不做出一定行为的权利,又要求导游必须依法承担相应的责任。

1996年11月,国家旅游局制定了《加强旅游行业精神文明建设的意见》,该意见第一次完整、系统地提出了主要由导游构成的旅游企业一线职工的道德规范,是第一个由官方制定和实施的旅游从业人员职业道德范本。它的颁布标志着我国社会主义旅游事业进入一个新的历史时期。根据《加强旅游行业精神文明建设的意见》的规定,我国导游职业道德规范主要有以下几方面的内容。

1. 爱国爱企、自尊自强

爱国爱企、自尊自强不仅是导游必须遵守的一项基本道德规范,也是社会主义各行各业必须遵守的基本行为准则。它要求导游在工作中要始终站在国家和民族的高度,要时刻以国家和企业利益为重,要有民族自尊心和自信心,为国家和企业的发展多做贡献。

2. 遵纪守法、敬业爱岗

遵纪守法、敬业爱岗要求各行各业人员除了要遵守国家的法律、法规,还要遵守各自本职行业的一些规范和规定。对于导游来说,他们除了要遵守国家的法律、法规外,还要遵守旅行社的制度和《导游人员管理条例》的规定,执行导游服务质量标准,敬业爱岗。

3. 公私分明、诚实善良

公私分明、诚实善良对导游的要求是:在工作中,要能够自觉抵制各种诱惑,不为一己私利而损害游客利益;对待游客要诚实守信,不弄虚作假,不欺骗游客,严格履行合同的规定,杜绝随意增减景点和购物点的行为,维护游客的合理利益。

4. 克勤克俭、宾客至上

克勤克俭、宾客至上是导游处理与游客关系的一条基本行为准则。它要求导游充分发挥主动性、积极性、创造性;发扬我国勤俭节约、热情好客的优良传统；要有很强的服务意识，能够始终把游客的利益放在第一位，想游客之所想、急游客之所急，把游客满意作为衡量自己工作的唯一标准。

5. 热情大度、清洁端庄

热情大度、清洁端庄是导游在接待游客的过程中应当具备的基本道德品质和道德情操。导游要做到不管游客的态度如何，始终将微笑挂在脸上，关心游客，为游客着想。导游还要注意自己的仪容仪表，做到穿着得体、干净大方，使游客有舒心、满意之感。

6. 一视同仁、不卑不亢

一视同仁、不卑不亢要求导游在整个旅游过程中要做到不因游客的地位、钱财、容貌和肤色而区别对待。此外，导游还要树立爱国主义的思想，对待游客要礼貌尊重，同时不卑不亢，真正体现出我国导游的国格和人格。

7. 耐心细致、文明礼貌

耐心细致、文明礼貌是导游一项最重要的业务要求，它是衡量导游工作态度的一项重要标准。导游对待游客要像对待自己的家人一样耐心、细心、热心，尽自己最大的努力帮助游客解决遇到的问题。导游还要尊重每一位游客的不同生活习惯、宗教信仰、民族风俗等，对待每一位游客要举止文雅、态度友善。

8. 团结服从、顾全大局

团结服从、顾全大局是集体主义原则在导游工作中的具体体现，它要求导游在服务游客的过程中必须以国家和集体的利益为重，讲团结、顾大局，要能够处理与他人之间的关系，杜绝相互指责的现象发生。

9. 优质服务、好学向上

衡量导游道德素质高低的标准是看其是否具有优质服务的意识，导游在工作的过程中必须时刻树立优质服务的意识，对于游客提出的问题要尽心、尽职、尽责地解答；此外，导游还要善于学习、勤于思考，不断提高自己的道德修养和业务水平。

二、导游的修养

导游为了提高导游业务水平，处理好导游服务中各方面的人际关系和各种复杂情况，应当加强自身的修养。导游需加强自身修养的方面很多，其中主要有情操修养、知识修养和气质修养。

（一）情操修养

情操是由情感和思想综合起来的、不易改变的心理状态或情感倾向。它通常表现为人们对事物的一种执着的信念和追求。所谓"富贵不能淫，贫贱不能移,威武不能屈"就是人们对高尚情操的赞誉和称颂。导游的情操培养应以导游服务为中心,围绕对国家、对集体、对游客和对自己从事的工作来进行。对国家要树立爱国心,即热爱祖国、热爱社会主义。

导游在工作中要努力把个人的利益融入国家利益之中,将导游服务同国家旅游业的发展密切结合起来,具有强烈的事业心和社会责任感。

1. **对集体要树立集体主义精神**

导游服务是旅游接待工作的一部分,而旅游接待是由旅行社和其他相关接待单位共同完成的。它们共同组成了一个接待体系,导游只是这个体系中的一分子。所以,导游应将自己融入这个体系之中,依靠集体,通力协作,发挥集体主义精神,把工作做好。

2. **要树立全心全意为游客服务的思想**

游客是旅游活动的主体,没有游客就没有旅游接待,也就没有导游服务。游客的满意与否是检验旅游接待工作,从而也是检验导游服务好坏的最终标准。所以,导游只有全心全意地为游客服务,想游客之所想,急游客之所急,才能赢得游客的信赖、支持和配合,使他们旅途愉快,高兴而来,满意而归。

3. **对自己的工作要有爱业、敬业精神**

首先,导游要热爱自己的工作,这是做好导游服务工作的前提。只有热爱,才能孜孜不倦地努力,才能有把工作做好的决心和信心。其次,要有敬业精神,要有理想和信念。这样,工作才有目标和方向,才能发愤图强,在工作中勇于实践、勇于创造,使自己成为有理想、有道德、有文化、有纪律的人。

（二）知识修养

渊博的知识是导游立业之基。导游的知识修养包括学风修养和文化修养。

1. **学风修养**

学风即学习的风气。导游服务工作是一种知识密集型的工作,要把这项工作做好,为游客提供优质的服务,需要博而专的知识,因此,导游应该养成良好的学风。首先,导游要勤奋好学;其次,要善于学习,要讲究学习的方法;最后,要不耻下问。除向书本学习之外,要向其他导游学习,向游客学习,向所到之地的当地人学习,要虚怀若谷,以能者为师,将学习到的知识进行再加工,使之为我所用。

2. **文化修养**

文化修养包含的内容甚为丰富,知识、艺术鉴赏能力、兴趣爱好、审美情趣和礼节礼貌等都属于文化修养的范畴。导游除了要不断地丰富和更新知识外,还应当提高自己的艺术鉴赏能力,培养高尚的情趣和美好的情操,能引导游客赏景审美，能适时调动游客的游兴，使旅游活动充满情趣和愉悦，使自己成为受游客欢迎的导游。

(三)气质修养

气质是一个人相当稳定的个性特点，俗称气度、脾气、秉性或性情。气质对一个人的工作态度、工作方式和工作作风会产生影响。

导游服务面向的是来自五湖四海、各行各业的游客，对导游的气质有其特定的职业要求。一方面，导游的工作要严格按照旅游接待计划的安排和导游服务质量标准行事，不允许有明显的个性表现，不能因个人的情绪减少旅游服务项目、降低服务标准，更不能因对游客有看法、有意见，甩手不管或弃团而去。另一方面，导游是旅行社的代表，对外还体现了旅游目的地国家的形象，它要求导游不仅对游客要彬彬有礼、落落大方，而且对客服务要主动、热情、勤勉、灵活。因此，导游要能按照上述要求较快地使自己进入导游服务角色，为游客所认可、所信赖，应当加强自己的气质修养，在实践中经受磨炼，主动扬长避短，使自己的气质较快地适应导游服务工作特性的要求。

三、导游的行为规范

为了保护国家利益，维护祖国的尊严和导游的荣誉，发展我国旅游业，导游必须加强法纪观念，遵守国家的法律法规和行纪行规，在带领游客旅游过程中自觉约束自己的行为。

(一)忠于祖国，坚持"内外有别"原则

导游不得有损害国家利益和民族尊严的言行，不得擅自带领游客进入保密禁区、军事要地参观、游览；不得泄露旅游团收费细目；在游客面前，不谈论内部情况；在涉外场合，不携带内部文件。

(二)严格按规章制度办事，执行请示汇报制度

导游应严格按照旅行社确定的接待计划，安排旅行、游览活动，不得擅自增加、减少旅游项目或者中止导游活动；遇到重大情况和问题（如治安事故、交通事故等），要及时汇报，非紧急情况不得擅自决定和处理；凡是自己没有把握的事情，都应向旅行社请示。旅行、游览中遇到可能危及游客人身安全的紧急情形时，需征得多数游客的同意，方可调整或变更接待计划，但应立即报告旅行社；在引导游客旅行、游览过程中，应就可能发生的危及游客人身、财物安全的情况，向游客做出真实说明和明确警示，并按照旅行社的要求采取防止危害发生的措施。

（三）自觉遵纪守法

遵纪守法是每个公民的义务。导游作为旅游行业的形象和代表，在导游服务工作中应遵守国家和旅游行政部门的有关法规。按照《旅行社条例》《导游人员管理条例》《旅游法》《导游管理办法》等法规的规定，导游在进行导游活动时，应当佩戴导游身份标识，开启导游执业相关应用软件，携带旅游接待计划或电子行程单。接待10人以上团队应打接待社社旗；不得私自转借导游证供他人使用。

导游不得私自承揽或者以其他任何方式承揽导游业务。导游不得擅自改变旅游合同安排的行程（包括减少游览项目或者缩短游览时间、增加或者变更游览项目、增加购物次数或者延长购物时间以及其他擅自改变旅游合同安排的行为）。导游不得因游客拒绝参加旅行社安排的购物活动或者需要游客另行付费的旅游项目等情形，以任何借口、理由，拒绝继续履行合同、提供服务，或者以拒绝继续履行合同、提供服务相威胁。导游不得向游客兜售物品或者购买游客的物品。导游不得以明示或者暗示的方式向游客索要小费。导游不得欺骗、胁迫游客消费或者与经营者串通欺骗、胁迫游客消费。导游不得套汇、炒汇；也不得以任何形式向海外游客兑换、索取外汇。导游不得带客人到非定点餐馆、商店就餐、购物。

（四）自尊、自爱，不失人格、国格

（1）导游不得"游而不导"，不擅离职守，不懒散松懈，不本位主义，不推诿责任。

（2）导游要关心游客，不态度冷漠，不敷衍了事，不在紧要关头临阵脱逃。

（3）导游不要与游客过分亲近；不介入游客内部的矛盾和纠纷，不在游客之间搬弄是非；对待游客要一视同仁，不厚此薄彼。

（4）导游有权拒绝游客提出的侮辱人格尊严或者违反其职业道德的不合理要求。

（5）导游不得迎合个别游客的低级趣味，在讲解、介绍中掺杂庸俗、下流内容。

（五）注意一些小节

（1）导游不要随便单独去游客的房间，更不要单独去异性游客的房间。

（2）导游不得携带自己的亲友随旅游团活动。

（3）导游不与同性外国旅游团领队同住一室。

（4）导游饮酒量不要超过自己酒量的1/3。

（5）导游不克扣客人餐费。

(6)导游不私自留用旅行社送给客人的礼品。

第四节　导游领队引导文明旅游规范

随着我国人民生活水平的提高，利用闲暇时间外出观光、度假已成为大众化的生活方式。而随着中国公民越来越频繁地走出家门、国门，极少数游客表现出的一些诸如随地吐痰、不遵守公共秩序、大声喧哗、当众脱鞋等的不文明行为给目的地国家和地区的居民留下了不好的印象，极大地损害了中国作为文明古国的形象。提升公民旅游文明素质是一项长期而艰巨的任务，导游和领队的示范和及时的提醒、引导能有效提升旅游活动中的文明意识，进而对旅游行为产生积极影响。

一、引导文明旅游的基本要求与主要内容

(一)基本要求

1. 一岗双责

(1)导游领队人员应兼具为游客提供服务与引导游客文明旅游两项职责。

(2)导游领队人员在引导游客文明旅游过程中应体现服务态度、坚持服务原则，在服务游客过程中应包含引导游客文明旅游的内容。

2. 掌握知识

(1)导游领队人员应具备从事导游领队工作的基本专业知识和业务技能。

(2)导游领队人员应掌握我国旅游法律、法规、政策以及有关规范性文件中关于文明旅游的规定和要求。

(3)导游领队人员应掌握基本的文明礼仪知识和规范。

(4)导游领队人员应熟悉旅游目的地的法律规范、宗教信仰、风俗禁忌、礼仪知识、社会公德等基本情况。

(5)导游领队人员应掌握必要的紧急情况处理技能。

3. 率先垂范

俗话说：榜样的力量是无穷的。导游领队人员的一言一行都会给游客产生示范效应，甚至一些游客初到异国他乡，因对当地风俗民情不太熟悉，为避免尴尬，会下意识地模仿导游领队的行为。因此，导游领队人员在工作期间应做到：

(1)以身作则、遵纪守法、恪守职责，体现良好的职业素养和职业道德，为游客树立榜样。

（2）注重仪容仪表、衣着得体，展现导游领队职业群体的良好形象。

（3）言行规范、举止文明，为游客做出良好示范。

4. 合理引导

（1）导游领队人员对游客文明旅游的引导应诚恳、得体。

（2）导游领队人员应有维护文明旅游的主动性和自觉性，关注游客的言行举止，在适当时机对游客进行相应提醒、警示、劝告。

（3）导游领队人员应积极主动地营造轻松和谐的旅游氛围，引导游客友善共处、互帮互助、相互督促并适时地给予游客友善的提醒。

5. 正确沟通

（1）在引导时，导游领队人员应注意与游客充分沟通，秉持真诚友善原则，增强与游客之间的互信，增强引导效果。

（2）对游客的正确批评和合理意见，导游领队人员应认真听取，虚心接受。

6. 分类引导

（1）针对不同游客的引导

在带团工作前，导游领队人员应熟悉团队成员、旅游产品、旅游目的地的基本情况，为恰当引导游客做好准备。

对未成年人较多的团队，应侧重对家长的引导，并需要特别关注未成年人的特点，避免损坏公物、喧哗吵闹等不文明现象发生。

对无出境记录的游客，应特别提醒其注意旅游目的地的风俗禁忌和礼仪习惯，以及出入海关、边防（移民局）的注意事项，做到提前告知和提醒。

游客生活环境与旅游目的地环境差异较大时，导游领队应提醒游客注意相关习惯、理念差异，避免言行举止不合时宜而导致的不文明现象。

（2）针对不文明行为的处理

对于游客因无心之过而出现与旅游目的地风俗禁忌、礼仪规范不协调的行为，应及时提醒和劝阻，必要时协助游客赔礼道歉。

对于从事违法或违反社会公德活动的游客，以及从事严重影响其他游客权益的活动，不听劝阻、不能制止的游客，根据旅行社的指示，导游领队可代表旅行社与其解除旅游合同。

对于从事违法活动的游客，不听劝阻、无法制止、后果严重的，导游领队人员应主动向相关执法、管理机关报告，寻求帮助，依法处理。

（二）主要内容

1. 法律法规

导游领队人员应将我国及旅游目的地国家和地区文明旅游的有关法律规

范和相关要求向游客进行提示和说明，避免游客出现触犯法律的不文明行为。引导游客爱护公物、文物，遵守交通规则，尊重他人权益。

2. 风俗禁忌

导游领队人员应主动提醒游客尊重当地风俗习惯、宗教禁忌。在有支付小费习惯的国家和地区，应引导游客以礼貌的方式主动向服务人员支付小费。

3. 绿色环保

导游领队人员应向游客倡导绿色出游、节能环保，宜将具体环保常识和方法向游客进行说明。引导游客爱护旅游目的地自然环境，保持旅游场所的环境卫生。

4. 礼仪规范

导游领队人员应提醒游客注意基本的礼仪规范：仪容整洁，遵序守时，言行得体。提醒游客不在公共场合大声喧哗、违规抽烟，提醒游客依序排队、不拥挤争抢。

5. 诚信善意

导游领队人员应引导游客在旅游过程中保持良好心态，尊重他人、遵守规则、恪守契约、包容礼让，展现良好形象，通过旅游提升文明素养。

二、引导文明旅游的具体规范与总结反馈

(一)具体规范

1. 出行前

(1) 导游领队应在出行前将旅游文明需要注意的事项以适当方式告知游客。

(2) 导游领队参加行前说明会的，宜在行前说明会上向游客讲解《中国公民国内旅游文明行为公约》或《中国公民出境旅游文明行为指南》，提示基本的文明旅游规范，并将旅游目的地的法律法规、宗教信仰、风俗禁忌、礼仪规范等内容系统、详细地告知游客，使游客在出行前具备相应知识，为文明旅游做好准备。

(3) 不便于召集行前说明会或导游领队不参加行前说明会的，导游领队宜向游客发送电子邮件、传真，或通过电话沟通等方式，将文明旅游的相关注意事项和规范要求进行说明和告知。

(4) 在旅游出发地机场、车站等集合地点，导游领队应将文明旅游事项向游客进行重申。

(5) 当旅游产品具有特殊安排，如乘坐的廉价航班不提供餐饮、入住酒店

不提供一次性洗漱用品时，导游领队应向游客事先告知和提醒。

2. 登机（车、船）与出入口岸

（1）导游领队应提醒游客提前办理检票、安检、托运行李等手续，不携带违禁物品。

（2）导游领队应组织游客依序候机（车、船），并优先安排老人、未成年人、孕妇、残障人士。

（3）导游领队应提醒游客不抢座、不占位，主动将上下交通工具方便的座位让给老人、孕妇、残障人士和带婴幼儿的游客。

（4）导游领队应引导游客主动配合机场、车站、港口以及安检、边防（移民局）、海关的检查和指挥。与相关工作人员友好沟通，避免产生冲突，携带需要申报的物品时，应主动申报。

3. 乘坐公共交通工具

（1）导游领队宜利用乘坐交通工具的时间，将文明旅游的规范要求向游客进行说明和提醒。

（2）导游领队应提醒游客遵守和配合乘务人员指示，确保交通工具安全有序运行，例如乘机时应按照要求使用移动电话等电子设备。

（3）导游领队应提醒游客乘坐交通工具的安全规范和基本礼仪，遵守秩序，尊重他人，例如乘机（车、船）时不长时间占用通道或卫生间，不强行调换座位，不强行开启安全舱门。避免不文雅的举止，不无限制索要免费餐饮等。

（4）导游领队应提醒游客保持交通工具内的环境卫生，不乱扔乱放废弃物。

4. 住宿

（1）导游领队应提醒游客尊重服务人员，服务人员问好时要友善回应。

（2）导游领队应指引游客爱护和正确使用住宿场所的设施设备，注意维护客房和公用空间的整洁卫生，提醒游客不在酒店禁烟区域抽烟。

（3）导游领队应引导游客减少一次性物品的使用，减少环境污染，节水节电。

（4）导游领队应提醒游客在客房区域举止文明，如在走廊等公共区域时应衣着得体，出入房间应轻关房门，不吵闹喧哗，宜调小电视音量，以免打扰其他客人休息。

（5）导游领队应提醒游客，在客房内有消费项目的，应在离店前主动声明并付费。

5. 餐饮

（1）导游领队应提醒游客注意用餐礼仪，有序就餐，避免高声喧哗干扰他人。

（2）导游领队应引导游客就餐时适量点用，避免浪费。

（3）导游领队应提醒游客自助餐区域的食物、饮料不能带离就餐区。

（4）集体就餐时，导游领队应提醒游客正确使用公共餐具。

（5）游客如需在就餐时抽烟，导游领队应指示游客到指定抽烟区域就座，如果就餐区禁烟，游客应遵守相关规则。

（6）就餐环境对服装有特殊要求的，导游领队应事先告知游客，以便游客准备。

（7）在公共交通工具上或在博物馆、展览馆、音乐厅等场所，应遵守相关规则，勿违规饮食。

6. 游览

（1）导游领队宜将文明旅游的内容融合在讲解词中，进行提醒和告知。

（2）导游领队应提醒游客遵守游览场所规则，依序文明游览。

（3）在自然环境中游览时，导游领队应提示游客爱护环境、不攀折花草、不惊吓伤害动物，不进入未开放区域。

（4）观赏人文景观时，导游领队应提示游客爱护公物、保护文物，不攀登骑跨或胡写乱画。

（5）在参观博物馆、教堂等室内场所时，导游领队应提示游客保持安静，根据场馆要求规范使用摄影摄像设备，不随意触摸展品。

（6）游览区域对游客着装有要求的（如教堂、寺庙、博物馆、皇宫等），导游领队应提前一天向游客说明，提醒准备。

（7）导游领队应提醒游客摄影摄像时先后有序，不妨碍他人。如需拍摄他人肖像或与他人合影，应征得同意。

7. 娱乐

（1）导游领队应组织游客安全、有序、文明、理性地参与娱乐活动。

（2）导游领队应提示游客观赏演艺、比赛类活动时遵守秩序及相应规定：例如按时入场、有序出入；中途入场或离席以及鼓掌喝彩应合乎时宜；根据要求使用摄像摄影设备，慎用闪光灯。

（3）导游领队应提示游客观看体育比赛时，尊重参赛选手和裁判，遵守赛场秩序。

（4）游客参加涉水娱乐活动的，导游领队应事先提示游客听从工作人员指挥,注意安全,爱护环境。

(5)导游领队应提示游客在参加和其他游客、工作人员的互动活动时,文明参与、大方得体,并在活动结束后对工作人员表示感谢,礼貌话别。

8. 购物

(1)导游领队应提醒游客理性、诚信消费,适度议价,善意待人,遵守契约。

(2)导游领队应提醒游客遵守购物场所规范,保持购物场所秩序,不哄抢喧哗,试吃试用商品应征得同意,不随意占用购物场所非公共区域的休息座椅。

(3)导游领队应提醒游客尊重购物场所购物数量限制。

(4)在购物活动开始前,导游领队应提醒游客购物活动结束时间和购物结束后的集合地点,避免因游客迟到、拖延而引发的不文明现象。

9. 如厕

(1)在旅游过程中,导游领队应提示游客正确使用卫生设施;在如厕习惯特别的国家、地区,或卫生设施操作复杂的,导游领队应向游客进行相应说明。

(2)导游领队应提示游客维护卫生设施清洁,适度取用公共卫生用品,并遵照相关提示和说明不在卫生间抽烟或随意丢弃废弃物,不随意占用残障人士专用设施。

(3)在乘坐长途汽车前,导游领队应提示游客行车时间,提醒游客提前上卫生间。在长途行车过程中,导游领队应与司机协调,在中途安排停车如厕。

(4)游览过程中,导游领队应适时提示卫生间位置,尤其应注意引导家长带领未成年人使用卫生间,不随地大小便。

(5)在游客众多的情况下,导游领队应引导游客依序排队使用卫生间,并礼让急需的老人、未成年人、残障人士。

(6)在野外无卫生间等设施设备的情况下,导游领队应引导游客在适当的位置如厕,避免污染水源或影响生态环境,并提示游客填埋、清理废弃物。

(二)特殊/突发情况处理

(1)旅游过程中遭遇特殊/突发情况,如财物被抢被盗、感染重大传染性疾病、遭受自然灾害、交通工具延误等,导游领队应沉着应对,冷静处理。

(2)需要游客配合相关部门处理的,导游领队应及时向游客说明,进行安抚劝慰,并积极协助有关部门进行处理。在突发紧急情况下,导游领队应立即采取应急措施,避免损失扩大和事态升级。

(3)导游领队应在游客与相关机构和人员发生纠纷时,及时处理、正确疏导,引导游客理性维权、化解矛盾。

(4)遇游客采取拒绝上下机(车、船)、滞留等方式非理性维权的,导游领队应与游客进行沟通,晓以利害。必要时应向驻外使领馆或当地警方等机构报告,寻求帮助。

(三)总结反馈

(1)旅游行程全部结束后,导游领队向旅行社递交的《带团报告》或《团队日志》中,宜有总结和反馈文明旅游引导工作的内容,以便积累经验并在导游领队人员中进行培训、分享。

(2)旅游行程结束后,导游领队宜与游客继续保持友好交流,并妥善处理遗留问题。

(3)对旅游过程中严重违背社会公德、违反法律规范、影响恶劣、后果严重的游客,导游领队人员应将相关情况向旅行社进行汇报,并通过旅行社将该游客的不文明行为向旅游管理部门报告,经旅游管理部门核实后,纳入游客不文明旅游记录。

(4)旅行社、导游行业组织等机构应做好导游领队引导文明旅游的宣传培训和教育工作。

第五节　导游服务礼仪规范

一、导游的仪容仪表礼仪

(一)导游的仪容礼仪

仪容仪表是人的外在表现。仪容即人的容貌,是个人礼仪的重要组成部分。仪容在个人仪表美中占有举足轻重的地位。导游在完善自身的仪容礼仪时,应注意以下几点要求。

首先,仪容的修饰要考虑时间和场合。同样的仪容修饰在不同的时间和场合有着截然不同的效果。其次,在公众场合不能当众进行仪容修饰。众目睽睽之下修饰仪容既不尊重自己,也有碍他人,是极为失礼的。最后,完善自身的仪容需内外兼修。

导游的仪容礼仪主要包括面部化妆礼仪、头发的护养礼仪和香水的使用礼仪等方面。

1. 面部化妆礼仪

化妆是一门艺术,又是一种技巧,它不是单纯地涂脂抹粉,更不是把自己打扮得花枝招展,而是塑造一副淡雅清秀、健康自然、鲜明和谐、富有个性的形象。

(1) 正确认识自己

大多数人的面容都不是十全十美的,都有这样或那样不尽如人意的地方。化妆的目的是在扬长避短的原则下,寻找并突出自己面部最富魅力的部位,掩盖或削弱有缺陷的地方,这样才能起到化妆的效果。

(2) 以自然修整为准

生活中的美容化妆,以修整统一、和谐自然为准则。恰到好处的化妆,给人以文明、整洁、雅致的印象。浓妆艳抹,矫揉造作,过分地修饰、夸张,都是不可取的。

(3) 妆容与环境相适应

化妆或浓或淡要视时间、场合而定。在日光下、工作时间和工作场合只适合化淡妆。晚上,参加舞会、宴会等社交活动时,可穿着艳丽、典雅的服装,在灯光照耀下妆色可浓些,可使用发亮的化妆品。导游带团时,不要化浓妆。在秀丽的湖光山色中,最自然的就是最美的。

(4) 化妆禁忌

①不要当众化妆。

②不要非议他人的妆容。

③不要借用别人的化妆品。

④男士的化妆要体现男子汉的气概,应根据自己的年龄和脸形,稍稍修整眉型和发型,同时也应该保持皮肤的清洁,合理使用护肤品。

2. 头发的养护礼仪

头发也是构成仪容礼仪的要素之一,直接影响到别人对你的印象。拥有整洁干净的头发是社交礼仪中最基本的要求。在当今社会,头发的功能已不是单纯地表现人的性别,而是更全面地表现着一个人的道德修养、审美情趣、知识结构及行为规范。任何一个人都可能通过某人的发型准确地判断出其职业、身份、受教育程度及卫生习惯,更可能感受到他(她)身心是否健康以及对待生活和事业的态度。

3. 香水的使用礼仪

适当使用香水,其芬芳的香味能提神醒脑、驱浊除味,会使自己魅力倍增、风度迷人。正确使用香水,需注意以下禁忌。

(1) 忌用量过多

香水在使用时应注意适量,一般情况下,1米范围内能够闻到淡淡的幽香较为合适,若在3米左右的距离内仍可闻到香味就显得过量了。

(2)忌使用部位不当

香水中的香精和酒精在紫外线的作用下会刺激皮肤,易出现色素沉淀,所以涂抹香水的部位最好是光线照射不到的地方。如腋下、耳后、手臂内侧等。不要搽在手背、额头等暴露部位,比较妥当的办法是在衣领、衣角、手帕上搽一点,任其自然挥发。

(3)忌不洁

要使香水发挥应有的作用,务必先洗澡,驱除不洁气味。用香水掩盖异味是不正确的。

(4)忌不同香水混合使用

不同品牌、不同系列、不同香型的香水不能混合使用,以免掩盖不同香水的香氛特点和产生副作用。

(5)忌吃辛辣刺激的食物

忌吃葱、蒜、辣椒等。因为食用这类食物后容易产生体臭,从而影响香水的使用效果。

(二)仪表服饰礼仪

仪表可以表现人的精神状态和文明程度,也体现着对他人的尊重。衣着得体、修饰恰当、风度优雅可以给人以朝气蓬勃、值得信赖、热情好客的感觉。仪表服饰礼仪是一门艺术、一种文化、一种语言,是导游给游客留下良好"第一印象"的重要组成部分。

1. 着装的基本原则

(1)TPO 原则

TPO 原则是人们着装的总原则。在英语中是 time(时间)、place(地点)、occasion(场合)三个单词的首字母。它是指人们在着装时,要注意时间、地点、场合并与之相适应。

①与时间相适应。在西方,不同的时间里有不同的着装要求。例如:男士在白天不能穿小礼服和晚礼服,在夜晚不能穿晨礼服;女士在日落前则不能穿过于裸露的礼服。

②与地点相适应。这是指根据不同国家、不同地区所处的地理位置和自然条件的要求来着装。例如:在气候炎热的地方,服装以浅色或冷色调为主;在寒冷的地区,服装则以深色或暖色调为主。

③与场合相适应。这里的场合主要是指上班、社交、休闲三大场合。上班要穿得整洁、大方、美观,不可过分妖艳。社交装要穿得时髦、时尚又不失高雅,在出席婚礼、宴会等重要场合时,女士既可以穿西装和中式服装,也可以穿旗

袍和晚礼服；男士可以着中山装，也可以着正规西装，但必须系领带。休闲装则要穿得宽松、舒适、随意，棉质的衬衣、T恤、牛仔装是郊外游玩的首选，穿上它们可以使人显得轻松和惬意。

(2) 配色原则

一般来说，黑、白、灰是服装搭配时最常用的三种颜色，它们最容易与其他颜色的服装搭配并取得很好的效果。因此，这三种颜色也被称作"安全色"。除此之外，服装色彩的搭配要遵循上深下浅或上浅下深的原则。可采取同类型配色或衬托配色的方式，例如，绿色配黄色、浅蓝配粉红、深蓝配红色等。

不同颜色的服装穿在不同的人身上也会产生不同的效果。如深色的衣服，特别是黑色、深蓝色、深咖啡色等给人以收缩感，瘦人穿着显得更加瘦小，而胖人穿着则会显得苗条；反之，浅色的衣服给人以扩张感，适宜瘦人穿着。

2. 着装的基本要求

(1) 要与年龄相协调

不同年龄的人有不同的审美观和不同的穿着要求。年龄大些的人喜欢着深色保守款以显成熟稳重，年龄小些的人喜欢着亮色时尚款以显青春活泼。

(2) 要与体形相协调

服饰要因人而异、扬长避短。瘦者穿浅色、横条纹、大花图案的衣服可以显得圆润丰满些；胖者穿深色、竖条纹的衣服则可显得苗条清秀些。肤色较深的人穿浅色服装会显得时尚健美；肤色较白的人穿深色服装更能显出皮肤的细腻白嫩。

(3) 要与职业相协调

导游是旅游地的形象大使，不宜染头发、穿奇装异服，否则会使游客感觉缺乏亲和力，应该选择适合户外工作特点、大方得体的服饰。

(4) 要与环境相协调

在喜庆场合不能穿得太古板，在悲伤场合不能穿得太花哨，在庄重场合不能穿得太随意，在休闲场合不能穿得太隆重。高跟鞋和西服套裙显得高雅大方，适合在参加宴会时穿着，但不适于去登高探险、郊外野营。

3. 正装的着装规范

在某些正式场合导游需要着正装出席，男士对于着西装、女士对于着套裙的规范都需要掌握。

(1) 男士西装的着装规范

① 要拆除衣袖上的商标。在正式穿西服之前，一定要将商标拆除。有的人

故意将商标露在外面显示其西服的品牌和档次,这是十分不妥的。

②要熨烫平整。在每次正式穿着西装前要进行熨烫,穿着后及时挂起,以保证下次穿着时平整挺括。

③要系好纽扣。穿西服时,上衣、背心与裤子的纽扣都有一定的系法。通常,单排两粒扣式的西服上衣,讲究"扣上不扣下",即只系上边那粒纽扣,或全部不系。单排三粒扣式的西服上衣,要么只系中间那粒纽扣,要么系上面那两粒纽扣。而双排扣的西服上衣必须系上所有纽扣,以示庄重。穿西服背心,不论是单独穿着,还是与西服上衣配套,都要认真地系上纽扣。

在一般情况下,背心只能与单排扣西服上衣配套。背心也分为单排扣式和双排扣式两种。根据着装惯例,单排扣式西服背心的最下面那粒纽扣应当不系,而双排扣式西服背心的纽扣则必须统统系上。

④要不卷不挽。在公众场合,任何情况下都不要将西服上衣的衣袖挽上去,也不能随意卷起西裤的裤管,这样会给人以粗俗之感。

⑤要慎穿毛衫。男士要将一套西服穿得有"型"有"款",除了衬衫与背心之外,在西服上衣之内,最好不要再穿其他任何衣物。在气候寒冷的地区,只能加一件薄型"V"领羊毛衫或羊绒衫。这样既不会显得过于花哨,也不会妨碍自己打领带。不要去穿色彩、图案十分复杂的羊毛衫或羊绒衫,也不要穿扣式的开领羊毛衫或羊绒衫,否则会使西服变形走样,给人以臃肿感。

⑥要巧妙搭配。西服的标准穿法是衬衫之内不再穿其他衣物。至于不穿衬衫,而以T恤直接与西服搭配的穿法,在正式场合是不允许的。

⑦要少装东西。为使西服穿着时在外观上保持笔挺、不走样,就应当在西服的口袋里少装东西或不装东西。具体而言,西服不同的口袋发挥着各不相同的作用。上衣左侧的外胸袋除可以插入一块用以装饰的真丝手帕外,不应再放其他任何东西,尤其不应当放钢笔、挂眼镜。内侧的胸袋,可以用来放钢笔、钱夹或名片夹,但不要放过大过厚的东西或叮当作响的钥匙串等物。外侧下方的两只口袋,原则上不放任何东西。在西服背心上,口袋大多只起到装饰作用。除可以放置怀表外,不宜再放别的东西。在西服裤子上,两只侧面的口袋只能放纸巾、钥匙包或者钱包。其后侧的两只口袋,一般不放任何东西。

⑧要与鞋袜搭配。与西服配套的鞋子只能是皮鞋,其颜色宜选用深色和单色。黑色皮鞋可以和任何颜色的西装配套。男士在穿西服、皮鞋时所搭配的袜子,以深色和单色为宜,并且最好是黑色的。

男士在穿着正装衬衫时还要注意以下几点:

①衣扣要系上。穿西装的时候,衬衫的所有纽扣都要一一系好。在穿西装

而不打领带的时候,必须解开衬衫的领扣。

②袖长要适度。穿西装时,衬衫的袖子最好露出西服袖口2厘米左右。

③下摆要放好。穿长袖衬衫时,不论是否穿外衣,都要将下摆均匀掖进裤腰之内。

④大小要合身。除休闲衬衫外,衬衫既不宜过于短小紧身,也不应过分宽松肥大。

(2)女士套裙的穿法

①套裙的上衣可以短至腰部,裙子可长达小腿的中部。一般情况下,上衣不宜太短,裙子也不宜过长。上衣的袖长不超过着装者的手腕,裙子不盖过脚踝。

②穿着到位。在穿着套裙时要将上衣的领子完全翻好,衣袋的盖子要拉出来盖住衣袋;不允许将上衣披在身上,或者搭在身上,裙子要穿着端正,上下对齐。女士在正式场合穿套裙时,上衣的衣扣必须全部系上,不允许将其全部或部分解开,更不允许当着别人的面随便将上衣脱下。

③考虑场合。女士在各种正式的商务交往之中,一般以穿着套裙为好。在出席宴会、舞会、音乐会时,可酌情选择适合参加这类活动的礼服或时装。

④协调妆饰。女性导游在工作岗位上要突出的是工作能力和敬业精神,而非自己的性别特征和靓丽容颜,所以应当只化淡妆,恰到好处即可。就佩饰而言,饰物以少为宜,要合乎自己的职业和身份。不允许佩戴过度张扬自己"女人味"的耳环、手镯、脚链等首饰。

⑤女士在选择与套裙相配的鞋袜时,要注意:鞋袜应当大小适宜、完好无损,鞋袜不可当众脱下,不允许穿两只不同的袜子,不可将袜口暴露在外。

二、导游的言谈举止礼仪

(一)导游的言谈礼仪

1. 交谈礼仪

语言是内心世界的表现,一个人的教养和为人在交谈中会自然流露出来。导游的工作中"言谈交流"是很重要的组成部分,掌握交谈中的一些基本规则和技艺,是拉近与游客距离的良方。

(1)基本规则

①委婉含蓄,表达巧妙。例如:在外交场合,通常以"遗憾"代替"不满",以"无可奉告"代替"拒绝回答";在社交场合,以"去洗手间"代替"厕所在哪儿",这些都是委婉含蓄的表达方式。

②善于倾听，给别人以说话的机会。这样才能在听取别人谈话的同时，获得对方的好感。倾听时要集中注意力，要主动反馈，要尊重对方意见。

③坦率诚恳，切忌过分客气。欧美人习惯率直地表达自己的意见，只要言语不唐突，直抒己见反而更易获得好感。日本人交谈时比较含蓄，而且会不时地应和对方。

④大方自然。交谈时，要自信、大方、自然，不能扭捏腼腆、惊慌失措或心不在焉。

⑤照顾全局。多人交谈时，要照顾大家，要与多数人谈话，不要冷落任何人。

⑥诙谐幽默，避开矛盾的锋芒。幽默风趣的话语不仅令人愉快，还能化解由于各种原因引起的紧张情绪和尴尬气氛。

（2）忌谈话题

①非特殊场合不要涉及疾病、死亡等不愉快的话题。

②回避对方的隐私。对女士一般不询问其年龄和婚姻情况；对一般人，不直接询问他的履历、工资收入、家庭财产、衣饰价格等私人的问题。

③对方不愿意回答的问题不要刨根问底，对方反感的问题一旦提出则应表示歉意或立即转移话题。

④不要批评长辈和身份高的人，不要讥笑讽刺他人，对宗教问题也应持慎重态度。

⑤不能用词尖酸刻薄，恶语伤人。

⑥不能用傲慢失礼的话伤害对方的自尊心。

⑦和外国游客交谈不得胡言乱语或泄露国家机密。

（3）控制音调

在与人交谈时要注意控制音调，尤其是讲话时尖而响的声音容易引起旁人的反感。一个音量适宜、清晰可辨的声音更能吸引人们的注意力并博得信任和尊敬。

2. 礼貌用语

"谢谢你""对不起""请"这些礼貌用语，如使用恰当，对融洽人际关系会起到意想不到的作用。

无论别人给予你的帮助是多么微不足道，都应该诚恳地说声"谢谢"。对他人的道谢要答谢，答谢可以用"没什么""别客气""我很乐意帮忙""应该的"来回答。

道歉时最重要的是有诚意，切忌道歉时先辩解，好似推脱责任；同时要注意及时道歉，犹豫不决会失去道歉的良机。在涉外场合需要请人帮忙时，说句"对不起，你能帮我一下吗"，则能体现一个人的谦和及修养。

几乎在任何需要麻烦他人的时候，"请"都是必须挂在嘴边的礼貌语，如"请问""请原谅""请留步""请用餐""请指教""请稍候""请关照"等。频繁使用"请"字，会使话语变得委婉而有礼貌，是比较自然地把自己的位置降低而将对方的位置抬高的最好办法。

3. 交谈的最佳距离和角度

在社交场合，要注意保持交谈的最佳距离和角度。不同的国家对此有不同的习惯。西欧一些国家认为，两个人交谈的最佳距离为1米，但意大利人经常保持0.3~0.4米。从卫生角度考虑，交谈的最佳距离为1.3米，这样就不至于因交谈而感染由飞沫传染的疾病。此外，交谈时最好有一定的角度，两个人可在对方的侧面斜站，形成30°角为最佳，避免面对面。这个距离和角度，既无疏远之感，又文明卫生。

（二）导游的举止礼仪

1. 站、坐、走姿礼仪

（1）站姿礼仪

导游的站姿要给游客一种谦恭有礼的感觉。其基本要领是：头正目平、面带微笑、肩平挺胸、立腰收腹、两臂自然下垂、两膝并拢或分开与肩同宽。

站立时不要两手叉腰或把手插在裤兜里，更不要有怪异的动作，如抽肩、缩胸、乱摇头、攥鼻子、掐胡子、舔嘴唇、拧领带、不停地摆手等。站着与人交谈时，两臂可随谈话的内容做些适度的手势，但动作幅度不可过大。在正式场合，不宜将手插在裤袋里或交叉在胸前，更不要下意识地做些小动作。那样不但显得拘谨，给人缺乏自信和经验之感，而且也有失仪态的庄重。

站立时应注意：向人问候或做介绍时，不论握手或鞠躬，重心应在中间，膝盖要挺直。总之，站姿应该自然、轻松、优美，不论呈何种姿势，改变的只是脚的位置和角度，而身体要保持绝对的端正挺拔，是谓古人所说的"立如松"。

（2）坐姿礼仪

导游的坐姿要给游客一种温文尔雅的感觉。其基本要领是：上体自然挺直，两腿自然弯曲，双脚平落地上，臀部坐在椅子中央。男性导游一般可张开双腿，以显其自信、豁达；女性导游一般两膝并拢，以显示其庄重、矜持。

（3）走姿礼仪

导游的走姿要给游客一种轻盈稳健的感觉。其基本要领是：行走时，上身自然挺直，立腰收腹，肩部放松，两臂自然前后摆动，身体的重心随着步伐前移,脚步要从容轻快、干净利落,目光要平稳,可用眼睛的余光(必要时可转身扭头)观察游客是否跟上。行走时,不要把手插在裤袋里。

导游在一些场合中,行姿也有不少特殊之处。如与人告辞时,不宜扭头便走,示人以后背。为了表示对在场的其他人的敬意,在离去时,可采用后退法。其标准的做法是:目视他人,双脚轻擦地面,向后小步幅地退三四步,然后先转身后扭头,轻轻地离去。又如,在楼道、走廊等道路狭窄之处需要为他人让行时,应采用侧行步。即面向对方,双肩一前一后,侧身慢行。这样做,是为了对人表示"礼让三先",也是意在避免与人争抢道路,发生身体碰撞或将自己的背部正对着对方。

2. 鞠躬礼仪和蹲姿礼仪

(1) 鞠躬礼仪

鞠躬即弯身行礼,源于中国的商代,是一种古老而文明的对他人表示尊敬的郑重礼节。鞠躬礼分为两种:一种是三鞠躬,敬礼之前,应脱帽或摘下围巾,身体肃立,目光平视,身体上部向前下弯约90°,然后恢复原样,如此连续三次;另一种是深鞠一躬(15°~90°),几乎适用于一切社交和商务活动场合,这也是导游最常用的鞠躬方式,为了表达对别人的尊重,都可以行鞠躬礼。施鞠躬礼时,应立正站好,保持身体端正,面对受礼者,距离两三步远,以腰部为轴,整个腰及肩部向前倾15°~90°。

(2) 蹲姿礼仪

蹲姿是人的身体在低处取物、拾物时所呈现的姿势。蹲的风度是"蹲要雅"。导游在工作中,当从低处取物。或捡拾落在地上的物品,或整理自己的鞋袜,或工作过程中需要在低处进行整理时,动作要美观、姿势要优雅。

①优雅的蹲姿可分三个步骤:

直腰下蹲。首先要讲究方位,当需要捡拾低处或地面物品的时候,可走到物品的左侧;当面对他人下蹲时,要侧身相向;当需要整理鞋袜或低处整理物品时可面朝前方,两脚一前一后,一般情况是左脚在前、右脚在后,目视物品,直腰下蹲。

弯腰拾物。直腰下蹲后,方可弯腰捡低处或地面上的物品,及整理鞋袜或在低处工作。

直腰站起。取物或工作完毕后,先直起腰部,使头部、上身、腰部在一条直线上,再稳稳站起。

②蹲姿的种类:

高低式蹲姿。这是常用的一种蹲姿。下蹲时右脚在前、左脚稍后,两腿靠紧向下蹲。右脚全脚着地，小腿基本垂直于地面，左脚脚跟提起，脚掌着地。左膝低于右膝，左膝内侧靠于右小腿内侧，形成右膝高、左膝低的姿态，臀部向下，基本上以左腿支撑身体。

单膝点地式。这是一种非正式的蹲姿，多用于下蹲时间较长或为了用力方便时采用。下蹲后，右膝点地，臀部坐在其脚跟之上，以其脚尖着地。另一条腿全脚掌着地，小腿垂直于地面，双膝同时向外，双腿尽力靠拢。这种姿势适用于男子。

交叉式蹲姿。这是一种优美典雅的蹲姿。如集体合影前排需要蹲下时女士可采用交叉式蹲姿，下蹲时右脚在前、左脚在后，右小腿垂直于地面，全脚着地。左膝由后面伸向右侧，左脚跟抬起，脚掌着地。两腿靠紧，合力支撑身体。臀部向下，上身稍前倾。

③蹲姿禁忌：

弯腰撅臀。这是日常生活中最常见的一种蹲姿，这种姿势对其后面的人来说是一种失礼、不敬的行为，尤其是女导游穿裙装时不可采用此种蹲姿。

平行下蹲。两腿展开平行，即使是直腰下蹲，其姿态也不优雅。这种蹲姿被称为"蹲厕式"的蹲姿，不仅姿势不雅观，而且也是对他人的无礼。

下蹲过快、过近。进行中，下蹲的速度过快，会令人产生突兀惊讶之感；下蹲的距离过近，容易造成彼此"迎头相撞"。

蹲歇。蹲在地上或椅子上休息是必须严格禁止的，更是服务行业的大忌。

三、导游的人际交往礼仪

（一）导游日常交往中的礼仪

1. 日常交往的礼仪原则

（1）信守时间

根据国际礼仪，信守时间，遵守约会，是取信于人的一项基本要求。参加活动总是姗姗来迟的做法是极其失礼的。

导游要遵守信守时间的原则，重要的是做好以下几点：一是在有关时间的问题上，不可以含含糊糊、模棱两可；二是与游客时间一旦约定，就应千方百计予以遵守，不能随便变动或取消；三是对于约定的时间，唯有"正点"到场方为得体。早到与晚到，同样都是不正确的做法；四是万一失约，务必要向约会对象尽早通报，解释缘由，并向对方致歉，绝不可以对此得过且过或者索性避而不谈，显得若无其事。

（2）不妨碍他人

在公共场合中，应遵守"不妨碍他人"的原则。其基本含义是要求人们在公共场所里进行活动时，务必要讲究公德，善解人意，约束自己，切勿因为自己的言行举止不够检点，而影响或妨碍了其他人，或是使其他人感到别扭、不安或不快。在公共场合中，不可以忘乎所以、为所欲为，不可以高谈阔论、大声喧哗。

指点、议论对方，甚至不邀而至地自动加入对方的谈话，这些都会给他人造成影响或妨碍。

（3）女士优先

女士优先原则的本意，是要求每一位成年男子，在社交场合里，都要尽自己的一切可能来尊重女士、体谅女士、帮助女士、照顾女士、保护女士，并且随时随地、义不容辞地挺身而出，替女士排忧解难。

在现实生活中，女士优先的原则是通过一系列的具体做法来贯彻和体现的。例如，在女士面前，男士不应说脏话、开无聊玩笑。

（4）不得纠正

在相互交往中，应遵守"不得纠正"的原则。"不得纠正"的意思，是要求我们在同外国友人打交道的过程中，只要对方的所作所为不危及生命安全，不违背伦理道德，不触犯法律，不损害我方的国格人格，在原则上都可以对之悉听尊便，而不必予以干涉与纠正。遵守"不得纠正"的原则，是对外国友人尊重的一个重要体现。

（5）维护个人隐私

在言谈话语中，应遵守"维护个人隐私"的原则。中国人一向看重的是"关心他人比关心自己更重要"。然而凡事皆有分寸，关心亦应有度。要是对于他人的关心过了头，让人感到的绝对不会是温暖，而只会是厌烦。在涉外交往中，尤其要牢记这一点：过分关心别人，其实也是对对方的一种伤害。导游在跟外国游客打交道时，千万不要没话找话，信口打探对方的个人情况。尤其是当发现对方不愿回答时，就应当适可而止。尊重个人隐私，这条原则是必须遵守的。

（6）以右为尊

在位置排列中，应遵守"以右为尊"的原则。在涉外交往中，一旦涉及位置的排列，原则上都讲究右尊左卑、右高左低。也就是说，右侧的位置在礼仪上总要比左侧的位置尊贵。关于前后的位置排列，情况要复杂一些。不过大体上来说，基本上是讲究前尊后卑，前排的位置要较后排的位置尊贵。

（7）保护环境

在涉外活动中，遵守保护环境的原则是非常重要的，是同文明程度的高低联系在一起来看待的。要遵守这项原则，不仅要具有保护环境的意识，而且要在日常生活中严格要求自己。不在他人面前吸烟,不随手乱丢弃物品,不采摘花卉,爱护动物等。与西方人交谈时,诸如"狗肉味道好极了"一类的话语是很不合适的。

2. 日常工作中的礼仪要求

(1)遵守时间

守时是日常工作中最重要的礼节。导游必须及时把每天的活动时间安排清楚地告诉每个游客,并随时提醒。按照规定时间提前到达出发地点,如有特殊情况,必须耐心向客人解释以获得谅解。

(2)尊重游客

注意服务严谨、态度和蔼,尊重老人和女士,对儿童多加关照。对残疾人进行特殊服务,表现出热情、体贴而不是怜悯。对重点客人接待服务要有分寸,不卑不亢。对旅游团领队要尊重,做到有事商量,主动听取意见,以礼待人,力求协调,通力合作。

(3)注意细节

外出旅游清点人数时,不宜用手指点;车子发动时,要提示客人坐稳;行车时一般可致欢迎词,包括自我介绍,并祝愿各位在旅游活动期间愉快;客人到酒店时,提醒客人携带好随身物品;导游讲话时音调柔和清晰,音量适中,手势简练,举止大方;在参观游览时,要注意游客的兴趣选择性讲解;欢迎客人时要致欢迎词;欢送客人时,要致欢送词。受游客邀请品尝风味小吃时,切忌主宾颠倒,要注重进餐时的礼仪等。

(二)导游人际沟通的礼仪

1. 称呼礼仪

称呼礼仪是指人们在人际沟通之中所采用的称谓语。按照社交礼仪的规则,导游人际沟通使用正确、适当的称呼,同时应注意:要合乎常规;要照顾习惯;要入乡随俗。

(1)生活中的称呼

①敬称:

对于有身份者、年长者,可以称呼"先生"。其前还可以冠以姓氏,如"李先生""张先生"。对文艺界、教育界人士,均可称之为"老师"。在其前,也可加上姓氏,如"崔老师"。对德高望重的年长者,可称之为"老"。将姓氏冠以"老"之前,如"李老"。

②姓名的称呼:

平辈的朋友、熟人,彼此之间均可用姓名相称。为了表示亲切,可免称其名,对年长者,称"老刘";对年幼者,可称"小王"。

(2)工作中的称呼

导游在工作中称呼游客应注意庄重、正式、规范。

①称呼职务:

称呼职务是一种最常见的称呼方法。具体可分为三种情况:一是仅称呼职务。如"经理""主任""院长"等。二是在职务之前加上姓氏。如"李书记""赵处长"等。三是在职务之前加上姓名,这仅适用极其正式的场合。如"王×总经理"等。

②称呼职称:

称呼具有专业技术职称者,尤其是具有高级、中级职称者,可以在工作中直接以其职称相称:仅称呼职称。如"教授""律师""医生"等;职称前加上姓氏。如"欧阳编辑""王调研员"。也可以简化称呼,如可将"孙工程师"简称为"孙工";职称前加上姓名。它适用于十分正式的场合。如"张宁教授""汪鑫主编"等。

③称呼学衔:

称呼游客的学衔,可增加被称呼者的权威性。可以仅称呼学衔。如"博士"。可以在学衔前加上姓氏。如"蒋博士"。或者在学衔前加上姓名。如"关键博士"。还可以将学衔具体化,说明其所属学科再加上姓名。如"物理学博士王恒""人类学博士梁建彬"等。这种称呼最正式。

④称呼职业:

直接称呼职业。如称呼教员为"老师"、称呼教练员为"教练"、称呼警察为"警察"等。

⑤称呼姓名:

称呼姓名仅限于同事熟人之间。可以直呼姓名,也可以只呼其姓,不称其名,但在其前面加上"老""大""小"。如"老马""小黄"。还可以只称其名,不呼其姓。它通常限于同性之间,尤其是上司称呼下级、长辈称呼晚辈时。

2. 握手礼仪

握手是交际双方互伸右手彼此相握以传递信息的手势语,它包含初次见面时表示欢迎、告别时表示欢送,对成功者表示祝贺、对失败者表示理解,对信心不足者表示鼓励,对支持者表示感谢等多种语义。

(1)握手要领

与人握手时,上身应稍微前倾,立正,面带微笑,目视对方。

(2)握手顺序

男女之间,男方要等女方先伸手,如女方不伸手且无握手之意,男士可点头或鞠躬致意；宾主之间主人应先向客人伸手，以表示欢迎；长辈与晚辈之间，晚辈要等长辈先伸手；上下级之间，下级要等上级先伸手以示尊重。

（3）握手时间

握手时间的长短可根据握手双方的关系亲密程度灵活掌握。初次见面一般握手不应超过3秒钟，老朋友或关系亲近的人则可以边握手边问候。

（4）握手力度

握手力度以不握疼对方的手为最大限度。在一般情况下，握手不必用力，握一下即可。男士与女士握手不能握得太紧，西方人往往只握一下女士的手指部分，但老朋友可例外。

导游在与游客初次见面时，可以握手表示欢迎，但只握一下即可，不必用力。对年龄或身份较高的游客应身体稍微前倾或向前跨出一小步双手握住对方的手以示尊重和欢迎。在机场或车站送行，与游客告别时，导游和游客之间已建立起较深厚的友谊，握手时可适当紧握对方的手并微笑着说些祝愿的话语。对于给予过导游大力支持和充分理解的海外游客及友好人士等更可加大些力度，延长握手时间，或双手紧握并说些祝福感谢的话语以表示相互之间的深厚情谊。

（5）握手禁忌

忌多人同时握手，忌交叉同时与两个人握手；忌精力不集中，握手时看着第三者或者环视四周；男士握手忌戴手套；忌将左手放在裤袋里；忌紧握对方的手，摇来摇去，长时间不放。此外，边握手边拍对方肩头，握手时低头哈腰或与他人打招呼，也是社交场合较为忌讳的。

3. 介绍礼仪

导游在服务过程中，正确地利用介绍礼仪，不仅可以扩大社交范围，而且有助于进行必要的自我展示、自我宣传。

（1）自我介绍

导游在做自我介绍时，应根据社交礼仪具体规范，注意自我介绍的时机、内容和分寸等方面内容。

①自我介绍时机。在下述时机，如有可能，导游有必要进行适当的自我介绍。

本人希望结识他人时，导游可主动进行自我介绍；他人希望结识本人时，可做自我介绍；本人认为有必要让他人了解或认识本人的时候，可做简短的自我介绍。

②自我介绍的内容。导游在做自我介绍时，应兼顾实际需要，切不可"千

人一面"。一般有以下几种方式。

应酬式：适用于某些公共场合和一般性的社交场合，如旅行途中、宴会中。例如："您好！我的名字叫张××。""我是刘××。"

工作式：主要适用于工作之中。工作式的自我介绍内容应包括本人姓名、供职的单位及其部门、担负的职务或从事的具体工作三项。例如："您好！我叫张××，是北京彩虹旅游科技公司人事经理。""我叫吴××，××学校招生就业处老师。"

交流式：一般适用于社交活动中，它是一种希望对方认识自己、了解自己、与自己建立联系的自我介绍。可以包括介绍者的姓名、工作、籍贯、学历、兴趣及与某些熟人的关系等。例如："我叫苏××，现在是迈腾旅游公司产品总监，我和您先生是大学同学。"

礼仪式：适用于讲座、报告、演出、庆典、仪式等正规隆重的场合。通过自我介绍表示对交往对象的友好、敬意。自我介绍可包含姓名、单位、职务，但还应多加入一些适宜的谦辞、敬语，以示自己礼待交往对象。例如："各位来宾，大家好！我叫陈××，是远程公司的总经理。我代表本公司热烈欢迎大家光临我们的产品发布仪式，谢谢大家的支持。"

问答式：一般用于应试、应聘和公务交往。例如："您好！不知道应该怎么称呼？""经理好！我叫唐××。""请介绍一下你的基本情况。""我……"

③自我介绍的分寸。导游在做自我介绍时，态度要自然、友善、亲切、随和、落落大方。在进行自我介绍时，一定要敢于正视对方的双眼。另外，注意自我介绍的时间。介绍时要力求简洁，所用时间越短越好，以半分钟左右为佳，如无特殊情况最好不要长于1分钟。自我介绍还应选择在对方有空时，对方情绪好时，对方干扰少时且有此要求时进行为好。

（2）他人介绍

他人介绍，又称第三者介绍，它是经第三者为彼此不相识的双方引见、介绍的一种介绍方式。

①他人介绍的顺序。为他人介绍时，须遵守"尊者优先了解情况"的规则，大致有以下几种情况。先介绍年幼者，后介绍年长者；先介绍晚辈，后介绍长辈；先介绍男士，后介绍女士；先介绍家人，后介绍同事、朋友；先介绍主人，后介绍来宾；先介绍职位、身份低者，后介绍职位、身份高者。

集体介绍是他人介绍的一种特殊形式。进行集体介绍时，首先强调地位、身份；当双方地位、身份大致相似的时候，则遵循"少数服从多数"的原则，即先介绍人数少的一方，后介绍人数较多的一方；在为人数较多的一方做介绍时，可笼统介绍，也可依照礼规，由尊而卑，依次进行。

②他人介绍的内容。为他人做介绍时，介绍者对介绍内容应多斟酌。根据实际需要不同，通常有以下形式可供借鉴。

标准式。适用于正式场合，一般以双方的姓名、单位、职务等为主。例如："我给两位介绍一下。这位是××公司李主任，这位是××集团邓总经理。"

简介式：内容往往只有双方姓名，甚至只有姓。例如："我来介绍一下，这位是老郭，这位是小秦，你们彼此认识一下吧。"

强调式：适用于各种交际场合，其内容除被介绍者的姓名外，往往还可以强调一下其中某位被介绍者与介绍者之间的特殊关系，以便引起另一位被介绍者的重视。

引见式：适用于普通的社交场合，做这种介绍时，介绍者所要做的是将被介绍者双方引导到一起，而不需要表达任何具有实质性的内容。

推荐式：适用于比较正规的场合，多是介绍者有备而来，有意要将某人推荐给某人，因此在内容方面，通常会对前者的优点加以重点介绍。

礼仪式：适用于正式场合，是一种最为正规的他人介绍。其内容略同于标准式，但语气、表达、称呼上都更为礼貌、谦虚。

③他人介绍的应对。在进行他人介绍时，介绍者与被介绍者都要注意自己的表述、态度与反应。例如："很高兴认识你""认识你非常荣幸""幸会，幸会！"

介绍者为被介绍者做介绍之前，不仅要尽量征求一下被介绍者双方的意见，而且在开始介绍时还应再打一下招呼，切勿开口即讲，显得突如其来，让被介绍者措手不及。

4. 电话礼仪

导游在服务中使用电话时，应自觉维护自己的"电话形象"，通过正确使用电话礼仪，"闻声如见其人"，给对方留下良好印象。

(1) 时间适宜

一般工作电话应尽量打到对方单位，最好避开临近下班时间，如果确有必要打对方手机，应注意避开吃饭或睡觉时间。白天一般宜在上午8点以后，节假日应在上午9点以后，晚上应在22点以前。如无特殊情况，不宜在中午休息时间和就餐时间打电话。给海外人士打电话，要先了解一下时差，不要不分昼夜，骚扰他人。电话通话长度应有所控制，以短为佳，宁短勿长。在电话礼仪里，有一条"3分钟原则"，即每次通话时长以3分钟为宜。

（2）内容简洁

通话内容力求简洁，表述清楚。可参照"5W+How"原则，即 who 何人（姓名），when 何时（日期），where 何地（场所），what 何事（内容），why 何因（理由），how 何做（方法）。

（3）体现文明

首先，要及时接听电话。一般要求铃响三声必须接电话。接通电话后，应立即说"您好！"，然后通报自己的单位名称，还可以加上自己的姓名。如果铃响三声后才接电话，应首先表示歉意："您好，对不起，让您久等了。"其次，问候介绍。接通电话后要先自报家门，再问对方是谁，然后说你要找的人。比如："您好！我是×××，请问您是×××吗？请您帮我找一下×××。"再次，微笑接听电话，重视通话时的吐字、声调，体现出主动热情。最后，通话结束体现礼仪规范。一般来说，打出电话的人会主动结束电话，等对方先挂断，然后再轻轻放下话筒。切忌没有致结束语就挂机或者挂机动作突然、用力过大，使对方产生误解。如果对方是长辈或身份较高者，无论是谁打出电话都应等对方先挂电话。

电话礼仪还需注意一些细节。如，在上司面前、在重要场合、在游客面前不随意接打电话。随着手机的普及，无论是社交场合还是工作场合，手机礼仪越来越受到关注。在公众场合，不可旁若无人地使用手机。在会议和洽谈的时候，最好的方式还是把手机调为静音，或者关机。那种在会场上铃声不断的情况，并不能反映你"业务忙"，反而是一种缺乏修养的表现。

随堂练

案例

视频

第三章
团队导游服务规范

【学习目标】

熟悉景区导游服务程序和服务质量要求。掌握旅游团的地陪导游服务程序和服务质量要求。掌握旅游团的全陪导游服务程序和服务质量要求。

第一节 地方导游服务程序及服务质量

地方导游服务程序是指地方陪同导游（以下简称地陪）在当地接待旅游团时应遵循的服务流程和标准。游客是否满意、旅游接待计划能否圆满实施在很大程度上取决于各站地陪的导游服务。其服务流程如图3-1所示。

图3-1 地陪服务流程

一、准备工作

地陪做好接团前的各项准备工作是向游客提供良好服务的前提。地陪工作千头万绪，事无巨细，如果考虑不周就可能出错，因此，地陪的准备工作应细致、周密。一般来说，地陪的准备工作包括以下几个方面：

（一）熟悉接待计划

接待计划（表3-1）既是组团社根据同客源地旅行社签订的旅游合同（或

协议)制定的旅游团在旅游线路上各地方的活动安排,又是组团社委托有关地方接待旅行社组织落实旅游团活动的契约性文件,同时也是导游了解旅游团基本情况和安排当地活动日程的主要依据。

表 3-1　旅游团队接待计划

旅行社(公章)
线路：　　　　　　　　　　　　　　　　　　　　　　No.：

组团社名称及团号				来自国家地区或城市		全陪	
地接社团号						地陪	
总人数	人	男	人	用车情况	司机	导游	
儿童	人	女	人				
时间		游览项目及景点			用餐		入住宾馆
D1 　月　日　时　分					早餐：		
					中餐：		
					晚餐：		
D2 　月　日　时　分					早餐：		
					中餐：		
					晚餐：		
D3 　月　日　时　分					早餐：		
					中餐：		
					晚餐：		
D4 　月　日　时　分					早餐：		
					中餐：		
					晚餐：		
D5 　月　日　时　分					早餐：		
					中餐：		
					晚餐：		
D6 　月　日　时　分					早餐：		
					中餐：		
					晚餐：		
D7 　月　日　时　分					早餐：		
					中餐：		
					晚餐：		

续表

订票计划	飞机：
	火车：
	轮船：
备注	

签发日期：　　年　月　日　　　签发人：　　　　导游签名：

接待计划分为入境旅游团接待计划和国内旅游团接待计划。其中，前者是国内组团社根据同境外旅行社所签旅游合同或协议的要求制订的旅游团在我国境内旅游活动的安排计划；后者是国内组团社根据同游客所签旅游合同的内容制订的旅游线路上各地的旅游团活动安排计划。

地陪在接到旅游团接待计划后，应认真阅读、思考，详细、准确地了解旅游团在当地的活动项目和要求，对其中的重点或疑难之点要做记录，阅读接待计划时应熟知：

1. 旅游团基本信息

（1）组团社信息

计划签发的组团社名称、电话和传真号码、客源国组团社名称。联络人姓名、电话号码或其他联络方式（如微信、QQ）。组团社标志或提供给团队成员的标志物。

（2）旅游团队信息

旅游团名称、团号（境外组团社／国内组团社）、电脑序号。领队、全陪姓名与电话号码。旅游团种类（全包价、半包价、小包价）。旅游团等级（豪华、标准、经济）和费用结算方式。旅游团住房及标准（房间数、床位数、是否有大床间）、用车、游览、餐食标准。

2. 旅游团成员情况

旅游团人数（男性人数、女性人数、儿童人数）、性别、国籍（省份、城市）、年龄、风俗、饮食习惯，尽可能了解旅游团成员的职业、文化层次、宗教信仰等。

3. 旅游团抵离本地情况

抵离时间、所乘交通工具类型、航班（车次、船次）和使用的交通港（机场、车站、码头）名称。

4. 旅游团交通票据情况

赴下一站交通票是否订妥，有无变更和更改后的落实情况，有无返程票（若有，是否落实）。

5. 特殊要求和注意事项

(1) 旅游团的服务接待特殊要求：如住房、用车、游览、餐食等方面的特殊要求，该团的特殊情况和注意事项。

(2) 增收费用项目情况：如额外游览项目（如游江、游湖等）、行李车费用等。

(3) 特殊游客情况：如团内有无2周岁以下婴儿或12周岁以下儿童，有无持老年证、学生证和残疾证的游客，是否需要提供残疾人服务等。

(二) 落实接待事宜

1. 核对日程安排表

地陪应根据接待计划安排的日程（电子行程单），认真核对接待社编制的旅游团在当地活动日程表中所列日期、出发时间、游览项目、就餐地点、风味餐品尝、购物、晚间活动、自由活动和会见等项目。如发现有出入应立即与本社有关人员联系核实，以免实施时出现不必要的麻烦。

2. 落实接待车辆

(1) 地陪应在接团前同司机商定接头的时间和地点（通常提前半小时到达见面地点）。

(2) 提醒司机检查车辆空调、车载电视、音响和话筒等设备，保证设备的正常使用。

(3) 接待大型旅游团时，地陪应在车上贴上醒目的编号和标记，以便游客识别。

(4) 如果地接社接待的旅游团在合同中要求提供行李车，地陪应与行李车司机联系，告知旅游团抵达的时间、地点和下榻的饭店。

3. 落实住房

(1) 熟悉旅游团所住饭店的位置、概况、服务设施和服务项目，如距市中心的距离、附近有何购物娱乐场所、交通状况等。

(2) 地陪在接团前要与旅行社计调人员核实该团客人所住房间的数量、房型、用房时间是否与旅游接待计划相符，核实房费内是否含早餐等，并与酒店销售部或总台核实。若接待重点旅游团，地陪可亲自到客人下榻的饭店向饭店接待人员了解其团队排房情况，告之旅游团的抵达时间和旅游车牌号，并主动介绍该团的特点，配合饭店做好接待工作。

4. 落实用餐

熟悉旅游团就餐餐厅的位置、特色。与各有关餐厅联系，确认该团日程表上安排的每一次用餐的落实情况，并告知旅游团的团号、人数、餐饮标准、日期、特殊要求和饮食禁忌等。

5. 落实行李运送

若旅行社为旅游团安排了行李车，地陪应与行李员联系，告之旅游团抵达的时间、地点以及下榻的饭店。

6. 了解不熟悉的参观游览点

（1）对新开放的旅游景点或不熟悉的参观旅游点，地陪应事先了解景点位置、行车线路、开放时间、最佳游览线路、厕所位置等。必要时，地陪可先去踩点，以保证旅游活动的顺利进行。

（2）提前核实景点门票优惠政策、景点内收费项目、景区内演出或表演的场次和时间。

7. 核实旅游团（者）离开当地的出票情况

地陪应主动与计调部门联系，核实旅游团（者）离开当地的交通工具出票情况，并核实航班（车次、船次）确定的出发时间，以便在接待中安排好旅游团（者）离开饭店前往机场（车站、码头）及托运行李出客房的时间。

8. 落实其他计划内项目的安排情况

如果组团社发来的接待计划中包括该旅游团（者）的会见、宴请、品尝风味餐等活动，地方导游应在接团前与计调部门联系，请其落实相关的会见、宴请、风味餐的单位、人员等事宜。

9. 与全陪联系

提前与全陪取得联系，了解该团有无变化情况，对在当地的安排有何要求。告知全陪行程中景点对游客的优惠政策及需要携带的相关证件。若接待的入境旅游团是首站抵达，地陪应与全陪联系，约定见面时间和地点，一起提前赴机场（车站、码头）迎接旅游团。

10. 掌握有关联系电话号码

包括接待社各部门、行李员、全陪导游、旅游车租车公司（旅行社车队）、就餐餐厅、下榻饭店、游览的景区等的联系电话以及机场（车站、码头）、下站旅行社等的联系电话。

（三）知识准备

在接团前，地陪应根据所接旅游团的特点（如专业旅游团、特种旅游团）做好有关专业知识和语言上的准备。

1. 专业知识准备

（1）根据接待计划确定的参观游览项目，做好有关知识和资料的准备，尤其是计划中所列新开放景点知识的准备。准备的过程中应注意知识的更新，及时掌握最新信息。

（2）接待有专业要求的团队，要做好相关专业知识和专有名词术语、词汇的准备。

（3）做好当前热门话题、国内外重大新闻以及游客可能感兴趣的话题的准备。

（4）客源国家（地区）有关知识的准备。

2. 语言准备

（1）若接待的是入境旅游团，地陪还要做好语言翻译和外语词汇的准备。

（2）语音、语调、语法和用词等表达技巧方面，注意表达清楚、生动和流畅。

（四）物质准备

地陪上团前，要做好接团的有关物质准备。

1. 领取必要的票证、表格和费用

地陪在出发前，应到旅行社相关部门领取旅游团接待计划表（电子行程单）、旅游服务质量反馈表、旅游团名单、旅游餐饮结算单、旅游团费用结算单等。在填写这些单据时，应注意填写的数据一定要与旅游团人数相符，人数和金额要大写。

2. 准备工作物品

必备的工作物品包括：电子导游证、导游身份标识、导游旗、扩音器、接站牌、旅行车标志、宣传资料、行李牌（或行李标签）、通信录以及按旅游团人数发放的物品（如旅游帽、导游图或其他旅游纪念品）等。

3. 准备个人物品

必备的个人物品包括：名片、手机及充电器、防护用品（雨伞、遮阳帽、润喉片）、常备药物、记事本与工作包等。

（五）形象准备

导游的自身美不仅关系到个人形象，更重要的是关系到目的地和旅游企业的形象，为了给游客留下良好的印象，导游在上团前要做好与所从事的职业相应的仪容、仪表方面的准备。

1. 仪容准备

（1）导游应面容整洁，不浓妆艳抹。

（2）导游的头发要保持清洁、整齐。女性导游留有长发要束起，男性导游的前发要不覆额,鬓角不近耳,后发不及领。

2. 仪表准备

(1)导游的着装要符合导游的身份,要方便旅游服务工作。

(2)导游的衣着要简洁、整齐、大方、自然,佩戴首饰要适度。如果接待计划中安排有会见、宴会、舞会等,导游要准备好适合这些场合的正装(男性如西装、中山装,女性如套装、晚礼服、旗袍等)或民族服装。

(六)心理准备

导游需要具备良好的心理素质,在接团前做好如下几个方面的心理准备。

1. 准备面临艰苦复杂的工作

导游在上团前,不仅要根据旅游团的情况考虑如何按照正规的工作程序向其提供热情周到的服务,而且还要有充分的思想准备考虑对特殊游客如何提供服务,以及如何去面对、处理接待过程中可能发生的问题和事故。

2. 准备承受抱怨和投诉

尽管导游尽其所能为游客提供了热情周到的服务,但还是有可能遇到某些或个别游客的挑剔、抱怨和指责,甚至投诉。面对这种情况,导游要做好思想准备,要冷静、沉着地面对,无怨无悔地继续做好导游服务工作。

3. 准备面对形形色色的"精神污染"和"物质诱惑"

导游在接团过程中,经常要与各种各样的游客接触,还要同一些商家打交道,他们的言行举止可能有意无意地传播某些不健康的内容,甚至用美色或物质利益来进行引诱。因此,对这些言行,导游应有充分的思想准备,坚持兢兢业业带团,堂堂正正做人。

二、接站服务

接站服务是指地陪提前半小时到达机场、车站、码头迎接旅游团前后所提供的各项服务。它在导游服务中至关重要,因为这是地陪在游客面前的首次亮相,应提供准时、热情、友好的接待服务,以给他们留下美好的第一印象。

(一)旅游团抵达前的业务安排

1. 确认旅游团所乘交通工具抵达的准确时间

接团当天,地陪应及早与旅游团全陪或领队联系,了解旅游团所乘交通工具的运行情况,尤其是在天气恶劣的情况下,应随时掌握旅游团的动向,了解其抵达的准确时间。此外,地陪还可以通过查询航班、火车动态信息的APP,或向机场(车站、码头)问讯处问清旅游团所乘交通工具到达的准确时间。

2. 与旅游车司机联系

确定该团所乘的交通工具到达的准确时间以后，地陪应与旅游车司机联系，与其商定出发时间，确保旅游车提前半小时抵达接站地点，并告知司机旅游团活动日程和具体时间。到达接站地点后，与司机商定旅游车具体的停车位置。

3. 与行李员联系

若为旅游团配备了行李车，地陪应提前与行李员联系，告知旅游团的名称、人数和行李运送地点。

4. 再次核实航班（车次）抵达的准确时间

地陪在到达接站地点后，应再次通过APP、问讯处或航班（车次）抵达显示牌确认航班（车次）抵达的准确时间。如获悉所接航班（车次）晚点，但推迟时间不长，地陪可留在接站地点继续等候旅游团，如推迟时间较长，应立即将情况报告接待社有关部门，听从安排。

5. 持接站牌迎候旅游团

旅游团所乘交通工具抵达后，地陪应在旅游团出站前，通过电话、微信或短信联系对方，并持接站牌站立在出口醒目的位置，面带微笑，热情迎候旅游团。接站牌上要写清团名、团号、领队或全陪姓名，接小型旅游团或无领队、无全陪的旅游团要写上客人的姓名。

（二）旅游团抵达后的服务

1. 认找旅游团

游客出站时，地陪应尽快认找所接旅游团。认找的方法是：地陪站在明显的位置举起接站牌或导游旗，以便领队、全陪（或客人）前来联系，与此同时地陪应通过手机与全陪或领队联系，了解游客出站情况。此外，还可根据游客的民族特征、衣着、组团社的徽记、人数等分析判断或上前委婉询问，问清该团团名、领队、全陪的姓名以及游客人数，以防错接。

2. 认真核实人数

接到应接的旅游团后，地陪要向领队（或客人）做自我介绍，并与领队和全陪核实实到人数。如与计划的人数不符，要及时通知旅行社，以便安排住宿、餐饮上的变更。如所接旅游团无领队和全陪，地陪应与旅游团成员核对团名、人数及团员姓名。

3. 集中检查行李

若旅游团是乘飞机抵达，地陪应协助该团游客将行李集中到指定的位置，提醒他们检查各自行李物品的件数以及是否有损坏。

若旅游团配备了行李车,地陪应与领队、全陪、接待社行李员一起清点和核对行李件数,并请全陪填写行李卡,卡上应注明团名、人数、行李件数、所下榻的饭店。行李卡一式两份,由全陪和行李员双方签字。

4. 集合登车

地陪要提醒客人带齐行李物品,引导游客前往旅游车停放处。旅游车司机应当打开大巴底层的行李柜或汽车后备厢,帮助客人码放行李。地陪要站在车门旁,搀扶或协助客人上车。客人上车后,地陪应帮助游客将放在行李架上的手提行李整理齐顺,尤其注意行李架不得存放大型或重型行李,以免意外掉落砸伤客人。待客人坐定后,地陪要做好的第一件事是礼貌地清点人数,清点无误后方可示意司机开车。

为了保证安全,地陪应当坐在导游专座上。2016年4月,国家旅游局和交通运输部联合下发了《关于进一步规范导游专座等有关事宜的通知》,规定旅游客运车辆需设置"导游专座",导游专座应设置在旅游客运车辆前乘客门侧第一排乘客座椅靠通道侧位置;旅游客运企业在旅游服务过程中,应配备印有"导游专座"字样的座套以提示客人不要占据该座位;旅行社制订团队旅游计划时,应根据车辆座位数和团队人数,统筹考虑,游客与导游总人数不得超过车辆核定乘员数。导游途中讲解时,应提醒司机放慢车速并保持匀速前进状态。当汽车高速行驶时,禁止导游在车内站立讲解。

(三)赴饭店途中服务

从机场(车站、码头)到下榻饭店的行车途中,地陪除了要表现出热情友好的态度之外,还应在气质、学识和语言方面展现其职业素养,以赢得游客的信赖,给他们留下可信、可靠的第一印象。为此要做好如下几项工作:

1. 致欢迎词

致欢迎词是导游给游客留下良好第一印象的重要环节,一般应控制在5分钟左右。

欢迎词的内容应视旅游团的性质及其成员的文化水平、职业、年龄及居住地区等情况而有所不同,要有激情、有特点、有新意、有吸引力,快速把游客的注意力吸引到自己身上来,给游客留下深刻印象。欢迎词一般包括以下内容。

(1)问候语:真诚问候游客,如"各位来宾、各位朋友,大家好!"

(2)欢迎语:代表所在旅行社、本人及司机欢迎游客光临本地。

(3)介绍语:介绍自己的姓名及所属单位,介绍司机。

(4)希望语:表示提供服务的诚挚愿望。

（5）祝愿语：预祝游客旅游愉快顺利。

2. 调整时间

这项工作是针对刚刚入境的国际旅游团而言的。地陪在致完欢迎词后要向客人介绍两国的时差，并请游客调整好时间。

3. 首次沿途导游

地陪要认真做好首次沿途导游，这不仅可以满足游客初到一地的好奇心和求知欲，而且也是自己展示气质、学识、语言水平的大好时机，有利于导游树立良好形象，增进游客对导游的信任感和满足感，为此后旅游活动的顺利开展打好基础。首次沿途导游的内容主要包括以下几点：

（1）本地概况介绍

地陪应在行车途中向游客介绍本地（本市）的概况，包括地理位置、行政区划、气候、人口、主要物产、居民生活、文化传统、土特产品、历史沿革等。

（2）风光风情导游

地陪应在行车途中对道路两边的人、物、景做好风光风情导游，以满足游客初到一地的求知欲。风光风情导游的讲解要简明扼要，语言节奏要明快清晰，景物取舍要恰当，要见人说人、见物说物，与游客的观赏同步。可适当采用类比的方法使游客听后有亲切感和对比感。为此，导游要反应灵敏，把握好时机。

（3）介绍下榻的饭店

在旅游车到达饭店之前，地陪还应向游客介绍他们下榻饭店的基本情况，包括饭店的名称、位置、距机场（车站、码头）的距离、星级、规模、主要设施设备与使用以及入住手续和注意事项等（如途中行车距离短，这部分内容也可在客人进入饭店后介绍）。

4. 宣布当日或次日的活动安排

在首次沿途导游后，地陪应尽快与领队、全陪商量当日或次日活动安排，包括叫早时间、早餐时间和地点、集合时间和地点、旅行线路等，商定后地陪应向客人宣布当日或次日的活动安排，并提醒游客做好必要的参观游览准备。

5. 宣布集合时间、地点和停车地点

旅游车驶进下榻饭店后，地陪应在游客下车前向其讲清下次集合的时间、地点（一般在饭店大堂）和停车地点，让其记住旅游车的颜色、车型和车牌号，并提醒他们将手提行李和随身物品带下车。告知司机第二天早餐和旅游团出发的时间。

三、进住饭店服务

《导游服务规范》要求:"旅游团(者)抵达饭店时,导游员应及时办妥住店手续,热情引导旅游者进入房间和认找自己的大件交运行李,并进行客房巡视,处理旅游团(者)入住过程中可能出现的各种问题。"

(一)协助办理入住手续

游客进入饭店后,地陪应安排游客在大堂指定的位置休息。尽快向饭店前台讲明团队名称、订房单位,请领队或全陪收齐游客证件,与游客名单表一起交给饭店前台,尽快协助领队或全陪办理好住店登记手续。拿到客房号和住房卡(钥匙)后,请领队根据准备好的住房名单分发住房卡,并把分房情况迅速登记在分房名单表上,再请饭店前台人员将登记的分房名单复印两份,一份交饭店保存,另一份地陪留存,以便掌握领队、全陪和游客的房间号。此外,地陪还应在前台处领取印有饭店名称、地址和电话的饭店卡片分发给游客。

如旅游团无领队,可请团长分房。如旅游团无领队又无团长,则请全陪分房。

地陪若留宿饭店,应将自己的房号告知领队和全陪;若不留宿饭店,在离开饭店前应将自己的电话号码告知全陪和领队,以便联系。

(二)介绍饭店设施

入住饭店后,地陪应向全团介绍饭店的主要设施,包括外币兑换处、中西餐厅、娱乐场所、商品部、公共卫生间等的位置以及在店内如何使用 Wi-Fi、网络连接,并讲清住店注意事项,提醒游客将贵重物品交前台保管(若客房内未设置保管箱),告知客房内收费项目(如小酒吧、长途电话)、饭店安全通道位置以及房间安全注意事项(如睡觉前关好门窗、不躺在床上吸烟等)。

(三)带领游客用好第一餐

游客进入房间之前,地陪要向客人介绍该团就餐餐厅的地点、时间、就餐形式。待全体团员到齐后,带领他们进入餐厅,向领座服务员问清本团的桌次后,再带领游客到指定的餐桌入座,告知游客用餐的有关规定,如哪些饮料包括在团费内,哪些不包括在团费内,若有超出规定的服务要求,费用由游客自理,以免产生误会。在用餐前,地陪还要将领队介绍给餐厅经理或主管服务员,核实餐厅是否根据该团用餐的特殊要求和饮食忌讳安排团餐。

(四)处理游客入住后有关问题

游客进门时可能遇到门锁打不开的问题,进房后可能遇到浴室没有热水、房间不干净或有虫害、电话线或网络线不通等问题,地陪应及时与饭店联系,迅速解决，并向游客说明情况，表示歉意。

（五）照顾行李进房

确保游客带着自己的行李进入房间。配备行李车的旅游团，游客进房后，地陪要等到该团行李运抵饭店时与行李员、领队、全陪一起核对行李，然后交给饭店行李员，督促其尽快将行李送到游客的房间。若个别游客未拿到行李或拿到的行李有破损，地陪应尽快查明原因，采取相应的措施。

（六）确定叫早时间

地陪在结束当天活动离开饭店之前，应与领队确定第二天的叫早时间，请领队通知全团，并将商定的叫早时间通知给饭店前台。

四、核对商定日程

在旅游团抵达目的地前，地陪应通过微信、QQ或电话与全陪、领队就旅游活动日程进行初步沟通，当旅游团抵达后，地陪应与全陪、领队就活动日程进行面对面的正式核对商定，并形成各方认可的正式书面文稿。

核对商定日程是旅游团抵达后的一项重要工作，标志着两国（或两地）导游（领队）开始实质性的合作共事。

（一）核对商定日程的必要性

虽然旅游团的整个活动日程已明确规定在旅游合同或协议书上，组团社根据合同或协议书制订了旅游团的接待计划，对该团在各地的活动事先进行了安排，然而游客作为旅游产品的购买者和消费者有权审核旅游活动计划，也有权提出修改意见。所以，导游与游客商定活动日程是对购买者和消费者的尊重，也是一种礼遇。

领队作为旅游团的代言人，也希望得到所访之地导游的尊重和合作，使商定和宣布活动日程成为其行使职权的表现。

某些专业旅游团除一般的参观游览外，还负有特定任务，商定活动日程对游客来说则更为重要。

（二）核对商定日程的时间、地点与对象

在旅游团抵达后，地陪应抓紧时间尽早进行核对商定日程的工作。如果团队抵达后是直接去游览点的，核对商定团队行程的时间、地点一般可选择在机场或行车途中；如果团队是先前往饭店的，一般可选择在首次沿途导游途中进行，也可在饭店入住手续办理完毕后进行，地点宜在公共场所，如饭店大堂等。

商谈日程的对象应根据旅游团的性质而定，对一般旅游团，与领队、全陪商谈；对重点团、专业团、交流团，除领队、全陪外，还应请团内有关负责人一起参加商谈。如果旅游团没有领队，可与全团游客一起商定。

（三）可能出现的不同情况的处理

1. 对方提出较小的修改意见

（1）地陪可在不违背旅游合同的前提下，对合理而又可能满足的项目，应努力予以安排。

（2）如对方提出增加新的游览项目，而新增游览项目需增收费用，地陪应及时向旅行社有关部门反映，并事先向领队和游客讲明，若他们同意，订立书面合同，按规定收费，但新增项目的安排不得影响计划项目的实施。

（3）如确有困难而无法满足对方的要求，地陪要耐心做好解释和说服工作。

2. 对方提出的要求与原计划的日程有较大变动，或涉及接待规格

（1）对于这种要求地陪一般应予婉言拒绝，并说明我方不方便单方面不执行合同。

（2）如经领队和全体游客提出的要求确有特殊理由，地陪必须请示旅行社有关领导，按领导指示而定。

3. 领队（或全陪）手中的旅行计划与地陪的接待计划有部分出入

（1）地陪应及时报告旅行社，要求查明原因，以分清责任。

（2）若是接待方的责任，地陪应实事求是地说明情况，向领队和全体游客说明情况，并致歉，并及时做出调整。

（3）若责任不在接待方，地陪也不应指责对方，必要时，可请领队向游客做好解释工作。

五、参观游览服务

参观游览是团体游客出游的主要目的，是游客消费旅游产品的主要组成部分，因此带领游客参观游览是地方导游服务工作的中心环节。地陪的服务应使游客参观游览的全过程安全、顺利，使他们能够详细了解参观游览对象的特色、历史背景等，以及其他感兴趣的问题。为此，地陪必须认真准备、精心安排、热情服务、主动讲解。

（一）出发前的服务

1. 做好出发前的准备

（1）准备好导游旗、电子导游证、导游身份标识和必要的票证。

（2）与司机联系，督促其做好出车的各项准备工作。

（3）核实旅游团午、晚餐落实情况。

2. 提前到达出发地点

地陪至少提前 10 分钟到达集合地点。地陪提前到达的作用：

（1）这是地陪工作负责任的表现，会给游客留下很好的印象。

（2）地陪可利用这段时间礼貌地招呼早到的游客，向他们征询服务的意见和建议。

（3）在时间上留有余地，以身作则遵守时间，提前做好出发前的有关工作，应付可能出现的紧急突发情况。

3. 核实实到人数

若发现有的游客未到，地陪应向全陪、领队或其他游客问明原因，设法及时找到；若有的游客愿意留在饭店或不随团活动，地陪要问清情况并妥善安排，必要时报告饭店有关部门。

4. 提醒注意事项

地陪要在出发前向游客报告当日的天气情况，并讲明游览点的地形、行走线路的长短等，使游客心中有数。必要时提醒游客带好衣服、雨具和替换鞋子等。

5. 准时集合登车

游客到齐后，地陪应站在车门一侧，一面热情地招呼客人上车，一面扶助老弱者登车。待游客全部上车坐好后，地陪要再次清点人数，并检查游客的随身物品是否放置妥当，待所有游客坐稳后，请司机开车出发。

（二）赴景点途中的服务

1. 重申当日活动安排

开车后，地陪要向游客重申当日的活动安排，包括参观景点的名称、至游览点途中所需时间、午/晚餐时间和地点等，视情况介绍当日国内外重要新闻。

2. 沿途风光导游

在前往景点的途中，地陪应介绍沿途的主要景物，并相机向游客介绍当地的风土人情、历史典故等，以加深游客对目的地的了解，并回答游客提出的问题。讲解中要注意所见景物与介绍"同步"，并留意游客的反应，以便对其中的景物做更为深入的讲解。

3. 介绍旅游景点

抵达景点前，地陪应向游客介绍该景点的简要概况，尤其是其形成原因、价值和特色。介绍要简明扼要，目的是为了满足游客事先想了解景点有关知识的心理，激发其游览该景点的欲望，同时也为即将参观游览该景点做一个铺垫。

4. 活跃气氛

如前往景点的路途较长，地陪可同游客讨论一些他们感兴趣的热点问题，或组织适当的娱乐活动，如猜谜语、讲故事等，以活跃途中气氛。

（三）抵达景点后的导游服务

1. 交代游览中的注意事项

（1）抵达景点时，地陪在下车前要讲清和提醒游客记住旅游车的型号、颜色、标志、车号和停车地点以及开车时间。尤其是下车和上车不在同一地点时，地陪更应提醒游客注意。

（2）在景点示意图前，地陪应讲明游览线路、游览所需时间以及集合时间和地点等。

（3）地陪还应向游客讲明游览参观中的注意事项，如禁止吸烟、不能拍照等。

2. 游览中的导游讲解

（1）抵达景点后，地陪要对景点有关景物进行导游讲解。它是地陪传播当地文化和丰富游客知识的主要途径，因此讲解前应对讲解的内容预先有所构思和计划，即先讲什么、后讲什么，中间穿插什么典故和趣闻故事，以及哪些多讲、哪些少讲，都应根据游客的情况和计划的游览时间长短来确定，但是主要内容应包括景点的历史背景、特色、地位和价值等。此外，地陪还应结合有关景物或展品宣传环境和文物保护知识。

（2）讲解的语言要生动、优美、富有表现力，不仅使游客增长知识，而且能得到美的享受。

（3）在景点导游过程中，地陪应保证在计划的时间与费用内，能使游客充分地游览、观赏，注意做好导游与讲解的结合，适当集中与分散的结合，劳逸结合，以及对老弱病残游客的关照。

3. 注意游客安全

地陪应留意游客的动向，防止游客走失和治安事故的发生。在景点导游讲解中，地陪应时刻观察周围的环境和注意游客的动向，使游客自始至终环绕和跟随在自己周围或前后。为防止游客走失，地陪要与领队、全陪密切配合，随时清点人数。为防止游客发生意外事故，地陪还应注意和提醒游客在游览中提高警惕，防止小偷小摸等治安事件发生。

（四）回程中的导游服务

一天的旅游活动结束后，在返回饭店的途中，地陪应做的主要工作有：

1. 回顾当天活动

返程中,地陪要将当天参观、游览的内容,用画龙点睛的方法做简要小结,必要时可做补充讲解,并回答游客的有关问题,以加深游客对当日活动的印象。

2. 进行风光导游

为了让游客能看到更多的景物,地陪应尽量避免旅游团由原路返回。在返回途中要对沿途的景物做必要的介绍。如果游客经过一天的参观游览活动显露出疲惫之态,地陪可在做完一天旅游活动的简要回顾之后让其休息。

3. 提醒注意事项

若当晚旅游团无活动安排,游客可能会自行外出活动,地陪要事先提醒游客最好结伴同行,并带上饭店的卡片以防迷路。

4. 宣布次日活动日程

返回饭店下车前,地陪要向游客宣告当日晚上和次日的活动日程、出发时间、集合地点等。提醒游客下车时带好随身物品,并率先下车,站在车门一侧照顾游客下车,随后将游客送回饭店。

5. 安排叫早服务

如旅游团需要叫早服务,地陪应安排妥当。与全陪、领队确认当日工作完成后方可离开饭店。

六、食、购、娱服务

游客出门旅游,参观游览活动固然是最主要的内容,但是游客所需要的餐饮服务、购物服务、娱乐活动等,也是整个旅游活动的必要组成部分。食、购、娱等项目的恰到好处的安排,能使旅游活动变得丰富多彩,加深游客对旅游目的地的印象。因此,在安排食、购、娱等旅游活动时,地陪同样应该尽心尽力,提供令游客满意的服务。

(一)餐饮服务

1. 计划内团餐的服务

(1)对于安排旅游团在饭店外用午、晚餐,地陪要提前按照合同规定予以落实,对用餐地点、时间、人数、标准、特殊要求、饮食禁忌与供餐单位逐一进行核实和确认。

(2)用餐时,地陪应引领游客进入餐厅,然后清点人数,介绍餐厅的有关设施、菜肴特色、酒水类别和洗手间位置,告知餐饮标准所含范围与自费项目。

(3)向领队告知全陪和地陪的用餐地点与用餐后全团的出发时间。

(4)用餐过程中,地陪要巡视旅游团用餐情况 1~2 次,解答游客在用餐中提出的问题,并监督、检查餐厅是否按标准提供服务以及解决可能出现的问题。

(5)用餐后,地陪要严格按照实际用餐人数、标准和饮用酒水数量,与餐厅结账,并索要正规发票。

2. 自助餐的服务

自助餐是旅游团队用餐常见的一种形式,游客可以根据自己的口味,各取所需,因此深受游客欢迎。在用自助餐时,地陪要强调自助餐的用餐要求,告诫游客以吃饱为标准,注意节约、卫生,不可打包带走。

3. 风味餐的服务

风味餐是广受游客欢迎的一种用餐形式,以品尝具有地方特色的风味佳肴为主,形式自由、不排座次。

品尝风味餐分为计划内和计划外两种。前一种是旅游接待计划中安排好的,地陪与游客一道参与。在品尝风味餐之前,地陪要做好各项联系落实工作,用餐时要介绍风味餐的特色;后一种是旅游接待计划中未予安排而由游客自费预订的,如游客邀请地陪参加,在这种情况下地陪要注意不要反客为主。

风味餐作为当地的一种特色餐食、美食,是当地传统文化的组成部分,宣传、介绍风味餐是弘扬民族饮食文化的活动。因此,在旅游团队用风味餐时,地陪应予以必要的介绍,如风味餐(如北京的烤鸭、四川的火锅、湖北的武昌鱼等)的历史、特色、人文精神及其吃法等,能使游客既饱口福,又饱耳福。

4. 宴请服务

宴请活动包括宴会、冷餐会和酒会等。作为地陪,要重视宴请礼仪,着装符合宴请活动,按照就餐安排的座次入座,同时提醒自己不能放松服务这根"弦"。要正确处理好自己与游客的关系,既要与游客共乐而又不能完全放松自己,举止礼仪不可失常。

(二)购物服务

购物是游客的一项重要活动,也是增加旅游目的地旅游收入的一条重要渠道,地陪应严格按照《中华人民共和国旅游法》的规定来操作,根据接待计划规定的购物次数、购物场所和停留时间带领游客购物,不擅自增加购物次数和延长停留时间,更不得强迫游客购物。对于不愿参加购物活动的游客,要做出妥善安排,如就近参观其他景点,或安排到环境较好的地点休息等候等。导游不得私自收取商家给予的购物"回扣"。

游客购物时,地陪应向全团讲清停留时间和有关购物的注意事项,并介绍本地商品的特色及有关商品知识。入境游客购物时,地陪不仅要承担翻译工作,并做好商品的促销,而且当他们要求办理托运时向他们介绍托运的手续以及海关对游客携带物品出境的有关规定,并予以相应的协助。对商店不按质论价、以次充好、销售伪劣商品和不提供标准服务的行为,地陪应向商店负责人反映,以维护游客的利益。事后还可向旅行社报告,通过旅行社进行交涉,以避免以后出现此类问题。

对在景点游览中遇到小贩强拉强卖的情况,地陪有责任提醒游客不要上当受骗,不能放任不管。

(三)娱乐服务

1. 计划内的文娱活动

(1)对计划内安排的文娱活动节目,地陪应陪同前往,并向游客简单介绍节目内容和特点。

(2)到达演出场所后,地陪要引领游客入座,并自始至终和游客在一起,介绍有关演出设施与位置,解答游客的问题。

(3)在游客观看演出过程中,对入境游客,地陪要做好剧情介绍和必要的翻译工作。

(4)演出结束后,要提醒游客不要遗留物品并带领游客依次退场。

(5)在大型娱乐场所,地陪要提醒游客不要走散,随时注意游客的动向与周围的环境,了解出口位置,以便发生意外情况能及时带领游客撤离。

2. 计划外的文娱活动

对游客要求观看的计划外的文娱节目,地陪应告知演出时间、地点和票价,可协助他们购票,但一般不陪同前往。对于游客要观看格调低下的不健康的文娱节目,地陪应有礼貌地劝阻。

七、送站服务

旅游团结束本地的参观游览活动后,地陪应做到使游客安全、顺利离站,遗留的问题能得到及时和有效的处理。

送站服务是导游工作的尾声,地陪应善始善终,如接待过程中曾发生过不愉快的事情,应尽量做好弥补工作;要想方设法把自己的服务工作推向高潮,使整个旅游过程在游客心目中留下深刻印象。

(一)送行前的工作

1. 核实交通票据

(1)旅游团离开的前一天,地陪应认真核实旅游团离开的机(车、船)票,包括团名、代号、人数、全陪姓名、去向、航班(车次、船次)、起飞(开车、起航)时间(时间要做到四核实:计划时间、时刻表时间、票面时间、问询时间)、在哪个机场（车站、码头）离开等事项，然后移交给全陪。如果航班（车次、船次）和时间有变更，地陪应问清计调部门是否已通知了下一站，以免造成漏接。了解本地和下一站次日的天气情况，以向游客做适当提示。

（2）若是乘飞机离境的旅游团，地陪除了要核实机票的上述内容外，还应掌握该团机票的种类，并提醒领队和游客提前准备好海关申报单，以备海关查验。

2. 商定出行李时间

（1）地陪应先了解旅行社行李员与饭店行李员交接行李的时间（或按旅行社规定的时间），然后与饭店礼宾部商定地陪、全陪、领队与饭店行李员四方交接行李的时间。

（2）在上述四方交接行李时间商定后，地陪再与领队、全陪一起商定游客出行李的时间，商定后再通知游客，并向其讲清有关行李托运的具体规定和注意事项（如不要将护照、贵重物品放在行李中）。

（3）普通旅游团不安排行李车，客人行李随车运送，地陪通知客人出发时间时一并提醒客人带上行李即可。

3. 商定集合出发时间

由于司机对路况比较熟悉，所以出发时间一般由地陪首先与司机来商定，然而为了安排得更合理，地陪还应与领队、全陪商议，商定后应及时通知游客。

4. 商定叫早和早餐时间

地陪应与领队、全陪商定叫早和早餐时间，并及时通知饭店有关部门和游客。如果该团是乘早班飞机或火车离开，需要改变用餐时间、地点和方式（如带盒饭），地陪要及时做好有关安排。

5. 提醒结账

（1）旅游团离店前，地陪应提醒、督促游客尽早与饭店结清其有关账目，如洗衣费、长途电话费、食品饮料费等。若游客损坏了客房设备，地陪应协助饭店妥善处理赔偿事宜。

（2）地陪应将旅游团的离店时间及时通知饭店总台，提醒其及时与游客结清账目。

6. 及时归还证件

一般情况下，地陪不应保管旅游团的证件，用完后应立即归还游客或领队。尽管如此，离店前一天，地陪还是应检查自己的物品，看是否保留有游客的证件、票据等，如有应立即归还，当面点清。

旅游团离开时若有旅行社的负责人来送行，地陪应向领队、游客和全陪做介绍，并认真做好欢送的具体组织工作。

(二) 离店服务

1. 集中交运行李

如旅游团配备行李车，旅游团的行李集中后，地陪要按商定好的时间与领队、全陪和饭店行李员共同确认托运的行李件数，并检查行李箱、包是否上锁、捆扎是否牢固、是否破损等，然后交给饭店行李员，填写行李交运卡。期间也需请游客核实自己的行李。

2. 办理退房手续

旅游团离开饭店前，地陪可将游客的房卡（钥匙）收齐交到饭店总服务台（也可由游客自交），并及时办理退房手续（或通知有关人员办理）。在办理退房手续时，要认真核对旅游团的用房数，无误后按规定结账签字。地陪应注意饭店客房住宿结算时间的规定（根据《中国旅游饭店行业规范》规定：饭店应在前厅显著位置明示客房价格和住宿时间结算方法），避免出现未按时退房的情况。

3. 集合登车

(1) 出发前，地陪应询问游客是否结清了饭店的账目；提醒游客检查是否有物品遗留在饭店；请游客将房卡交到总服务台（房卡由游客自行交予饭店的情况下）。

(2) 引领游客登车。游客上车后，地陪要协助他们放好随身行李，待他们入座后，地陪要仔细清点实到人数。游客到齐后，要提醒游客再清点一下包括证件在内的随身携带的物品，若无遗漏则开车离开饭店。

(三) 送行服务

1. 致欢送词

在旅游车至机场（车站、码头）的途中，如有需要，地陪可酌情对沿途景物进行讲解。快到机场（车站、码头）时或在机场（车站、码头），地陪要致欢送词，以加深与游客的感情。致欢送词的语气应真挚，富有感染力。欢送词的内容主要包括：

(1) 回顾语：对旅游团在本地的行程包括食、住、行、游、购、娱等各方面做一个概要性的回顾，目的是加深游客对这次旅游经历的体验。

(2) 感谢语：对游客及领队、全陪、司机的合作表示感谢。若旅游活动中有不尽如人意之处，可借此机会表示真诚的歉意。

(3) 惜别语：表达友谊和惜别之情。

(4) 征求意见语：诚恳地征询意见和建议。

（5）致歉语：若旅游活动中有不尽如人意之处，可借此机会表示真诚的歉意。

（6）祝愿语：表达美好的祝愿，期待再次相逢。

致完欢送词，地陪可将"旅游服务质量评价意见表"（表3-2）分发给游客，请其现场填写，在游客填写完毕后如数收回，向其表示感谢并妥善保留。游客还可以通过在线平台评价旅游服务质量。

2. 提前到达机场（车站、码头），照顾游客下车

地陪带团到达机场（车站、码头）必须留出充裕的时间。按照要求，乘出境航班提前3小时或按航空公司规定的时间；乘国内航班提前2小时；乘火车、轮船提前1小时。

表3-2　××旅行社旅游服务质量评价意见表

亲爱的女士、先生：

　　为提高旅游产品质量，我们将非常感谢您对我们提供的服务提出宝贵意见。您的反馈，将是对我们工作的大力支持。谢谢！

填卡说明：

1.请您准确填写旅游团团号和在××（地名）日期。

2.请您在所列项目中您同意的评价等级栏内打"√"标记。

3.请您将填好的卡片交还导游。

旅游团号：＿＿＿＿＿＿＿＿＿　　　　　　　　抵达日期：＿＿＿＿＿＿＿＿＿

项目	评价	很满意	满意	一般	不满意
餐饮	服务				
	餐饮质量				
	环境卫生				
住宿	宾馆服务				
	设施设备				
	环境卫生				
游览参观	环境秩序				
	环境卫生				
行车	司机服务				
	车况				
	卫生				

续表

项目	评价	很满意	满意	一般	不满意
购物	商店服务				
	商店管理				
	商品质量				
导游	服务				
	讲解				

陪同签名：_____　　　　　　　　　　领队签名：_____

旅游车到达机场（车站、码头）后，下车时，地陪要提醒游客带齐随身行李物品，并照顾游客下车，等游客全部下车后，要再检查一下车内有无游客遗留的物品。

3. 办理离站手续

（1）目前大多数旅游团都是行李随旅行车同载，下车后请游客拿取各自的行李，带领游客进入机场（车站、码头）的大厅等候。

（2）地陪如有提前取好的票据，清点无误后交给全陪（无全陪的团交给领队），请其清点核实。如没有提前办理票据，地陪可协助游客持有效证件办理取票或登机手续。

（3）送国内航班（火车、轮船），地陪应协助办理离站手续；送出境旅游团，地陪应在核实行李后，将行李交给每位游客，由游客自己办理行李托运手续，必要时可协助游客办理购物退税手续，并向领队或游客介绍办理出境手续的程序，将旅游团送往安检区域。

（4）如旅游团有行李车运送行李，到达后地陪应迅速与旅行社行李员取得联系，将其交来的交通票据和行李托运单或行李卡逐一点清、核实后，交给全陪或领队，并请其当面清点核实。

（5）当游客进入安检区域时，地陪应热情地与他们告别，并祝一路平安。旅游团过安检口进入隔离区后，地陪方可离开。

4. 与司机结账

送走旅游团后，地陪应按旅行社的规定与司机办理结账手续，或在用车单据上签字，并妥善保留好单据。

八、后续工作

送走旅游团后,地陪还需要做好游客的善后服务以及旅行社要求的陪团结束后的有关工作。前者关系到地陪的接待工作是否有始有终,后者则涉及地陪对旅行社交付的工作是否圆满完成。

(一)处理遗留问题

地陪下团后,应认真、妥善地处理好旅游团的遗留问题,按有关规定办理游客托办的事宜,必要时请示领导后再办理。

(二)结账

地陪要按旅行社的具体要求在规定的时间内,填写清楚有关接待和财务结算表格,连同保留的单据、活动日程表等按规定上交有关人员,并到财务部门结清账目。

(三)接团小结

地陪应养成每次下团后总结本次出团工作的良好习惯,认真填写导游日志,实事求是地汇报接团情况,尤其是突发事件。这样既利于地陪业务水平的提高,又有利于旅行社及时掌握情况,发现不足,以便不断提高接待质量。

(1)由于自身原因导致接团中出现问题的,要认真思考,积极调整,总结提高。

(2)涉及相关接待单位,如餐厅、饭店、车队等方面的意见,地陪应主动说明真实情况,由旅行社有关部门向这些单位转达游客的意见或谢意。

(3)涉及一些游客意见较大或比较严重的问题时,地陪要整理成书面材料,内容要翔实,尽量引用原话,并注明游客的身份,以便旅行社有关部门和相关单位进行交涉。

(4)若发生重大事故,应实事求是地写出事故报告,及时向接待社和组团社汇报。

(四)提交物品

地陪应提交导游日志及旅游服务质量评价表,并及时归还在接待社里所借物品。

第二节 全程导游服务程序及服务质量

全程导游服务流程是指全陪自接受了旅行社下达的旅游团(者)接待任务起至送走旅游团(者)整个过程的工作程序。全程导游服务的任务是保证旅游团的各项旅游活动按计划顺利、安全地实施。全陪陪同导游（以下简称全陪）作为组团社的代表，应自始至终参与旅游团整个旅程的活动，负责旅游团空间移动中各环节的衔接，监督接待计划的实施，协调领队、地陪、司机等旅游接待人员之间的关系，严格按照接待计划和导游服务规范向游客提供旅游行程中的各项服务。全陪导游服务的流程如图3-2所示。

图3-2 全陪导游服务流程

一、准备工作

全陪外出带团少则几天，多则十多天，涉及面广，加上旅途中可能出现的不可预测因素，使全陪接待服务具有艰苦性和复杂性。因此，全陪需要认真、细致、周全地做好有关准备。

准备工作是做好全陪服务的重要环节之一。全陪的工作时间长，与游客和领队相处的时间长，途经多个省市，协调工作中，工作内容较为繁杂。因此在服务前做好充分细致的准备工作，是全陪导游服务工作的重要环节和保障之一。

（一）熟悉接待计划

接待计划是组团社委托相关接待社组织落实旅游团旅游活动的契约性文件。除包括组团社、接待社和接待人员有关信息外，还包括旅游团的基本情况、旅游交通住宿和餐饮等旅游服务的安排与标准等。上团前，全陪要认真查阅接待计划和相关资料及往来函件（电子邮件、传真件等），掌握所接旅游团的全面情况，研究旅游团的特点、重点旅游团成员和游客的特殊要求，以便提供有针对性的服务。

1. **熟悉旅游团的基本情况**

（1）熟记旅游团的名称（或团号）、游客国别、人数和领队姓名。

（2）了解旅游团成员的姓名、职业、性别、年龄、民族、宗教信仰和特殊要求等。

（3）掌握团内有身份或较有影响的成员、特殊游客（如记者、旅游商、残疾人、儿童、高龄老人等）的情况。

2. 熟悉旅游团的行程计划

全陪应熟悉旅游团的行程计划，以便更好地把握行程中旅游活动的节奏，保证旅游团的旅游行程能够安全、顺利地完成。旅游团的行程计划在一些旅行社被称为旅游行程单。它包括抵离旅游线路上各站的时间、所乘交通工具的航班（车次、船次）、各站的参观游览项目、安排的文娱节目、风味餐食以及自由活动的安排等。它是组团社与境外旅行社或游客所签包价旅游合同的重要组成部分，也是组团社和相关接待社需共同执行的合同标准。熟悉旅游团行程计划包括：

（1）记下旅游团所到各地接待社名称、联系人、联系电话和地陪的联系电话。

（2）记下旅游团抵离旅游线路上各站的时间、所乘交通工具，以及交通票据是否订妥或是否需要确认、有无变更等情况。

（3）了解旅游团在各地下榻饭店的名称、位置、星级和特色等。

（4）了解行程中各站的主要参观游览项目，根据旅游团的特点和要求，准备好讲解和咨询时要解答的问题。

（5）了解全程各站安排的文娱节目、风味餐食、计划外项目及是否收费等。

（6）了解重点团是否有特殊安排，如座谈、宴请等。

旅行社出团计划表如表3-3所示。

表3-3　××旅行社出团计划表

编号：　　　　　　　　　　　　　　　　　　　　　　　年　　月　　日

国别：	在中国旅游时间：		团队等级：	团队类型：
境外组团社：	团号：	领队姓名：	团队人数：
	联系人：	电话：	成人： 儿童：
	电话/传真：		男： 女：
国内组团社：	团号：	联系人：	全陪
	电话/传真：	电话：

续表

国内接待社:	北京××接待社	联系人:	电话:	地陪:	电话:
	西安××接待社	联系人:	电话:	地陪:	电话:
	桂林××接待社	联系人:	电话:	地陪:	电话:
	上海××接待社	联系人:	电话:	地陪:	电话:

中国境内行程安排					
线路名称					
城市	抵离时间/地点/交通	饭店	用餐	活动内容	
北京					
西安					
桂林					
上海					
国内组团计调:（签名）			电话/传真:		
注意事项和特殊要求:					
任务完成情况及说明:					

（二）知识准备

由于全陪同游客相处时间较长，交谈时间较多，特别是在途中，除了要做好生活服务外，还要解答游客的各种问题，甚至可能要做一些专题讲解，因此做好有关知识准备十分必要。

1. **对象国（地区）知识**

了解游客所在国家（地区）的历史、地理、政治、经济、文化、礼俗和禁忌等方面的知识。

2. **旅游线路沿线概况**

了解旅游线路所经各地的历史、地理、经济、民族、风土人情及景点知识。了解和熟知旅游线路上各地的主要景点情况，尤其是自己不熟悉和未曾去过的景点情况。

3. **专题知识**

根据旅游线路的不同，准备的专题知识内容也不同，如华东旅游线，应重点收集园林艺术方面的资料，而西北旅游线路则要侧重于石窟艺术方面的知识。根据游客特点的不同，准备的专题知识也不同。若接待的是境外专业旅游团，更应准备相关专业方面的知识。

（三）物质准备

上团前，全陪要做好必要的物质准备，携带必备的证件和有关资料，主要包括：

1. 必备的证件

全陪应带齐本人身份证、电子导游证及导游身份标识，前往个别管制区域要求办理的证明文件等。

2. 结算单据和费用

全陪需带好费用结算单、银行卡（或支票）和少量现金等，以备在旅途中使用。

3. 接团资料和物品

包括接待计划表或电子行程单、各地旅行社地址和联系电话、讲解资料（可存入手机中）、"全陪日志"、行李卡、组团社社旗等。

4. 个人物品

全陪带团在外，出门时间较长，需带足个人物品，尤其是自己的手机、手机充电器、备用药品等。

（四）与首站接待社联系

根据需要，全陪接团前一天与第一站接待社取得联系，互通情况，妥善安排好接待事宜。

二、首站接团服务

首站接团服务要使旅游团抵达后能立即得到热情友好的接待，让游客有宾至如归的感觉，也是全陪与游客建立良好关系的基础。为此，全陪要与地陪密切配合，使旅游团抵达后能立即得到热情友好的接待。

（一）迎接旅游团

全陪迎接工作要做到认团准确，热情友好，以消除游客初来乍到的紧张和不安心理，使之有宾至如归的感觉。

（1）迎接入境旅游团时，全陪应在接团前一天，与首站接待社联系，了解接待工作详细安排情况。

（2）与首站地陪一起提前30分钟到达接站地点，迎候旅游团。全陪要协助地陪认找应接的旅游团，防止错接。

（3）认准旅游团后，全陪要向领队和游客问好，进行自我介绍，并介绍地陪，然后应立即询问和确认该团实到人数。如实到人数与接待计划有出入，应及时通报组团社，由组团社再通知各站接待社。

（4）如该团配备行李车，全陪应将游客的行李集中，并与领队、地陪一起进行清点，然后移交给接待社行李员。

（5）若迎接的是首站国内旅游团，全陪也应提前30分钟到达组团社与游客事先约定的集合地点，手举社旗等候游客的到来，待他们到齐后再出发。全陪可以视团队情况建立微信群，方便通知事项及团队内部沟通和交流。

（二）首站讲解

为了使初次或即将踏上异地的游客心情放松和知悉旅途的安排，全陪应重视首站介绍，要在简明扼要的讲解中尽快与游客建立起信任关系。首站讲解主要包括如下内容：

（1）致欢迎词。全陪应代表组团社和个人向游客致欢迎词，其内容一般包括：表示欢迎，自我介绍并将地陪介绍给全团，真诚地表达提供全程服务的意愿，预祝游客旅行顺利愉快等。

（2）全程安排概述。全陪应将各站的主要安排（包括下榻的饭店、风味餐和主要景点等）向游客做简要介绍，对于沿线中可能存在的住宿或交通问题也要让他们适当了解，使其有心理准备。

（3）向游客说明行程中的注意事项和一些具体的要求。

三、进住饭店服务

为使游客进入饭店后尽快办妥入住手续，顺利进入客房，全陪应该做到以下几点：

（一）协助领队办理入住手续

全陪应和领队、地陪一起向饭店前台提供旅游团的团名、名单、游客的证件和住房要求，主动协助领队办理旅游团住店手续。

若是首发的国内旅游团，在进入下榻的饭店后，全陪应为旅游团办理入住登记手续。

（二）请领队分配住房

拿到房卡后，全陪应请领队根据准备好的分房名单分配房卡。在掌握全团分房名单后，要与领队互通各自房号以便联系。同时，提醒游客住店期间注意安全，将贵重物品存放在饭店前台或房内保险柜中。

如果国内旅游团无领队，全陪应请团长分配房卡；若旅游团既无领队又无团长，则由全陪负责分配房卡。

（三）照顾行李进房及处理问题

游客进房后，全陪应巡视客人住房情况，询问他们是否都拿到了各自的行李，是否对房间满意。若客人反映房间卫生或设备存在问题，全陪应迅速通知饭店有关人员前来处理；如果有的客人还未拿到行李，全陪应与地陪一起迅速查找或进行处理。

（四）照顾游客住店期间的安全和生活

全陪应将自己的房号和联系电话告知游客，以便联系。全陪还要掌握饭店前台电话号码及地陪的联系方法，如果地陪不住饭店，全陪要负起照顾旅游团的安全和生活的责任。

四、核对商定日程

（一）全程参与

核对商定日程是旅游团抵达一地后的重要程序。全陪应全程参与，与领队和地陪核对商定日程，以免出差错，造成不必要的误会和经济损失。

（二）全陪核对商定日程时的主要工作

1. 核商日程原则

全陪在核对商定日程中应本着服务第一、宾客至上、遵循合同、平等协商的原则。

2. 核商日程的重要性

核对商定日程对旅游团非常重要，尤其对入境旅游团更为必要。国内组团社与境外旅行社确认的日程安排，由于时间关系双方都可能有某些变化，虽然现在沟通联络非常便利，但难免因未能及时沟通，全陪手中的接待计划与领队、地陪持有的旅行计划可能会出现差异。所以三方核对商定日程不仅是一种礼貌，也是必需的工作流程。

3. 全陪核对商定日程时的步骤

（1）全陪与领队、地陪商谈日程时，应将各自持有的旅行计划进行对照，一般以组团社的接待计划为准。

（2）核对商定日程时应尽量避免大的变动。

（3）如果变动较小而又能予以安排（如不需要增加费用、调换上下午的节目安排等），可主随客便。

（4）若变动较大而又无法安排，应做详细解释。

（5）如遇难以解决的问题（如领队提出一些对计划有较大变动的提议或全陪手中的计划与领队或地陪手中的计划不符等情况）应立即反馈给组团社，并使领队得到及时的答复。

（6）如果领队和游客坚持，又有特殊理由，全陪应及时请示组团社，再做决定。

（7）详细日程商定后，请领队向全团正式宣布。

五、沿途各站服务

旅游团在各站的行、游、住、食、购、娱主要以各地的地陪安排为主，全陪的主要工作首先是承担各站之间的联络通报和有机衔接，以及按照接待计划的安排对各站服务进行协助、检查和督促，使旅游团的接待计划得以全面、顺利实施。其次是做好游客的人身和财物安全工作，使可能发生的突发事件得到及时、有效处理。

（一）联络工作

全陪要做好各站间的联络工作，架起联络沟通的桥梁。

（1）做好领队与地陪、游客与地陪之间的联络、协调工作。

（2）做好旅游线路上各站间，特别是上、下站之间的联络工作。若实际行程和计划有出入时，全陪要及时通知下一站。

（二）协助地陪工作

（1）由于全陪自始至终参与旅游团的全部活动，能够比较深入地了解旅游团的情况，因此有责任向地陪通告旅游团的有关情况（如前几站的活动情况，游客的需要、兴趣、个性及团中"活跃人物""中心人物"等），以便能更好地与地陪合作，有针对性地做好各站接待工作。

（2）进入饭店后，全陪应协助领队办理入住登记手续，并掌握住房分配名单；如果饭店压缩预订房，而订房单位是组团社，全陪要负责处理；如果地陪不住饭店，全陪要负起照顾好旅游团的责任。

（3）景点游览时，地陪带团前行，全陪应殿后，招呼滞后的游客，并不时清点人数，以防走失。如果有游客走失，一般情况下应由全陪和领队分头寻找，而地陪则带领其他游客继续游览。如果游览中需要登山，而少数老年游客不愿爬山，全陪应留下来照顾他们，地陪则带领其他游客登山。

（4）旅游活动中若有游客突然生病，通常情况下由全陪及患者亲友将其送往医院，地陪则带团继续游览。

（三）检查督促各站服务质量

旅游接待计划是游客对旅游产品质量评价的客观依据，因此检查和督促各地是否按照接待计划保质保量地提供各项服务是全陪的又一项重要工作。全陪可通过计划的实施、计划的调整和督促改进等手段来检查和监督各站接待社的接待服务质量和计划落实情况。对于某些方面存在的缺陷和不足，全陪应向其提出改进的意见和建议。

（1）通过观察和征询游客意见来了解和检查各地在交通、住宿、餐饮和地陪服务等方面的服务质量是否符合国家和行业的质量标准。

（2）若发现有减少规定的游览项目、增加购物次数或降低住宿或餐饮质量标准的情况，要及时向地陪提出改进或补偿意见，必要时向组团社报告，并在"全陪日志"中注明。

（3）若地陪安排的具体活动内容与上几站有明显重复，应建议地陪做必要的调整。

（4）在地陪缺位或失职的情况下，应兼顾地陪的职责。

（5）若对当地的接待工作有意见和建议，要诚恳地向地陪提出，必要时向组团社汇报。

（四）维护和保障游客安全

旅游过程中，游客的人身和财物安全不仅关系到游客的安危和切身利益，而且关系到旅游目的地和旅游企业的形象以及旅游活动的顺利进行，因此，保护游客的安全是全陪的一项重要工作。

（1）入住饭店时，要提醒游客：将贵重物品存放在前台或房间保险柜中；入睡前，将门窗关好，且不要躺在床上抽烟。

（2）每次上车和集合时，要清点人数；下车时，提醒游客带好随身物品。

（3）景点游览中，走在最后，随时留意游客的动向，尤其要关注团中因爱好拍照而滞后的游客和"好动的人物"，并注意周围环境有无异常，如发现形迹可疑者，要提醒游客照看好自己的随身物品；道路崎岖不平时，要提醒他们走路小心，对老弱者施以援手，照顾好生病的游客；天气异常时，要提醒他们增加或减少衣服；若有游客走失，应协助地陪寻找走失的游客，或陪同走散的游客。

（4）旅游团抵离各站时，负责清点行李。

（五）提供旅行过程中的服务

1. 生活服务

生活服务的主要内容包括：

（1）出发、返回、上车、下车时，要协助地陪清点人数，照顾年老体弱的游客上下车。

（2）游览过程中，要留意游客的举动，防止游客走失和意外事件的发生，以确保游客人身和财产安全。

（3）按照"合理而可能"的原则，帮助游客解决旅行过程中的一些疑难问题。

（4）融洽气氛，使旅游团有强烈的团队精神。

2. 讲解服务

作为全陪，提供讲解服务虽然不是最重要的，但适当的讲解仍是必要的。尤其是两站之间，在汽车、火车上做较长时间的旅行时，全陪也要提供一定的讲解服务。讲解内容应是游客感兴趣的。

3. 为游客当好购物顾问

食、住、行、游、购、娱是旅游活动的一个重要组成部分。和地陪相比，全陪因自始至终和游客在一起，感情上更融洽一些，也更能赢得游客的信任。因此，在很多方面（诸如购物等），游客会更多地向全陪咨询，请全陪拿主意。在这种时候，全陪一定要从游客的角度考虑，结合自己所掌握的旅游商品方面的知识，为游客着想，当好购物顾问。

六、离站、途中、抵站服务

（一）离站服务

旅游团离开每一地前，全陪都应为本站送站与下站接站的顺利衔接做好以下工作：

（1）提前提醒地陪再次核实旅游团离开本地的交通票据以及离开的准确时间。如离开的时间有变化，全陪要迅速通知下一站接待社，若离开时间紧迫，则敦促地陪通知。

（2）离开前，要向游客讲清航空（铁路、水路）有关行李托运和手提行李的规定，并帮助有困难的游客捆扎行李，请游客将行李上锁。

（3）协助领队和地陪清点行李，与行李员办理交接手续。

（4）离站前，要与地陪、旅游车司机话别，对他们的热情工作表示感谢。

（5）到达机场（车站、码头）后，应与地陪交接交通票据和行李托运单，点清、核实后妥善保存。

（6）进入候机厅后，如遇旅游团所乘航班延误或取消的情况，全陪应立即向机场有关方面进行确认。当航班延误或取消的消息得到民航部门的证实后，全陪应主动与相关航空公司联系，协同航空公司安排好游客的餐饮和住宿问题。

(二)途中服务

途中服务始于旅游团通过机场(车站、码头)的安全检查,进入候机厅(候车室、候船室),结束于飞机(火车、轮船)抵达下一站,旅游团走出机场(车站、码头)。无论途中乘坐何种交通工具赴下一站,全陪都要提醒游客注意人身和财物的安全,积极争取交通营运部门工作人员的支持和配合,安排好游客的途中生活,努力使他们感到旅途舒适、愉快。

(1)如果旅游团乘长途火车(轮船),全陪应事先请领队分配好包房、卧铺铺位,无领队的旅游团,则由全陪负责此项工作。上车(船)后,应立即找餐厅负责人订餐,告知游客人数、餐饮标准和游客的口味等。

(2)如果旅游团乘坐飞机,全陪应协助游客办妥登机、安检和行李托运等相关手续,并适时引导游客及时到登机牌注明的登机口依次登机。

(3)如有晕机(车、船)的游客,全陪要给予重点照顾。若有游客突患重病,全陪应通过所乘交通工具上的广播系统在乘客中寻找医生对其进行初步急救,并设法通知下站有关方面(急救站、旅行社)尽早落实车辆,以便到站后争取时间送患者到就近医院救治。

(4)长途旅行中,全陪应在旅行途中加强与游客之间的信息沟通,了解游客的最新需求动态,回答游客的各种问题,征求他们对旅游服务质量的评价并组织一些活动活跃气氛。

①了解游客。全陪应利用陪同旅游团的机会,进一步了解游客的需要、个性与爱好,以及客源地、目的地的有关情况,以便能够及时把握游客的最新动态,并将其传递给地接社,以便适当调整接待服务策略,使各站的旅游接待更有针对性。

②解答问题。游客在旅游过程中往往会产生各种各样的问题和疑惑。全陪应该充分利用途中与游客密切接触的机会,适时回答他们的问题,为他们解惑。

③征求意见。全陪应通过与游客在途中的交谈,了解他们对前一阶段旅游接待服务质量的评价,以便为改进其后各站的旅游服务质量提供建议。

④组织活动。全陪可根据游客的特点和旅途中的具体情况,或组织些娱乐活动,或组织专题讨论或讲解,以活跃途中气氛,消除游客的寂寞和疲劳。

(5)全陪要提醒游客注意长途旅行中的人身和财物安全,乘坐火车(轮船)时,与车厢(船舱)乘务员联系,请他们协助做好游客的安全工作,下机(车、船)时提醒游客带好随身物品,保管好自己的交通票据和行李托运单。

(6)若交通工具不正常运行时,全陪应与交通部门和组团社保持有效沟通,并稳定好游客的情绪,适时安排和引导游客登机(车、船)。

(三)抵站服务

抵站服务是指全陪带领旅游团从上一站抵达下一站时所提供的有关服务,主要内容有:

(1)通报旅游团信息。全陪应在离开上一站之前向下一站通报旅游团的信息,内容包括旅游团离开上一站和抵达下一站的确切时间,所乘的航班号(车次、船次),有无人员变动、游客的要求、意见与建议等。

(2)带领旅游团出站。在游客乘坐的交通工具抵达下一站前,全陪应通知游客整理好随身物品,做好下机(车、船)的准备。下机(车、船)后,清理人数,手举组团社社旗,带领游客到指定的出口出站。

(3)做好与地陪的接头工作。出站前,全陪应与地陪进行联系,出站后,手举组团社社旗,寻找地陪,并向地陪问好,将地陪介绍给领队和游客,然后将旅游团行李牌交给地陪,与地陪一起带领游客登车。如果旅游团乘坐大型旅游汽车抵达某地,全陪应在汽车停靠在约定地点后,手持组团社社旗,组织游客下车。

(4)转告游客有关情况。全陪应客观如实地将旅游团游客的有关情况(如游客的情绪、身体状况、要求等)转告地陪,以协助地陪做好接待工作。如果全陪带领的是入境旅游团,而有的城市或景点没有相应的外语导游,全陪应主动承担起导游讲解和翻译工作。如果地陪违规缺席或失职,全陪还应承担起地陪的工作。

七、末站服务

末站服务是指旅游团离开最后一站时全陪应做好的有关工作。它是全陪整个服务工作的最后一个环节,全陪应本着有始有终的精神,使游客如期顺利离站,并给他们留下美好的印象。

(一)协助落实工作

在离开最后一站之前,全陪要提醒和协助地陪落实好旅游团返程的交通票据和行李托运等事宜。如果是入境旅游团,全陪要提醒和协助领队落实该团游客机票的确认和行李托运等事项。

(二)致欢送词

在离开最后一站的前一天晚上,全陪应与旅游团话别,致欢送词。主要内容有以下几方面:

(1)简明扼要地回顾全程中的主要活动,表示与游客共同度过了一段愉快的旅行生活,对全团给予的合作表示感谢。

（2）欢迎他们再次光临，表示愿意再度同他们合作。

（3）征求游客对整个接待工作的意见和建议。途中，如游客蒙受了损失或发生过不快的事，要再次表示歉意，以求得游客的谅解或予以弥补。

（4）提醒游客离店前捆扎好（锁好）托运行李，带好自己的随身物品和证件。若是入境旅游团，要随身带好护照、海关申报单、购买文物和贵重中药材的发票，以备出境时海关查验，并向他们介绍如何办理出境手续。

（三）做好回头客的营销工作

全陪应根据一路上对游客的了解，对其中有意愿再次出游的游客进行必要的营销工作，适当介绍一些他们感兴趣的线路和景点，希望他们下次出游时再次与该组团社联系，自己将继续为之服务。

（四）送别旅游团

游客登车后，全陪应再次提醒他们带好随身物品和证件。抵达机场（车站、码头）后，应提醒游客各自携带好行李。如果是送别出境旅游团，全陪还应提醒领队出关时准备好行李托运所需的证件和表单，提醒游客准备好证件、交通票据、出境卡和申报单等。

当游客即将进入安检区域时，全陪应热情地与他们一一握手道别，并与地陪一起目送他们离开。

（五）结清旅游团账目

送走旅游团后，全陪要与地陪结清旅游团在当地活动期间的账目。结账的方式有两种：一是现结，即在旅游团离开的前一天与地陪当面结清团款，并向接待社收取发票；二是全陪给地陪的单据签字，由地陪携带签字单据回地接社，地接社凭借单据向组团社索要团款。

八、后续工作

（一）处理遗留问题

送走旅游团后，全陪应根据旅行社领导的指示，认真处理好旅游团的遗留问题，办理好游客的委托事项，提供尽可能的延伸服务。

（二）填写"全陪日志"

全陪应认真、如实地填写"全陪日志"或撰写旅游行政部门（或组团社）所要求的资料。"全陪日志"的内容包括：旅游团的基本情况，旅游日程安排及旅程中的交通运输情况，各地接待质量（包括游客对行、游、住、食、购、娱等方面的满意程度），发生的问题及事故的处理经过，游客的反映及改进意见等（表3-4）。

表 3-4 全陪日志

单位/部门				团　号		
全陪姓名				组团社		
领队姓名				国　籍		
接待时间	年　月　日至		年　月　日	人　数	（含	岁儿童　名）
途经城市						
团内重要客人、特别情况及要求：						
领队或游客的意见、建议和对旅游接待工作的评价：						
该团发生问题和处理情况(意外事件、游客投诉、追加费用等)：						
全陪意见和建议：						
全陪对全过程服务的评价：		合格	不合格			
行程状况	顺利		较顺利	一般		不顺利
客户评价	满意		较满意	一般		不满意
服务质量	优秀		良好	一般		比较差
全陪签字			部门经理签字	质管部门签字		
日期			日期	日期		

（三）做好总结工作

对团队的整个行程做好总结，若有重大情况发生或有影响到旅行社以后团队操作的隐患问题，应及时向领导汇报。

全陪带团到祖国的大江南北参观游览，见识颇多，又同各种各样的领队、地陪打交道，每送走一个旅游团，应及时总结带团的经验体会，找出不足，不断提高全陪导游服务的水平、不断完善自我。

(四)结账、归还物品

送走旅游团后,全陪应按账务规定与旅行社财务部门结清账目,并及时归还所借钱物。

第三节 景区导游服务程序及服务质量

旅游景区的参观游览是旅游活动的主要目的,是旅游消费的重要环节,因此景区导游服务的好坏直接关系到游客的满意程度。为此,2011年国家旅游局制定了《旅游景区讲解服务规范》行业标准,对景区导游的从业素质和导游讲解服务质量做出了规定。

旅游景区导游即讲解员是受旅游景区委派或安排,为游客提供旅游景区导游讲解的专职人员或兼职人员。要做好旅游景区的导游服务和讲解,旅游景区讲解员需要对其服务的景区或景点乃至该景区景点所在地区有较全面、深入的了解及相应的专门知识。旅游景区导游服务主要包括准备工作、导游讲解服务和后续工作三个方面。

一、准备工作

景区导游想要做好服务工作,也需要做好各方面的准备工作,主要包括:

(一)业务准备

景区讲解员在接待前应做好的业务准备工作主要包括以下几方面:

(1)了解所接团队或游客的有关情况。接待前,讲解员要认真查阅核实所接待团队或贵宾的接待计划及相关资料,熟悉该群体或个体的总体情况,如停留时间、游程安排、有无特殊要求等,以使自己的讲解更有针对性;对于临时接待的团队或散客,讲解员同样也应注意了解客人的有关情况,如客人的来源、职业、文化程度以及其停留时间、游程安排、有无特殊要求等,以便使自己的讲解更能符合游客的需要。

(2)预先了解来访游客所在地区或国家的宗教信仰、风俗习惯和禁忌。

(3)对游客特殊需要的讲解内容事先应进行准备。

(4)提前了解服务当天的天气和景区景点道路情况。

(5)应急预案的准备。应变能力是景区讲解员应对和处理突发事件的基础。应变灵活有助于减少事故损失,留给游客美好的旅游感受。景区讲解员应该在带团前对游览中可能发生的各种意外做出处理预案,备好有关联系电话,这样当意外发生时才能从容应对、妥善处理。

(二)知识准备

景区讲解员的知识准备主要包括以下几方面:

(1)熟悉并掌握本景区讲解内容所需的情况和知识。根据不同景区的情况,分为自然科学知识,历史和文化遗产知识,建筑与园林艺术知识,宗教知识,文学、美术、音乐、戏曲、舞蹈知识等。必要时还需了解与国内外同类景区内容对比的文化知识。

(2)根据游客对讲解的时间长度、认知深度的不同要求,讲解员应对讲解内容做好两种或两种以上讲解方案的准备,以适应不同旅游团队或个体游客的不同需要。

(3)掌握必要的环境保护和文物保护知识以及安全知识。

(4)熟悉本景区的有关管理规定。

(三)语言准备

景区讲解员的讲解应在以普通话为普遍使用的语言的基础上,根据游客的文化层次做好有关专业术语的解释;对于民族地区的景区,讲解员还应根据游客情况提供民族语言和普通话的双语讲解服务;对于外籍客人,外语讲解员应准备相应语言词汇的讲解服务。

(四)物质准备

景区讲解员上岗前应做好的物质准备工作主要有以下几方面:

(1)佩戴好本景区讲解员的上岗标志。

(2)如有需要,准备好无线传输讲解用品。

(3)需要发放的相关资料,如景区导游图、景区景点介绍等。

(4)接待团队时所需的票证。

(五)形象准备

形象主要体现在人们的仪容仪表和言行举止上,景区讲解员的形象应符合以下几点:

(1)着装整洁、得体;有着装要求的景区,也可以根据景区的要求穿着工作服或指定服装。

(2)饰物佩戴及发型,以景区的原则要求为准,女讲解员一般以淡妆为宜。

(3)言谈举止应文明稳重,自然而不做作。

(4)讲解活动中可适度使用肢体语言,力避无关的小动作。

(5)接待游客应热情诚恳,符合礼仪规范。

(6)工作中应始终情绪饱满,不抽烟或进食。

(7)注意个人卫生。

二、导游讲解服务

导游讲解是景区导游服务的核心工作,讲解员应按照景区导游讲解服务规范,为旅游团(者)提供高质量的导游讲解服务。

(一)致欢迎词

当旅游团(者)抵达景区后,讲解员应主动迎上前去,向游客表示欢迎,致欢迎词。欢迎词的内容主要包括:

(1)代表本景区对游客表示欢迎。

(2)介绍本人姓名及所属单位。

(3)表达景区对提供服务的诚挚意愿。

(4)表达希望游客对讲解工作给予支持配合的意愿。

(5)预祝游客旅游愉快。

(二)旅游景区情况介绍

游览前景区讲解员应向游客介绍景区的基本情况和游览中的注意事项,主要包括以下几方面:

(1)景区开设背景(包括历史沿革)、规模、布局、价值和特色。

(2)景区所在旅游地的位置以及周边的自然、人文景观和风土人情。

(3)提醒团队游客注意团队原定的游览计划安排,包括在景区停留的时间,主要游览线路,以及参观游览结束后集合的时间和地点。

(4)讲清游览过程中的注意事项,并提醒游客保管好自己的贵重物品。

(5)景区游程中如需讲解员陪同游客乘车或乘船游览,讲解员应协助游客联系有关车辆或船只。

(三)参观游览中的导游讲解

(1)导游讲解是景区讲解员的核心工作,讲解员应根据景区的规模和布局,带领游客按照游览线路分段讲解,繁简适度,要视游客的类型、兴趣、爱好的不同有所侧重,因人施讲,内容的取舍应以科学性和真实性为原则。

(2)讲解的语言应准确易懂,吐字应清晰,并富有感染力。

(3)要努力做到导游安排上的活跃生动,做好讲解与引导游览的有机结合。

(4)讲解中应结合景物或展品相机宣传环境、生态系统维护或文物保护知识,对游客的问询,回答时要耐心、和气、诚恳,不冷落、顶撞或轰赶游客,不与游客发生争执或矛盾。

(5)讲解中涉及的民间传说应有故事来源或历史传承,讲解员不得随意编造。

(6)有关景区内容的讲解应力避同音异义词语造成的歧义。

(7)讲解中若使用文言文,需注意游客对象,需要使用时,宜以大众化语言给予补充解释。

(8)对讲解中涉及的历史人物或事件,应充分尊重历史的原貌,如遇尚存争议的科学原理或人物、事件,则宜选用中性词语给予表达。

(9)若讲解的某方面内容系引据他人此前研究成果,应在解说中给予适度的说明,以利于游客今后的使用和知识产权的保护。

(10)在时间允许和个人能力所及的情况下,宜与游客有适度的问答互动,讲解中要虚心地听取游客的不同意见和表述。

(11)在讲解过程中,讲解员应自始至终与游客在一起,对游客中的老幼病残孕和其他弱势群体要给予合理关照,注意游客的安全,随时做好安全提示,避开景区中存在安全隐患的地方,提醒游客注意容易碰头和失足的地方,以防意外事故发生。

(12)如在讲解过程中发生意外情况,讲解员应及时联络景区有关部门,以期尽快得到妥善处理或解决。

(四)乘车(乘船)游览时的讲解服务

景区讲解如果是在乘车(乘船)游览时进行,景区讲解员应该注意以下几方面:

(1)协助司机(或船员)安排游客入座。

(2)在上车(船)、乘车(船)、下车(船)时提醒游客有关安全事项,提醒游客清点自己的行李物品,并对老幼病残孕和其他弱势群体给予特别关照。

(3)注意保持讲解内容与行车(行船)节奏的一致,讲解声音应设法让更多的游客能听见。

(4)努力做好与行车安全(或行船安全)的配合。

(五)游客购物时的服务

游客如需购物时,景区讲解员应该注意以下几方面:

(1)如实向游客介绍本地区、本景区的商品内容与特色。

(2)如实向游客介绍本景区合法经营的购物场所。

(3)不得强迫或变相强迫游客购物。

(六)游客观看景区演出时的服务

如游客游程中原已包含在景区内观看节目演出,景区讲解员应该注意以下几方面:

（1）如实向游客介绍本景区演出的节目内容与特色。
（2）按时组织游客入场，引导游客文明观看节目。
（3）在游客观看节目过程中，讲解员应自始至终坚守岗位。
（4）如个别客人因特殊原因需要中途退场，讲解员应设法给予妥善安排。
（5）不得强迫或变相强迫游客增加需要另行付费的演出项目。

（七）送别服务

参观游览结束后，景区讲解员要向游客致简短的欢送词，内容包括对游客参观游览中给予的合作表示感谢，征询游客对导游讲解以及景区景点建设与保护的意见和建议，欢迎游客再次光临。若备有景区景点有关资料或小纪念品，可赠予他们，以作留念，并热情地向游客道别。一般情况下，在游客离开之后方可离开。

三、后续工作

景区讲解员送走游客后，还要做好总结工作。这是提高导游服务效率和导游服务质量的必要手段，还可以帮助导游提高自己的写作水平，填补导游只动口、不动手的欠缺。

（一）撰写小结

景区讲解员完成接待服务后，要认真、按时写好接待小结，实事求是地汇报接待情况。接待小结的内容包括：

（1）接待游客的人数、抵离时间。若是旅游团队，还需记录团队的名称及旅行社的名称。
（2）游客成员的基本情况、背景及特点。
（3）重点游客的反映，尽量引用原文，并注明游客的姓名和身份。
（4）游客对景区（点）景观及建设情况的感受和建议。
（5）对接待工作的反映。
（6）尚需办理的事情。
（7）自己的体会及对今后工作的建议。
（8）若发生重大问题，需另附专题报告。

（二）查漏补缺

景区讲解员在总结工作时，应及时找出工作中的不足或存在的问题，如导游不清楚的知识、回答不准确的地方甚至有些回答不出的问题。根据这些问题进行有针对性的补课，请教有经验的同行，以提高自己的导游讲解水平。

（三）总结提高

在导游服务中，游客提出的意见和建议涉及景区讲解员的，景区讲解员应认真检查，吸取教训，不断改进，以提高自己的导游水平和服务质量；涉及其他接待部门的应及时反馈到所在单位，以便改进工作。

随堂练

文本

第四章
散客导游服务规范

【学习目标】

了解散客旅游的定义,熟悉散客旅游的特点,掌握散客导游服务程序和服务质量要求。

随着社会经济的发展,人们的旅游需求趋向个性化。近年来,散客旅游迅速发展,已成为国内、国际旅游业的主要形式之一。在我国,无论是入境旅游、出境旅游还是国内旅游,散客都占有很大的比重,已成为我国旅游客源的重要组成部分。

第一节 散客旅游的内涵和特点

一、散客旅游的定义

散客旅游是指游客自行安排旅游行程,以零星现付的方式购买各项旅游服务的旅游形式。一般分为自助游和定制游两种。前者是指个人、家庭或亲朋好友一起不使用旅行社的服务而自定行程、自主安排各项旅游事宜的旅游活动;后者是指个人、家庭或亲朋好友一起自行安排旅游行程但部分使用旅行社服务(如订房、订购交通票据等)的旅游活动,也可以是旅行社根据散客所提具体要求所设计的完整的定制旅游产品。

近年来,从国际旅游的统计数据来看,散客旅游发展迅速,已成为当今旅游的主要方式;从国内市场来看,人们外出旅游已从观光旅游逐步向体验型旅游发展,国内散客市场也日益扩大。散客旅游之所以越来越受到游客的青睐,除了它的旅游形式比团队旅游灵活、伸缩性强、自由度大以及可供游客自由选择等原因外，还与以下因素有关：

(一) 游客自主意识增强

随着我国国内旅游的发展，游客的旅游经验得到积累，他们的自主意识、消费者权益保护意识不断增强，更愿意根据个人喜好自主出游或结伴出游。

(二) 游客内在结构改变

随着我国经济的发展，社会阶层产生了变化，一部分人先富裕起来，中产阶级逐渐形成，改变了游客的经济结构；大量的青年游客增多，他们往往性格大胆，富有冒险精神，旅游过程中带有明显的个人爱好，不愿受团队旅游的束缚和限制。

(三) 交通和通信的发展

现代交通和通信工具的迅速发展，为散客旅游提供了便利的技术条件。随着我国汽车进入家庭步伐的加快，人们驾驶自己的汽车或租车出游十分盛行。现代通信、网络技术的发展，也使得游客无须通过旅行社来安排自己的旅行，他们越来越多地借助于网上预订和电话预订。

(四) 散客接待条件改善

世界各国和我国各地区，为发展散客旅游都在努力调整其接待机制，增加或改善散客接待设施。他们通过旅游咨询电话、计算机导游显示屏等为散客提供服务。我国不少旅行社已经在着手建立完善的散客服务网络，并运用网络等现代化促销手段，为散客旅游提供详尽、迅捷的信息服务，还有的旅行社设立专门的散客接待部门，以适应这种发展的趋势。

二、散客旅游与团队旅游的区别

散客旅游与团队旅游的目的是相同的，即外出参观游览，但在旅游方式、人员组合、活动内容及付款方式等方面还是存在一定的差别。

(一) 旅游方式

团队旅游的食、住、行、游、购、娱一般都是由旅行社或旅游服务中介机构提前安排。而散客旅游则不同，自助游游客外出旅游的计划和行程都是自行安排，定制游游客则是旅行社根据游客要求为其定制安排行程。

(二) 游客人数

团队旅游一般都是由10人（包括10人）以上的游客组成。而散客旅游以人数少为特点，一般界定为由10人（不包括10人）以下的游客组成。可以是单个的游客也可以是一个家庭，还可以是由几位好友组成。

(三)服务内容

团队旅游是有组织按预订的行程、计划进行旅游。而散客旅游的随意性很强，变化多，服务项目不固定，而且自由度大。

(四)付款方式和价格

团队旅游是通过旅行社或旅游服务中介机构，采取支付综合包价的形式，即全部或部分旅游服务费用由游客在出游前一次性支付或者是支付大部分。而散客旅游的付款方式有时是零星现付，即购买什么、购买多少，按零售价格当场现付。

由于团队旅游的人数多、购买量大，在价格上有一定的优惠。而散客旅游则是零星购买，相对而言，数量较少。所以，散客旅游服务项目的价格比团队旅游服务项目的价格会贵一些。另外，每个服务项目散客都按零售价格支付，而团队旅游在某些服务项目(如机票、住宿)上可以享受折扣或优惠，因而相对较为便宜。

(五)服务难度

散客旅游常常没有出境旅游领队和全陪，有些散客服务是预先委托的，但大部分则是临时到旅行社委托安排其旅游活动，游客之间也互不相识，而且往往由于时间紧迫，导游没有时间做准备。因此，与团队旅游相比，散客导游服务的难度要大得多、复杂得多、琐碎得多。

三、散客旅游的特点

(一)规模小

由于散客旅游多为游客本人单独出行或与朋友、家人结伴而行，因此与团队旅游相比，规模小。对旅行社而言，接待散客旅游的批量比接待团体旅游的批量要少得多。

(二)批次多

散客旅游发展迅速，采用散客旅游形式的游客人数大大超过团队游客人数，各国、各地都在积极发展散客旅游业务，为其发展提供了各种便利条件，散客旅游更得到长足的发展。旅行社在向散客提供旅游服务时，由于其批量少、总人数多的特征，从而形成了批次多的特点。

(三)要求多

在散客旅游中，不乏消费水平较高的游客，因而他们不仅要求多，而且对服务的要求也高。

（四）变化大

散客在出游前对旅游计划的安排往往缺乏周密细致的考虑，因而在旅游过程中常常需随时变更其旅游计划，导致更改或全部取消出发前向旅行社预订的服务项目，而要求旅行社为其预订新的服务项目。

（五）自由度大

散客由于没有团队集体行动的限制，一切都根据自己的需要和意愿来行动，想走就走，想歇就歇，因而自由度较大。

（六）预订期短

与团队旅游相比，散客旅游的预订期比较短。因为散客旅游要求旅行社提供的或是全套定制旅游服务，或是一项或几项服务，有时是在出发前临时提出的，有时是在旅行过程中遇到的，他们往往要求旅行社能够在较短时间内安排或办妥相关的旅游业务，从而对旅行社的工作效率提出了更高的要求。

第二节　散客导游服务流程

现代社会的通信和网络技术发达，广泛应用于日常生活，散客旅游服务中的订票、接站和送站等工作相对越来越少，但目前仍有一部分游客通过旅行社预订业务，由旅行社完成一项或几项旅游服务工作或由旅行社完成完整的私人旅游定制业务。

一、接站服务

（一）服务准备

导游接受旅行社派发的迎接散客的任务后，应认真做好迎接的准备工作，它是接待好游客的前提。

（1）认真阅读接待计划。导游应明确迎接的日期，航班或车次抵达的时间，散客姓名、人数和下榻的饭店，有无航班或车次及人数的变更，提供哪些服务项目，是否与其他游客合乘一辆车至下榻的饭店等。

（2）做好出发前的准备。导游要准备好迎接散客的欢迎标志（接站牌）、地图、随身携带的电子导游证、导游身份标识、旗子；检查所需票证，如餐单、游览券等。

（3）联系交通工具。导游要与计调部门确认司机姓名并与司机联系，约定出发时间、地点，了解车型、车号。

（4）与游客联系。导游应在接站前，与游客联系，确认接站地点和时间。

(二)接站服务

接站时要使散客受到热情友好的接待,有宾至如归之感。

(1)提前到机场(车站、码头)等候。导游若迎接的是乘飞机来的散客,应随时通过航班动态查询软件查询航班动态,确保在航班抵达前 30 分钟到达机场,在国际或国内进港隔离区门外等候;若是迎接乘火车而来的散客,应提前 30 分钟在出站口等候。

(2)迎接散客。由于散客人数少,出港旅客很多,往往稍一疏忽,就会出现漏接(客人自行乘车去了饭店或被他人接走),因此在航班(列车)抵达时刻,导游应通过电话、短信或其他社交软件联系客人,并与司机站在不同的出口易于被接散客发现的位置举牌等候,以便其前来联系,导游也可根据游客的民族特征上前询问。确认迎接到该接的散客后应主动问候,并介绍所代表的旅行社和自己的姓名,对其表示欢迎。询问所接散客在机场或车站还要办理的事情,并给予必要的协助。询问其行李件数并进行清点,帮助其提取行李并引导客人上车。

如果没有接到应接的散客,导游应该:

①立刻拨打应接散客的手机号码。

②如果客人没有接听电话,导游应马上询问机场(车站、码头)的工作人员,确认本次航班(列车)的游客确已全部进港、隔离区内已没有出港的游客。导游要与司机配合,在尽可能的范围内寻找(至少 20 分钟)。

③若确实找不到应接的散客,导游应通过电话同计调部或散客部联系,报告迎接的情况,核实该散客抵达的日期或航班(车次、船次)有无变化。当证实迎接无望时,经计调部或散客部同意方可离开机场(车站、码头)。

④导游回到市区后,应到所接散客下榻的饭店前台,询问该散客是否已入住饭店。如果已入住,必须主动与其联系,并表示歉意。

(三)沿途导游服务

在从机场(车站、码头)至下榻饭店的途中,导游对散客应像全包价旅游团一样进行沿途导游,介绍所在城市的概况、下榻饭店的地理位置和设施,以及沿途景物和有关注意事项等。沿途导游服务可采取对话的形式进行。

(四)入住饭店服务

入住饭店服务应使所接散客进入饭店后尽快完成入住登记手续,导游应热情介绍饭店的服务项目及住宿的有关注意事项,与其确认日程安排与离店的有关事宜。

(1)帮助办理住店手续。散客抵达饭店后,导游应帮助其办理饭店入住手续，向其介绍饭店的主要服务项目及住店注意事项。按接待计划向其明确饭店将为其提供的服务项目，并告知其离店时要现付的费用和项目。记下该散客的房间号码。督促饭店行李员将行李运送到游客的房间。

（2）确认日程安排。导游在帮助游客办理入住手续后，要与游客确认日程安排。当游客确认后，将填好的安排表、游览券及赴下一站的飞机（火车）确认订妥票据的凭证交与游客，并让其确认。如散客参加旅行社组织的"一日游"游览，应将游览券、游览徽章交给他（她），并详细说明各种票据的使用场合，集合时间、地点，以及"一日游"旅游车上的导游召集散客的方式，在何处等车等相关事宜。如果该散客还有送机（车、船）服务，导游要与其商定离店时间与送站安排。

（3）提前订购机票。若散客将乘飞机赴下一站，而又不需要旅行社为其代购机票时，导游应叮嘱其提前订购机票，并在航空公司规定的时间内通过电话或网络方式选择座位。当散客确定了乘机时间并告知导游后，导游应当及时向散客部或计调部门报告，以便提前派人、派车为其提供送机服务。

（4）推销旅游服务项目。导游在迎接散客的过程中，应相机询问该散客在本地停留期间还需要旅行社为其提供何种服务，并表示愿竭诚为其提供服务。

（五）后续工作

迎接散客完毕后，导游应及时将同接待计划有出入的信息与特殊要求反馈给散客部或计调部。

二、导游服务

参加散客旅游的游客一般文化水平比较高，旅游经验也比较丰富，在旅游中更加注重文化内涵，对旅游服务的要求也高，因此要求导游有较高的素质，有高度的工作责任心，能多倾听他们的意见，并在此基础上做好组织协调工作。

（一）出发前的准备

出发前，导游应做好相关的准备工作，如携带游览券、导游小旗、宣传材料、游览图册、电子导游证、导游身份标识、名片等，并与司机联系集合的时间、地点，督促司机做好有关准备工作。

导游应提前15分钟抵达集合地点引导散客上车。如果客人分住不同的饭店，导游应偕同司机驱车按事先与客人约定的接运时间到各饭店接运散客。将他们接齐后，再驶往游览景点。根据接待计划的安排，导游必须按照规定的线路和景点带领客人游览。

（二）沿途导游服务

散客的沿途导游服务与全包价旅游团大同小异。初次与游客见面时，应代表旅行社、司机向游客致以热烈的欢迎，表示愿竭诚为大家服务，希望大家予以合作，多提宝贵意见和建议，并祝大家游览愉快、顺利。

（三）现场导游讲解

（1）抵达游览景点后，导游应对景点的历史背景、特色等进行讲解，语言要生动，富有感染力。

（2）对于散客，导游可采取对话的形式进行讲解，这样显得更加亲切自然。游览前，导游应向其提供游览线路的合理建议，由其自行选择，但需要提醒其记住上车时间、地点和车型、车号。

（3）游览时，导游应注意观察散客的动向和周围的情况，以防游客走失或发生意外事故。

（4）游览结束后，导游要随车将游客一一送回各自下榻的饭店。

（四）其他服务

（1）由于散客自由活动时间较多，导游应当好他们的参谋和顾问，向他们介绍当地的文艺演出、体育比赛或饭店开展的活动，请其自由选择，并表示愿意协助进行安排。

（2）如果散客要外出购物或参加晚间娱乐活动，导游应提醒其外出时注意安全，并引导他们去健康的娱乐场所。

（3）若是全程私人定制旅游，要根据游客的需求，即游客的喜好和需求定制旅游行程，给游客带来个性化的服务。因此导游在设计行程时，应全方位根据游客需求，在食住行游购娱各方面灵活设计，精心安排。在陪同游客过程中，真正为游客考虑，服务周到全面，让散客旅游真正省心又开心。

（五）后续工作

若接待任务书或委托书中注明参观游览需现场收费，导游应向散客收取现款或请其在线支付，并及时将收取的金额交旅行社财务部。接待任务完成后，导游还应及时将接待中的有关情况反馈给散客部或计调部，或填写"零散游客登记表"。

三、送站服务

当散客结束在本地的活动后，导游应根据接受的送站任务为他们提供送站服务，使他们安全、顺利地离开当地。

(一)服务准备

(1)详细阅读送站计划。导游接受送站任务后,应详细阅读送站计划,明确所送游客的姓名、离开本地的日期、所乘航班(车次、船次)以及游客下榻的饭店,有无航班或车次与人数的变更,是否与其他游客合乘一辆车去机场(车站、码头)。

(2)做好送站准备。导游必须在送站前24小时与游客确认送站时间和地点。可通过微信、QQ、短信或电话告知游客具体的送站时间和地点,请游客确认。要备好游客的机、车、船票或网络订票凭证。同散客部或计调部确认与司机会合的时间、地点及车型、车号。

导游必须为需送站的散客到达机场(车站、码头)留出充裕的时间。按照要求,乘出境航班应提前3小时或按航空公司规定的时间到达机场;乘国内航班提前2小时到达机场;乘火车、轮船提前1小时到达车站/港口。

(二)到饭店接运游客

按照与散客约定的时间,导游必须提前20分钟到达散客下榻的饭店,协助其办理离店手续,交还房卡,付清账款,清点行李,提醒散客带齐随身物品,然后照顾客人上车离店。

若导游到达散客下榻的饭店后,未找到应送的游客,导游应到饭店前台了解该客人是否已离店,并通过微信、QQ、短信或电话联系客人,视情况决定是继续等待还是返回或者前去接送下一批客人。

若需送站的散客与住在其他饭店的散客合乘一辆车去机场(车站、码头),导游要严格按约定的时间顺序抵达各个饭店。途中如果遭遇严重交通堵塞或其他极特殊情况,需调整原来约定的时间顺序和行车线路,导游应及时打电话将时间上的变化情况通知下面饭店等候的客人,必要时可以请示计调部门,请客人采取其他措施前往机场(车站、码头)。

(三)到站送客

在送散客赴机场(车站、码头)途中,导游应向其征询在本地停留期间的感受及对服务的意见和建议,并代表旅行社向游客表示感谢。

到达机场(车站、码头)后,导游应提醒和帮助散客带好行李与物品,协助其办理离站手续(如取网络订票、领取登机牌、办理行李托运等)。

导游在同散客告别前,应向机场人员确认航班是否准时起飞。若航班延时起飞,应主动为客人提供力所能及的帮助。若确认航班准时起飞,导游应将散客送至安检区域入口处同其告别,热情欢迎下次再来。若散客将再次返回本地,要同客人约好返回等候的时间和地点。

送别散客后,导游应及时结清所有账目,将有关情况反馈给散客部或计调部。

随堂练

案例

第五章 导游语言技能

【学习目标】

了解导游语言的内涵及特性,熟悉导游口头语言的表达技巧和态势语言的运用技巧。

语言,是人类沟通信息、交流思想感情、促进相互了解的重要手段,是人们进行交际活动的重要工具。导游服务效果的好坏在很大程度上取决于导游掌握和运用语言的能力。导游的语言表达,可使景观景物更加生动形象,民俗风情更加绚丽多姿,使沉睡了千百年的文物古迹死而复活,使令人费解的自然奇观有了科学答案,从而使游客感到旅游生活妙趣横生,并留下经久难忘的印象。所以,导游应该练好导游语言这一基本功,努力提高自己的语言技能。

第一节 导游语言的内涵及特性

一、导游语言的内涵

导游语言从狭义的角度上看,是导游与游客交流思想感情、指导游览、进行讲解、传播文化时使用的一种具有丰富表达力、生动形象的口头语言。

从广义的角度来说,导游语言是导游在导游服务过程中必须熟练掌握和运用的所有含有一定意义并能引起互动的一种符号。

所谓"所有",是指导游语言不仅包括口头语言,还包括态势语言、书面语言和副语言。其中,副语言是一种有声而无固定语义的语言,如重音、笑声、叹息、掌声等。所谓"含有一定意义",是指能传递某种信息或表达某种思想感情。如介绍旅游景观如何美、美在何处等。所谓"引起互动",是指游客通过感受导游语言行为所产生的反应。譬如，导游微笑着搀扶老年游客上车，其态势语言（微笑语和动作语）就会引起游客的互动：老年游客说声"谢谢"，周围游客投来"赞许的目光"。所谓"一种符号"，是指导游过程中的一种有意义的媒介物。

二、导游语言的特性

语言是以语音为物质外壳、以词汇为建筑材料、以语法为结构规律而构成的体系。导游语言也是思想性、科学性、知识性和趣味性的结合体。导游语言除了符合语言规范之外，还具有以下特性。

（一）准确性

准确性，是指导游语言必须以客观现实为依据，在遣词造句、叙事上要以事实为基础，准确地反映客观实际。导游语言要做到准确性，导游必须注意如下几方面：

1. 态度严肃认真

导游严肃认真的科学态度是导游语言准确性的前提。一方面，导游要有竭诚为游客服务的思想，有不断提高导游服务质量的意愿，才能抱着对游客、对自己、对旅行社、对国家负责的态度，实事求是地用恰当的语言予以表达。另一方面，导游要有锲而不舍、勤学苦练的科学精神。只有这样才能不断进取，认真地对待语言中的每一个词语，使之符合语境并贴切地反映客观实际。

2. 了解所讲内容

了解、熟悉所讲、所谈的事物和内容，是运用好导游语言的基础。如果导游对景点的情况及讲解内容不了解、不熟悉，很难想象其语言能表达得清楚、准确，更谈不上流畅、优美了。如果导游对所讲、所谈的事物和内容有充分的准备，谙熟于胸，讲起来不仅侃侃而谈、旁征博引，而且遣词造句也十分贴切，就能准确地反映所讲、所谈事物的本来面貌，易于为游客接受和理解。

3. 遣词造句准确

遣词造句准确是导游语言运用的关键。一个句子或一个意思要表达确切、清楚，首先在于用词，即词语的选择，如果词语用法不当，就会使信息失真。

譬如，导游在武汉归元寺向游客介绍《杨柳观音图》时说："这幅相传为唐代阎立本的壁画，它所体现的艺术手法值得我们珍惜。"

这里，"珍惜"属于用词不当，而应该用"珍视"。"珍惜"是爱惜的意思，而"珍视"则为看重的意思，即古画所体现的艺术手法值得仔细欣赏。

4. 词语组合得当

词语的组合、搭配要恰当。导游在选择贴切的词汇基础上，还要按照语法规律和语言习惯进行词语的有机组合和搭配，使之符合规范，搭配相宜，这样才能准确地表达意思。

譬如，导游在向游客介绍了某一自然景观之后说："这里的景色真叫人心旷神怡。"

这里的"叫"字同心旷神怡的搭配就不如用"令"字更好，因为"令"字有"使"的含义，即客观事物使人们主观上产生一种感受。

（二）逻辑性

逻辑性，是指导游的思维要符合逻辑规律，语言要保持连贯性，并且语言表达条理清晰、有层次感。要使导游语言具有逻辑性，导游必须做到以下几点。

1. 思维要符合逻辑规律

逻辑分为形式逻辑和辩证逻辑。前者是孤立地、静止地研究思维的形式结构及其规律；后者是从事物本身矛盾的发展、运动、变化来观察、把握，研究事物的内在联系及其相互转化的规律性。

形式逻辑的思维规律主要有同一律、矛盾律和排中律。同一律的公式是：甲是甲。它要求在同一思维过程中，思想要保持自身同一。矛盾律的公式是：甲不是非甲。它要求在同一思维过程中，对同一对象不能做出两个矛盾的判断，不能同时既肯定又否定。排中律的公式是：或者是甲，或者是非甲。它要求对两个互相矛盾的判断，承认其中之一是真的，做出非此即彼的明确选择。

导游若能掌握并正确地运用这些思维规律，就会使自己的思维具有确定的、前后一致的、有条理的状态，从而在语言表达上保持前后一致，具有较强的逻辑性。

譬如，在讲解杭州西湖孤山时，导游说"孤山不孤、断桥不断、长桥不长"。

导游做出"孤山不孤"这一判断是从"孤"和"不孤"选择而来的，做出这一选择是由其思维逻辑决定的，即孤山是由火山喷出的流纹岩组成的，整个岛屿原来是和陆地连在一起的，所以说"孤山不孤"。那么，为什么又叫它孤山呢？一是因为自然的变迁，湖水将它与陆地分隔开来；二是因为这个风景优美的岛屿过去一直被自称为"孤家寡人"的皇帝所占有。同样，"断桥不断""长桥不长"也是如此。在这里，导游运用了形式逻辑中的排中律，从地质学的角度分析了孤山这个岛屿同陆地的内在联系及其转化。

2. 语言表达要有层次感

导游应根据思维逻辑，将要讲的内容划分前后次序，即先讲什么、后讲什么，使之层层递进，条理清楚，脉络清晰。

例如，一段介绍杭州美食的导游词：

白居易说:"未能抛得杭州去,一半勾留是此湖。"他认为,杭州的美妙西湖占了一半,这恐怕是很多人的心声。所谓"天下西湖三十六,就中最好是杭州"。但是,大家可能又发现了一个问题:西湖虽好,也只占了白居易的"一半勾留",那么杭州的另一半魅力又是什么呢?

著名的人类学家张光直说:"到达一个文化的核心的最好方法之一,就是通过它的肠胃。"其实,一个城市的魅力,也常常根植在人的肠胃里:那就是它的饮食。杭州的饮食充满了江南独特的文化色彩,它和其他地方饮食最大的不同不是口味,而是每个菜点都有一个充满传奇色彩的传说或故事。于是您分不清自己吃的究竟是食物还是文化。

比如有这么一道菜,据说是受了苏东坡《望江南》词中的一句"休对故人思故国,且将新火试新茶,诗酒趁年华"的启发。古代称寒食之后重新开火做饭为"新火",时间就在清明前后,人们由此联想到这个季节中的时鲜河虾,于是将它与龙井新茶一起烹制,这就是著名的"龙井虾仁",它结合了湖虾的鲜美、绿茶的清香,尊重原味,就地取材,体现出杭州崇尚清淡、自然的个性。

在杭州就连一种最普通的点心也有一个有趣的故事。1142年,爱国将领岳飞以"莫须有"的罪名被害于临安大理寺,杭州百姓十分痛恨秦桧夫妇。相传有一天,杭州有一家卖油炸食品的业主,捏了两人形的面块比作秦桧夫妇,将他们撒到一块,用棒一压,投入油锅里炸,嘴里还念道:"油炸桧。"这就是油条的来历。后来又在此基础上发展为杭州风味小吃:葱包桧。这种点心体现的是杭州人最质朴的民族感情和善恶观念,也为杭州这个柔美的城市添上了阳刚的一笔……

这段导游词的语言表达层次分明。首先从白居易的诗引出杭州的饮食文化,再通过"龙井虾仁"与苏东坡《望江南》诗句的联系,普通点心因杭州百姓十分痛恨秦桧夫妇的原因起名"油炸桧""葱包桧",佐证出杭州的饮食充满了江南独特的文化色彩。由此可见,这位导游对杭州饮食介绍的成功与其具有严密的逻辑思维密不可分。

3. 掌握必要的逻辑方法

导游语言要具有逻辑性,导游必须学习和掌握一些基本的逻辑方法。

(1)比较法。比较法是对两种或两种以上同类的事物辨别其异同或高下的方法。人们常说"有比较才有鉴别",只有通过比较,才能对事物有所区分。

譬如,"长江是中国第一长河,世界第三长河"。

这句导游词就是运用比较法得出的结论,因为长江的长度仅次于非洲的尼罗河和南美洲的亚马孙河。

（2）分析法和综合法。分析法是把一件事物、一种现象或一个概念分成较简单的组成部分，然后找出这些部分的本质属性和彼此之间的关系；综合法则是把分析的对象或现象的各个部分、各种属性联合成一个统一的整体。

譬如，导游向游客介绍：

"西安牛羊肉泡馍的传统做法有三：一曰'干泡'，通过煮制，汤汁完全入馍内。此馍筋而韧、黏而滑；二曰'口汤'，煮的馍酥绵光滑，吃完碗内只留汤一口；三曰'水围城'，宽汤煮馍，碗四周是汤，中点是馍，汤多馍散，清香绵滑……"

这段导游词对西安牛羊肉泡馍做法的讲解用分析法进行了介绍，先将其做法分为三种类型，再分别介绍具体的做法。若将这些导游词倒过来叙述，即先讲牛羊肉泡馍的各种做法，再归纳为三种，这就是综合法的运用。

（3）抽象法。抽象法又称概括法，是从许多事物中舍弃个别的、非本质的属性，抽出共同的、本质的属性的方法。

譬如，导游讲：

"正是由于人们对道教神仙的崇拜、敬仰和畏惧，才产生了道教文化。至今保存在龙虎山各宫观中大量的道教神仙造像、法器供器，既是中国古人对神仙信仰的生动体现，也是道教文化留给今人的可贵的艺术成果。道教思想文化，作为中华传统文化的重要组成部分，在悠久和精深博大的中华传统思想文化的哺育下，形成了具有自己特色的思想哲理和信仰体系，为历代有识之学者和方外之士所珍重，引导着历代悟道修真之士信仰修行、研究继承和弘扬发展。"

这段导游词就高度概括出道教文化对江西龙虎山和中国传统文化的影响。

（4）演绎法和归纳法。演绎法和归纳法都是推理的方法，前者是由一般原理推出关于特殊情况下的结论，其中三段论就是演绎的一种形式；后者是由一系列具体的事实概括出一般原理。

譬如，导游在介绍湖北神农架野人之谜时说：

"关于野人的传说在我国流传几千年，且遍布全国，早在3000年前，我国西南少数民族靡国就将'野人'作为礼物献给周成王。战国时屈原曾对'野人'在《九歌》中进行过充满诗意的描写。而在1976年5月14日，神农架林区副主任就曾在神农架大龙潭亲眼见到'红毛野人'，后有人再次发现野人的毛发、粪便及野人窝。从毛发的表皮来看，无论是髓质形态还是细胞结构都优于高等灵长目动物。最令人惊叹的是'野人窝'，它用20根箭竹扭成，人躺在上面视野开阔，舒服如靠椅。其制造与使用者是介于人和高等灵长目动物之间的奇异动物或野人。"

此段导游词首先介绍我国关于野人的传说，然后叙述神农架林区有关野人的情况，最后得出"野人窝"证明了这一情况的结论。导游在这里采用的逻辑方法正是从一般到特殊的演绎法。归纳法则与此相反，即从特殊到一般。

（三）生动性

导游语言除了要有准确性和逻辑性外，生动性也至关重要。要使口语表达生动形象，导游除了要把握好语音、语调之外，还要善于运用比喻、比拟、排比、夸张、映衬、引用、双关和示现等修辞手法。

1. **比喻**

比喻就是用类似的事物来打比方的一种修辞手法，它包括以下几种形式：

（1）使抽象事物形象化的比喻。

譬如："壮族姑娘山歌唱得特别好，她们的歌声就像百灵鸟鸣叫的声音一样优美动听。"

壮族姑娘的歌声是抽象的，这里将其比喻为百灵鸟鸣叫的声音就形象化了。

（2）使自然景物形象化的比喻。

譬如："玉龙雪山在碧蓝天幕的映衬下，像一条银色的玉龙在永恒地飞舞，故名玉龙山。"

这里将玉龙雪山比喻为一条银色的玉龙，显得既贴切又形象。

（3）使人物形象更加鲜明的比喻。

譬如："屈原的爱国主义精神和《离骚》《九歌》《天问》等伟大的诗篇与日月同辉！"

这里将屈原的精神和成就比喻为"日月"，使其形象更加突出。

（4）使语言简洁明快的比喻。

譬如："鄂南龙潭是九宫山森林公园的一处三级瀑布，其形态特征各异，一叠仿佛白练悬空；二叠恰似银缎铺地；三叠如同玉龙走潭。"

这里将瀑布比喻为白练、银缎和玉龙，言辞十分简洁明快。

（5）激发丰富想象的比喻。

譬如："从桂林到阳朔，83公里水程的漓江，不仅山水如画，而且水声淙淙，悦耳动听，仿佛是天宫中的仙乐，听了叫人飘飘欲仙。其实这哪里是仙乐，这是漓江的音乐，大家请看，左岸边有两块大石头，一个像圆鼓，一个像金锣，当地的村民们都叫它们锣鼓石。右岸边两座挺拔秀丽的小山柱，仿佛是一对锣锤和鼓棍，大家仔细听，仿佛还有一对鸳鸯在唱歌呢。"

这里将桂林漓江的流水声比喻为天宫中的仙乐,令人产生无穷的遐想。

2. 比拟

比拟是通过想象把物拟作人或把甲物拟作乙物的修辞手法。在导游语言中,最常用的是拟人。

譬如:"迎客松的主干高大挺直,修长的翠枝向一侧倾斜,如同一位面带微笑的美丽少女向上山的游客热情招手。"

迎客松是植物,赋予人的思想感情后,会"面带微笑",能"热情招手",显得既贴切又生动形象。

运用比拟手法时,导游要注意表达恰当、贴切,要符合事物的特征,不能牵强附会;另外,还要注意使用场合。

3. 排比

排比是将几个内容相关、结构相同或相似、语气连贯的词语或句子组合在一起,以增强语势的一种修辞手法。导游讲解中运用得当,可产生朗朗上口、一气呵成的效果,增添感人力量。

譬如,一段关于上海南浦大桥的导游词:"大桥的建成已成为上海又一重要的标志。它仿佛一把钥匙,打开上海与世界的大门;它仿佛一面镜子,反映着代表中国最先进生产力水平的大都市的现代文明;它仿佛一部史册,叙述着中国的未来;它仿佛一本资质证书,充分证明中国完全可以参与和完成世界上的任何工程项目;它仿佛一曲优美的交响乐,奏出时代的最强音。"

4. 夸张

夸张是在客观真实的基础上,用夸大的词句来描述事物,以唤起人们丰富的想象的一种修辞手法。在导游语言中,夸张可以强调景物的特征,表达导游的情感,激起游客的共鸣。

譬如:"相传四川、湖北两地客人会于江上舟中,攀谈间竞相夸耀家乡风物。四川客人说'四川有座峨眉山,离天只有三尺三',湖北客人笑道'峨眉山高则高矣,但不及黄鹤楼的烟云缥缈。湖北有座黄鹤楼,半截插在云里头'。惊得四川客人无言以对。"

这里用夸张的手法形容黄鹤楼的雄伟壮观,使游客对黄鹤楼"云横九派""气吞云梦"的磅礴气势有了更深的认识。导游运用夸张手法应注意两点:一是要以客观现实为基础,使夸张具有真实感;二是要鲜明生动,能激起游客的共鸣。

5. 映衬

映衬是把两个相关或相对的事物,或者同一事物的两个方面并列在一起,形成鲜明对比的修辞手法。在导游讲解中运用映衬的手法可以增强口语表达效果，激发游客的兴趣。

譬如："溶洞厅堂宽敞、长廊曲折，石笋耸立、钟乳倒悬，特别是洞中多暗流，时隐时现、时急时缓，水声时如蛟龙咆哮，令人惊心动魄；时如深夜鸣琴，令人心旷神怡。"

这里"宽敞"与"曲折"，"耸立"与"倒悬"，"隐"与"现"，"急"与"缓"，"蛟龙咆哮"与"深夜鸣琴"形成强烈的对比，更加深了游客对洞穴景观的印象。

6. 引用

引用是指用一些现成的语句或材料（如名人名言、成语典故、诗词寓言等）作为根据来说明问题的一种修辞手法。在导游讲解中经常运用这种方法来增强语言的表达效果。引用包括明引、意引和暗引三种形式。

（1）明引：是指直接引用原话、原文。其特点是出处明确，说服力强。

譬如："山西平遥古城作为世界文化遗产，它的特点是什么？联合国教科文组织给予高度总结：'平遥古城是中国汉民族城市在明清时期的杰出范例，平遥古城保存了其所有特征，而且在中国历史的发展中为人们展示了一幅非同寻常的文化、社会、经济及宗教发展的完整画卷。'"

由于是联合国教科文组织的评价，引用后会给游客更强的信服感。

（2）意引：是指不直接引用原话、原文而只引用其主要意思。

譬如："国内外洞穴专家考察后确认，湖北利川的腾龙洞不仅是中国目前已知最大的岩溶洞穴，而且是世界特级洞穴之一，极具旅游和科研价值。"

这里引用的专家对腾龙洞的评价虽不是原话，但同样具有较强的说服力。

（3）暗引：是指把别人的话语融入自己的话语中，而不注明出处。

譬如："东坡赤壁的西面石壁更峻峭，就像刀劈的一样。留在壁面上的层层水迹，表明当年这儿确乎有过'惊涛拍岸，卷起千堆雪'的雄奇景象。"

这里引用的苏东坡《念奴娇·赤壁怀古》中的词句虽没有点明出处，但却是对赤壁景观最形象的描写和绝妙的概括，让游客听后产生无穷的遐想。导游在运用引用手法时，既要注意为我所用、恰到好处，不能断章取义，又要注意不过多引用，更不能滥引。

7. 双关

双关是利用词语同音或者多义条件，使一个语言片段同时兼有表、里两层意思，并以里层意思为表意重点。双关有谐音、谐义两种，在导游词中运用比较多的是谐音双关技巧。我国民俗文化内容异常丰富，各种用谐音双关手段表现的生活内容必然要反映在语言表达中。如果在导游词中巧妙地加以利用，不仅能够为表达增色，而且还能够将一些民俗知识巧妙地传达给游客，从而十分生动形象地反映当地的民俗风貌，给游客留下深刻的印象。

8. 示现

示现是把已经过去的事情、将要发生的事情或想象中的事情活灵活现地描述出来的修辞手法。示现一般有回忆、追述、预想、悬想等形式。示现具有极强的表现力，回忆、追述是使过去的事情再现出来，如在眼前，给人以身临其境的感觉；预想是将未来移至眼前，生动形象，给人以活灵活现的感受。不论是哪种示现，都使人"未见如见""未闻如闻"，具有较强的艺术魅力与感染力。导游为了给游客留下深刻的印象，应该根据交际的需要，不失时机地使用这种方法进行讲解，以收到更加理想的效果。

第二节　导游口头语言表达技巧

在导游服务中，口头语言是使用频率最高的一种语言形式，是导游做好导游服务工作最重要的手段和工具。美学家朱光潜告诉我们："一个人话说得好就会如实地达意，使听者感到舒服，产生美感。这样的说话也就成了艺术。"由此可见，导游要提高自己的口头语言表达技巧，必须在"达意"和"舒服"上下功夫。

一、口头语言的基本形式

（一）独白式

独白式是导游讲述而游客倾听的语言传递方式。如导游致欢迎词、欢送词或进行独白式的导游讲解等。

譬如：

例1："西湖位于杭州市西部，旧称武林水、钱塘湖、西子湖，唐代始称西湖。唐代西湖面积10.8平方公里，到了宋代，面积缩为9.3平方公里，清代是7.5平方公里。现在西湖湖面南北长3.3公里，东西宽2.8公里，水面面积5.64平方公里，包括湖中岛屿为6.3平方公里，湖岸周长15公里。平均深度2.27米，最浅处不到1米，最深处6.52米。如今伴随着西湖西进扩大为6.5平方公里，接近300年前西湖的面积。"

例2："来自新加坡的游客朋友们，大家好！欢迎你们来到美丽的春城昆明旅游，我叫李明，是昆明国际旅行社的导游，这位是司机王师傅，他有丰富的驾驶经验，大家坐他的车尽可放心。衷心地希望在旅游过程中大家能和我共同配合，顺利完成在昆明的行程，如果我的服务有不尽如人意的地方，也请大家批评指正。最后,祝大家在昆明旅游期间能度过一段难忘的时光。"

从上面两个例子可以看出独白式口头语言的特点有以下几点:

1. 目的性强

导游讲一席话,或是为了介绍情况,或是为了联络感情,或是为了说明问题。如例1就是为了介绍西湖的概况,例2是为了欢迎游客、表达意愿。目的性都很强。

2. 对象明确

如例1和例2始终面对旅游团的全体游客说话,因而能够产生良好的语言效果。

3. 表述充分

如例1首先介绍西湖的地理区位,接着讲述西湖的历史和现状,使游客对西湖有了比较完整的印象;例2话语不多,但充分表明了自己的身份和热情的服务态度。

(二)对话式

对话式是导游与一个或一个以上游客之间所进行的交谈,如问答、商讨等。在散客导游中,导游常采用这种形式进行讲解。

譬如:

导游:你们知道北京最有名的菜式是什么吗?

游客:知道,肯定是北京烤鸭。

导游:那你们知道哪里的北京烤鸭最好吃吗?

游客:听说是全聚德的北京烤鸭最地道、正宗。

导游:那你们知道全聚德的来历吗?

游客:不太清楚,你能给我们讲讲吗?

导游:全聚德创始人是杨全仁。他初到北京时在前门外肉市街做生鸡鸭买卖。杨全仁对贩鸭之道揣摩得精细明白,生意越做越红火……

由上例可以看出对话式口头语言的特点:第一,依赖性强,即对语言环境有较强的依赖性。对话双方共处同一语境,有些话不展开来说,只言片语也能表达一个完整的或双方都能理解的意思;第二,反馈及时,对话式属于双向语言传递形式,其信息反馈既及时又明确。

二、口头语言的表达要领

(一)音量大小适度

音量是指一个人讲话时声音的强弱程度。导游在进行导游讲解时要注意控制自己的音量,力求做到音量大小适度。讲话时音量的大小有两点要求:一要恰当、适度。声音当大则大,当小则小,当平则平。大,不可大到声嘶力竭的程度;小,不可小到别人没法听清的地步。二要顺畅、自然。音量不可没有根据地忽大忽小,生硬地变换音量,不仅听起来不自然、不舒服,还会引起误会。总之,音量的大小变化是由思想情感决定的,而恰当的音量又会有助于思想感情的表达。一般来说,导游音量的大小应以每位游客都能听清为宜,但在游览过程中,音量大小往往受到游客人数、讲解内容和所处环境的影响,导游应根据具体情况适当进行调节。当游客人数较多时,导游应适当调高音量,反之则应把音量调低一点;在室外嘈杂的环境中讲解,导游的音量应适当放大,而在室内宁静的环境中则应适当放小一些;对于导游讲解中的一些重要内容、关键性词语或要特别强调的信息,导游要加大音量,以提醒游客注意,加深游客的印象。

(二)语调高低有序

语调是指一个人讲话的腔调,即讲话时语音的高低起伏和升降变化。一般分为升调、降调和直调三种,高低不同的语调往往伴随着人们不同的感情状态。

1. 升调

升调多用于表达兴奋、激动、惊叹、疑问等感情状态。

譬如:"大家快看,前面就是美丽的长白山天池了!"(表示兴奋、激动)

又如:"你也知道我们湖北咸宁有个神秘的'131'军事工程?"(表示惊叹、疑问)

2. 降调

降调多用于表达肯定、赞许、期待、同情等感情状态。

譬如:"我们明天早晨8点准时出发。"(表示肯定)

又如:"希望大家有机会再来我们厦门,再来鼓浪屿。"(表示期待)

3. 直调

直调多用于表达庄严、稳重、平静等感情状态。

譬如:"这儿的人们都很友好。"(表示平静状态)

又如:"武汉红楼是中华民族推翻帝制、建立共和的历史里程碑。"(表示庄严、稳重)

语调有着十分重要的表达情感的作用,被称为"情感的晴雨表"。导游如果能根据讲解的具体内容对语调进行创造性的处理,使语调随着讲解内容的变化而呈现高潮、低潮的升降起伏,就会使讲解声情并茂。但是,在实地导游讲解中,也要注意避免因一味地追求"抑扬顿挫"而造成的"诗歌朗诵式讲解"的倾向。

(三)语速快慢相宜

语速是指一个人讲话速度的快慢程度。导游在导游讲解或同游客谈话时，要力求做到疾徐有致、快慢相宜。如果语速过快，会使游客感到听起来很吃力，甚至跟不上导游的节奏，对讲解内容印象不深甚至遗忘；如果语速过慢，会使游客感到厌烦，注意力容易分散，导游讲解亦不流畅；当然，导游如果一直用同一种语速往下讲，像背书一样，不仅缺乏感情色彩，而且使人乏味，令人昏昏欲睡。

在导游讲解中，较为理想的语速应控制在每分钟 200 字左右。当然，具体情况不同，语速也应适当调整。譬如，对中青年游客，导游讲解的速度可稍快些，而对老年游客则要适当放慢；对讲解中涉及的重要或要特别强调的内容，语速可适当放慢一些，以加深游客的印象，而对那些不太重要的或众所周知的事情，则要适当加快讲解速度，以免浪费时间，令游客不快。

(四)停顿长短合理

停顿是一个人讲话时语音的间歇或语流的暂时中断。这里所说的停顿不是讲话时的自然换气，而是语句之间、层次之间、段落之间的有意间歇。其目的是集中游客的注意力，增强导游语言的节奏感。停顿的类型主要包括以下几种：

1. 语义停顿

语义停顿，是指导游根据语句的含义所做的停顿。一般来说，一句话说完要有较短的停顿，一个意思说完则要有较长的停顿。

泰山至今保护较好的古建筑群有 22 处，/ 总建筑面积达 14 万多平方米。// 在古建筑群之间，/ 还有 12 处石坊、6 座石桥、7 座石亭、1 座铜亭和 1 座铁塔。// 泰山刻石有 2200 多处，/ 被誉为"中国摩崖刻石博物馆"，// 这里有中国碑刻最早的刻石——/ 泰山秦刻石；有珍贵的汉代张迁碑、衡方碑和晋孙夫人碑；有被誉为"大字鼻祖""榜书之宗"的北齐经石峪刻石；/ 有天下洋洋大观的唐玄宗《纪泰山铭》和唐代双束碑等。//

这里的 / 表示一个短停顿，而 // 则表示一个长停顿。有了这些长短不一的停顿，导游就能把泰山的特点娓娓道来，游客听起来也比较自然。

2. 暗示省略停顿

暗示省略停顿，是指导游不直接表示肯定或否定，而是用停顿来暗示，让游客自己去判断。

譬如："请看，江对面的那座山像不像一只巨龟？// 黄鹤楼所在的这座山像不像一条长蛇？// 这就是'龟蛇锁大江'的自然奇观。"

这里通过停顿让游客去思考、判断，从而留下深刻的印象。

3. 等待反应停顿

等待反应停顿，是指导游先说出令人感兴趣的话，然后故意停顿下来以激起游客的反应。

譬如："三斗坪坝址的选择不是一帆风顺的，中外专家在三峡工程坝址的选择上曾发生过长时间的争论。"这时导游故意停顿下来，看到游客脸上流露出急于知道答案的神情，再接着介绍将坝址定在三斗坪的原因。

4. 强调语气停顿

强调语气停顿，是指导游讲解时，每讲到重要的内容，为了加深游客内心的印象所做的停顿。

譬如："藏经洞位于第16号洞窟通道的北侧，编号为17窟。那么，藏经洞是什么时候被密封？又为何被密封的呢？"导游讲到这里，故意把问题打住，然后讲解藏经洞被发现的历史及珍藏的文物，让游客在参观过程中联系这个问题进行思考。

第三节 导游态势语言运用技巧

态势语言亦称体态语言、人体语言或动作语言，它是通过人的表情、动作、姿态等来表达语义和传递信息的一种无声语言。同口头语言一样，它也是导游服务中重要的语言艺术形式之一，常常在导游讲解时对口头语言起着辅助作用，有时甚至还能达到口头语言难以企及的效果。

一、首语

首语是通过人的头部活动来表达语义和传递信息的一种态势语言，它包括点头和摇头。一般来说，世界上大多数国家和地区都以点头表示肯定、以摇头表示否定。而实际上，首语有更多的具体含义，如点头可以表示肯定、同意、承认、认可、满意、理解、顺从、感谢、应允、赞同、致意等。另外，因民族习惯的差异，首语在有些国家和地区还有不同的含义，如印度、泰国等地某些少数民族奉行的是"点头不算摇头算"的原则，即同意对方意见用摇头来表示，不同意则用点头表示。

二、表情语

表情语是指通过人的眉、眼、耳、鼻、口及面部肌肉运动来表达情感和传递信息的一种态势语言。导游的面部表情要给游客一种平静、放松、自然的感觉,要尽量使自己的目光显得自然、诚挚,额头平滑不起皱纹,面部两侧笑肌略有收缩,下唇方肌和口轮肌处于自然放松的状态,嘴唇微闭。这样,才能使游客产生亲切感。

对导游来说,控制自己的面部表情要注意以下四点:

(一)灵敏

导游面部表情的变化要随着讲解内容的需要迅速表现出来。这对一般人而言,不会有太大的问题,但对导游来说,就有必要强调一下了。因为导游所讲解的内容可能已经重复过无数遍了,在这种情况下,导游很可能会面无表情,甚至表情麻木,这样就会引起游客的不满,很难再进行良好的沟通。

(二)鲜明

表情的鲜明是与敏感联系在一起的,先有了敏感的表情,进一步才是鲜明的表情。讲解的内容是明快的,就眉舒目展;是沉重的,就严肃凝重;是快乐的,就笑逐颜开;是郁闷的,就紧皱眉头……

(三)真诚

导游讲解时的面部表情要表现出真情实感,要让游客感到导游的表情是真诚的,否则任何虚情假意或者做作的姿态都会引起游客的反感。

(四)有分寸

导游在讲解过程中的各种表情还要有分寸,要自然、合理、和谐,千万不能夸饰。

总之,导游的面部表情应随着具体讲解内容的需要或随着游客的反应而变化,与表达同步,要有真情实感。

譬如,导游讲到"悬空寺是恒山的骄傲,也是我们每个中国人的骄傲。它建于北魏后期,大约公元6世纪。牛顿力学尚需孕育上千年才能问世,而恒山人却半插飞梁、巧借岩石,在峭壁上创造了这一惊世之作,其智慧的火花是何等绚丽,胸中的气魄又是何等伟大!"

随着这段导游词的讲解,导游的脸上就应该流露出喜悦、自豪的神色,并且面部的这种表情也应该随讲解内容同时产生并结束,这样,才会打动游客,引起游客的共鸣。

微笑是一种富有特殊魅力的面部表情,人们称之为"交际世界语"。微笑可以美化人的形象,是导游良好修养和文雅气质的体现,是塑造良好形象必不可少的手段。导游的微笑要给游客一种明朗、甜美的感觉,微笑时要使自己的眼轮肌放松,面部两侧笑肌收缩,口轮肌放松,嘴角含笑,嘴唇似闭非闭,以露出半牙为宜。这样才能使游客感到和蔼亲切。

三、目光语

目光语是通过人与人之间的视线接触来传递信息的一种态势语言。艺术大师达·芬奇说"眼睛是心灵的窗户",意思是透过人的眼睛,可以看到他的内心情感。

目光主要由瞳孔变化、目光接触的长度及向度三个方面组成。瞳孔变化是指目光接触瞳孔的放大或缩小,一般来说,当一个人处在愉悦状态时,瞳孔就自然放大,目光有神;反之,当一个人处在沮丧状态时,则瞳孔自然缩小,目光暗淡。目光接触的长度是指目光接触时间的长短。导游一般连续注视游客的时间应在 1~2 秒钟,以免引起游客的厌恶和误解。目光接触的向度是指视线接触的方向。一般来说,人的视线向上接触(即仰视)表示"期待""盼望"或"傲慢"等含义;视线向下接触(即俯视)则表示"爱护""宽容"或"轻视"等含义;而视线平行接触(即正视)表示"理性""平等"等含义。导游常用的目光语应是"正视",让游客从中感到自信、坦诚、亲切和友好。

导游讲解是导游与游客之间的一种面对面的交流。游客往往可以通过视觉交往从导游的一个微笑、一种眼神、一个动作、一种手势中加强对讲解内容的认识和理解。在导游讲解时,运用目光的方法很多,常用的有以下几种:

(一)目光的联结

导游在讲解时,应用热情而又诚挚的目光看着游客。正如德国导游专家哈拉尔德·巴特尔所说的:导游的目光应该是"开诚布公的、对人表示关切的,是一种可以从中看出谅解和诚意的目光"。那种一直低头或望着毫不相干处,翻着眼睛只顾自己口若悬河的导游是无法与游客沟通的。因此,导游应注意与游客目光的联结,切忌目光呆滞(无表情)、眼帘低垂(心不在焉)、目光向上(傲慢)、视而不见(轻视)和目光专注而无反应(轻佻)等不正确的目光联结方式。

(二)目光的移动

导游在讲解某一景物时,首先要用目光把游客的目光牵引过去,然后再及时收回目光,并继续投向游客。这种方法可使游客集中注意力,并使讲解内容与具体景物和谐统一,给游客留下深刻的印象。

(三)目光的分配

导游在讲解时,应注意自己的目光要统摄全部听讲解的游客,既可把视线落点放在最后边两端游客的头部,也可不时环顾周围的游客,但切忌只用目光注视面前的部分游客,使其他的游客感到自己被冷落,产生遗弃感。

（四）目光与讲解的统一

导游在讲解传说故事和逸闻趣事时，讲解内容中常常会出现甲、乙两人对话的场景，需要加以区别，导游应在说甲的话时把视线略微移向一方，在说乙的话时把视线略微移向另一方，这样可使游客产生一种逼真的临场感，犹如身临其境。

四、手势语

手势语是通过手的挥动及手指动作来传递信息的一种态势语言。

（一）手指语

手指语是一种较为复杂的伴随语言，是通过手指的各种动作来传递不同信息的手势语。由于文化传统和生活习俗的差异，在不同的国家、不同的民族中手指动作的语义也有较大区别，导游在工作中要根据游客所在国和民族的特点选用恰当的手指语，以免引起误会和尴尬。

1. 竖起大拇指

竖起大拇指，在世界上许多国家包括中国都表示"好"，用来称赞对方"高明""了不起""干得好"，但在有些国家还有另外的意思，如在韩国表示"首领""部长""队长"或"自己的父亲"，在日本表示"最高""男人"或"您的父亲"，在美国、墨西哥、澳大利亚等国则表示"祈祷幸运"，在希腊表示叫对方"滚开"，在法国、英国、新西兰等国是请求"搭车"。

2. 伸出食指

伸出食指，在新加坡表示"最重要"，在缅甸表示"拜托""请求"，在美国表示"让对方稍等"，而在澳大利亚则是"请再来一杯啤酒"的意思。

3. 伸出中指

伸出中指，在墨西哥表示"不满"，在法国表示"下流的行为"，在澳大利亚表示"侮辱"，在美国和新加坡则是"被激怒和极度不愉快"的意思。

4. 伸出小指

伸出小指，在韩国表示"女朋友""妻子"，在菲律宾表示"小个子"，在日本表示"恋人""女人"，在印度和缅甸表示"要去厕所"，在美国和尼日利亚则是"打赌"的意思。

5. 伸出食指往下弯曲

在中国表示数字"9"，在墨西哥表示"钱"，在日本表示"偷窃"，在东南亚一带则是"死亡"的意思。

6. 用拇指与食指尖形成一个圆圈并手心向前

这是美国人爱用的"OK"手势,在中国表示数字"0",在日本则表示"金钱",而希腊人、巴西人和阿拉伯人用这个手势表示"诅咒"。

7. 伸出食指和中指构成英语"Victory"(胜利)的第一个字母"V"

西方人常用此手势来预祝或庆贺胜利,但应注意把手心对着观众,如把手背对着观众做这一手势,则被视为下流的动作。

在导游服务中,导游要特别注意不能用手指指点游客,这在西方国家是很不礼貌的动作,如导游在清点人数时用食指来点数,就会引起游客的反感。

(二)讲解时的手势

在导游讲解中,手势不仅能强调或解释讲解的内容,而且还能生动地表达口头语言所无法表达的内容,使导游讲解生动形象,富有感染力。导游讲解中的手势有以下三种:

1. 情意手势

情意手势是用来表达导游讲解情感的一种手势。譬如,在讲到"我们中华民族伟大复兴的梦想一定能实现"时,导游用握拳的手有力地挥动一下,既可渲染气氛,也有助于情感的表达。

2. 指示手势

指示手势是用来指示具体对象的一种手势。譬如,导游讲到孔府大门楹联"与国咸休,安富尊荣公府第;同天亦老,文章道德圣人家"时,可用指示手势来一字一字地加以说明。

3. 象形手势

象形手势是用来模拟物体或景物形状的一种手势。譬如,当讲到"有这么大的鱼"时,可用两手食指比一比;当讲到"五千克重的西瓜"时,可用手比画成一个球形状;当讲到"四川有座峨眉山,离天只有三尺三……湖北有座黄鹤楼,半截插在云里头"时,也可用手的模拟动作来形容。

导游讲解时,在什么情况下用何手势,都应视讲解的内容而定。在手势的运用上必须注意:一要简洁易懂;二要协调合拍;三要富有变化;四要节制使用;五要避免使用游客忌讳的手势。

(三)服务时的手势

导游为游客提供服务时也要善于运用手势。譬如,当游客提出询问时,导游脸上马上露出笑容,并且用手表示出一种关怀的姿态。这会使游客心里感到愉快,因为他得到了导游的尊重和关注。又如,游客询问洗手间在何处时,或许有的导游会用手指指明方向,而更文明的方式则是用手掌(手心朝上)指明方向。此外,在导游服务中用带尖的锐器指别人也是不礼貌的。譬如,把刀子递给别人时,不能用刀尖直指对方,而应把刀子横着递过去;在餐桌上,用刀、叉或筷子指着别人让菜也是不友善的。

第四节 导游语言的沟通技巧

导游与游客一见面,只需数分钟,游客就会在心里把印象和观念迅速组合成"山峰"屹立起来,以后便成为一种肯定的观念。这就为导游和游客以后的人际交往打下了良好的基础。而在接触过程中,语言是最基本、最重要的工具,语言表达方式、方法和技巧对沟通效果都会产生较大的影响。导游语言的沟通技巧很多,常用的有以下几种:

一、称谓的语言技巧

一般情况下,导游对游客的称谓通常有三种形式。

(一)交际关系型

交际关系型的称谓主要是强调导游与游客在导游交际中的角色关系。如"各位游客""诸位游客""各位团友""各位嘉宾"等,这类称谓角色定位准确,宾主关系明确,既公事公办,又大方平和,特别是其中的"游客"称谓是导游语言中使用频率最高的一种。

(二)套用尊称型

套用尊称是在各种场合都比较适用,对各个阶层、各种身份也比较合适的社交通称。如"女士们、先生们""各位女士、各位先生"等,这类称谓尊敬意味浓厚,适用范围广泛,回旋余地较大。但一般对涉外团较好,对国内团有点太过正式,亲和力不够。

(三)亲密关系型

亲密关系型多用于关系比较密切的人际关系之间的称谓。如"朋友们""游客朋友们"等,这类称谓热情友好,亲和力强,注重强化平等亲密的交际关系,易于消除游客的陌生感。

在旅游活动中,导游对游客的称谓总的原则应把握三点:一要得体;二要尊重;三要通用。

二、自我介绍的语言技巧

在旅游团抵达时,导游常常要与旅游团团长、领队及游客接触见面,导游即使佩戴了导游身份标识或社徽，也得做自我介绍。自我介绍是导游推销自我形象和价值的一种重要方法。从某种意义上讲，自我介绍是进入导游活动的一把钥匙，这把钥匙运用得好，那么"良好的开端便是成功的一半"。导游掌握自我介绍的语言艺术，必须注意以下技巧：

（一）热情友善，充满自信

导游自我介绍时要清晰地报出自己的姓名、单位、身份；面带微笑，用眼神表达友善、诚恳，并充满自信。如果含糊，或态度冷淡、随便应付就会使人产生疑虑和不信任感，彼此之间产生隔阂。

（二）介绍内容繁简适度

导游与旅游团团长、领队或地陪与全陪接头时，自我介绍一般从简，讲清自己的姓名、单位、身份即可，不便过多地自我介绍，因为旅游团初到一地，还有许多事情需要与团长、领队或全陪接洽协商。在游客集中后，或去下榻酒店的途中，导游的自我介绍可以具体详细一些，以便于游客尽快熟悉自己。

（三）善于运用不同的方法

自我介绍不单纯是介绍自己的姓名、单位、年龄、身份等，往往还有一个自我评价的问题。恰如其分的自我评价是缩短导游与游客之间距离的重要途径。其方法有三：

1. *自谦式*

譬如："我是去年从外语学院毕业的，导游经验不足，请各位多多关照。"

对东方游客用自谦式自我介绍未尝不可，但对西方客人大可不必用这种自谦式，否则会使游客对你产生不信任感，更有甚者，游客会提出调换导游。

2. *调侃式*

譬如："十分荣幸能成为各位的导游，只是我的长相不太符合合格导游的标准。因为有名人说，导游是一个国家的脸面。大家看，我这脸面能代表我们这个美丽的国家吗？"

其自我嘲讽中包含着自律，于诙谐幽默的自我揶揄之中露出一点自信和自得之意，既能增强言语风趣感又不流于自夸。

3. *自识式*

譬如："我姓张，名曲，张是弓弓张，曲是弯弯曲曲的曲，但大家不要误会，我不是一个弯弯曲曲的人，而是一个十分正直的人。我为什么要取名'曲'呢？大概是我小时候特别爱唱歌，所以父亲给我取名'张曲'。现在，对于唱歌，我还是名副其实的，等会儿有空，我将为大家演唱一两曲。"

导游的自我介绍，既可用语言，也可借助名片。名片作为自我介绍的材料，古已有之。汉代时,把通报姓名的单片叫"谒"和"刺",可见以名片为中介进行交际已是一种惯例。用名片是如今时兴的一种自我介绍方法。在导游活动中,对团长、领队、全陪或人数不多的游客皆可用这种自我介绍方法。赠送名片时要用双手恭敬地递给对方,并附带说声"认识您很高兴""请多关照,今后保持联系"之类的话,这是一种高雅的自我介绍艺术。

三、交谈的语言技巧

在导游交际过程中,虽然导游讲解占据主要的地位,但往往还有大量的时间是用于同游客进行自由交谈。这种交谈是导游与游客之间增进互相了解与友谊的重要途径之一,因此,必须注意交谈的语言技巧。

(一)开头要寒暄

不寒暄就开始进入交谈,往往显得唐突而不礼貌。如:"你觉得刚才看到的怎么样?"冷不丁一句,对方要不就莫名其妙,要不就只能"嗯啊"几句,很难进入实质性的交谈。因此,交谈之前,先寒暄一番,可以拉近彼此之间的感情距离,打破双方陌生的界限,使彼此之间有些初步了解。寒暄的方法很多,主要有以下几种:

问候式:如"你好,挺辛苦吧",显得亲切自然。

询问式:一般用于询问对方的姓名、职业。如"您贵姓""您从事什么工作(职业)呢"等。但切忌直接询问对方的履历、工资、收入、家庭财产、衣饰价格、女性年龄、婚姻状况等私人生活方面的问题。

夸赞式:如"王小姐,您的衣服真漂亮""张教授,您的身体比我们年轻人还棒啊"。诚心地赞美是一种活泼的寒暄方法。

描述式:以友好的语气描述对方正在进行时的动态。如:"您累了休息一下吧""您对此挺有兴趣呀"。

言他式:用双方都认同的话打破沉默,引出话题。如:"今天天气真热!""唉,又下雨了。"

进入交谈的方法,不仅仅局限于寒暄,寒暄也不必拘泥于谈话的内容,但切忌干涉对方的事,如"您这衣服穿着不怎么合身""您是大学毕业吗"等。

(二)说话要真诚

导游要给游客留下良好的印象,不能忘记真诚。这绝不是出于说话策略的需要,而是做人的准则。所谓真诚,就是敢于把自己真实的思想开诚布公地说出来。同时,当对方真诚地对待你时,你也要以诚相报。对人真诚,并不是毫无节制地说话,也不是无原则地什么话都谈,必须符合外事纪律和道德规范。

(三)内容要健康

导游与游客交谈的内容一般不要涉及疾病、死亡等不吉利、不愉快的事情,不要说荒唐离奇、耸人听闻、黄色淫秽的事情,不要说他人的坏话,更不要谈有损国格、人格的事情。

(四)言语要中肯

喋喋不休、夸夸其谈或吞吞吐吐、欲言又止,或者故弄玄虚、矫揉造作等,都是交谈时的禁忌,导游必须特别注意。

(五)要"看"人说话

在不同的场合,对不同的人要说不同的话,这是交谈的一个基本准则。日本专家把说话能力分解成五个因素:语气(S)、用词(W)、内容(I)、感情(E)、技巧(T)。只要对五个因素做适当调整,就能获得良好的交谈效果:对年长者 S>W=I=E=T;对同辈 I>S=W=E=T;对晚辈 S=W=I=T>E;对小孩 W=I=E>S>T;对初次见面者 S>I>W>T>E;商谈 W=I=T>S>E;恳谈 I>W>E>T>S;开玩笑 T>I>E>W>S;夸赞 I>W>E>S>T;关注 I>T>S=W>E。

上述方程式的意思是,在各种不同的场合,语气(S)、用词(W)、内容(I)、感情(E)、技巧(T)各自发挥作用的程度也随之变化。如初次见面时,其方程式是 S>I>W>T>E,其含义是:初次与对方交谈,最重要的是选择适当的语气(S),其次是谈话的内容(I),之后依次是用词(W)、技巧(T)、感情(E),方程式中各因素的顺序,可按其在交谈中所起的作用的大小来拟定。

(六)善于把握谈话过程

在交谈过程中,导游要注意以下几点:

(1)切忌在对方谈兴正浓时戛然中止交谈。应待交谈告一段落时,再设法收场。

(2)不要勉强延长交谈。当发现自己或对方交谈的内容临近枯竭时,应及时结束交谈,对方谈兴已衰时,不要无话找话。故意延长话题是最不明智的。

(3)要留意对方的暗示。若对方已无交谈兴趣,大多会利用身体或言语来做希望结束谈话的暗示,如故意看表,如坐针毡地改变坐姿,或心不在焉地游目四周等,遇到这种情况,就要知趣地结束谈话。

(4)结束交谈要恰到好处。准备结束谈话之前,可先预定一段时间,游刃有余地停止,突然中止交谈,匆匆离开,显得粗鲁无礼。若因别的事需要打断对方的谈话,可说一句道歉的话,然后再离开。

(5)结束交谈时,要给对方留下一个愉快的印象。微笑往往是结束交谈的最佳"句号",几句幽默的话语更是结束交谈的"尾声"。

四、劝服的语言技巧

在导游服务过程中,导游常常会面临各种问题,需要对游客进行劝服,如活动日程改变需要劝服游客接受,对游客的某些越轨(不当)行为需要进行劝说等。劝服一要以事实为基础,即根据事实讲明道理;二要讲究方式、方法,使游客易于接受。

(一)诱导式劝服

诱导式劝服即循循善诱,通过有意识、有步骤的引导,澄清事实,讲清利弊得失,使游客逐渐信服。

譬如,某旅游团原计划自大连飞往南京,因未订上机票只能改乘火车,游客对此意见很大。这时导游首先应诚恳地向游客致歉,再耐心地向游客说明原委并分析利弊。导游可以说:"没有买上机票延误了大家的旅游行程,我很抱歉,对于大家急于赴南京的心情我很理解。但是如果乘飞机去南京还得等到明天,这样你们在南京只能停留一天,如果现在乘火车,大家可在南京停留两天,可以游览南京的一些主要景点。另外,大家一路旅途都非常辛苦,乘火车一方面可以观赏沿途的自然风光,另一方面也可以得到较好的休息。"导游的这席话使游客激动的情绪开始平复下来,一些游客表示愿意乘坐火车,另一些游客在他们的影响下也表示认可。

对这类问题的劝服,导游一是要态度诚恳,使游客感到导游是站在游客的立场上帮助他们考虑问题;二是要善于引导,巧妙地使用语言分析其利弊得失,使游客感到上策不行取其次也是最好的选择。

(二)迂回式劝服

迂回式劝服是指不对游客进行正面、直接的说服,而采用间接或旁敲侧击的方式进行劝说,即通常所说的"兜圈子"。这种劝服方式的好处是不伤害游客的自尊心,而又使游客较易接受。

譬如,某旅游团中有一位游客常常在游览中离团独自活动,出于安全考虑和旅游团活动的整体性,导游走过去对他说:"××先生,大家现在休息一会儿,很希望您过来讲讲您在这个景点游览中的新发现,作为我导游讲解的补充。"这位游客听了会心一笑,自动走了过来。

在这里,导游没有直接把该游客喊过来,因为那样多少带有命令的口气,而是采用间接的、含蓄的方式,用巧妙的语言使游客领悟导游话中的含意,游客的自尊心也没有受到伤害。

(三)暗示式劝服

暗示式劝服是指导游不明确表示自己的意思,而采用含蓄的语言或示意的举动使人领悟到劝说。

譬如,有一位游客在旅游车内抽烟,使得车内空气混浊。导游不便当着其他游客的面批评他,以免伤了这位游客的自尊,但在其又欲抽烟时,导游面对着他摇摇头或捂着鼻子轻轻咳嗽两声,使游客自觉地收起了香烟。

这里导游运用了副语言——摇头、捂鼻子咳嗽,暗示在车内"请勿吸烟",使游客产生了自觉的反应。

五、提醒的语言技巧

在导游服务中,导游经常会碰到少数游客由于个性或生活习惯的原因,表现出群体意识较差或丢三落四的行为,如迟到、离团独自活动、走失、遗忘物品等。对这类游客,导游应从关心游客安全和旅游团集体活动的要求出发给予特别关照,在语言上要适时地予以提醒。提醒的语言方式很多,常用的有以下几种:

(一)敬语式提醒

敬语式提醒是导游使用恭敬口吻的词语,对游客直接进行的提醒方式,如"请""对不起"等。导游在对游客的某些行为进行提醒时应多使用敬语,这样会使游客易于接受,如"请大家安静一下""对不起,您又迟到了"。这样的提醒比"喂,你们安静一下""以后不能再迟到了"等命令式语言要好得多。

(二)协商式提醒

协商式提醒是导游以商量的口气间接地对游客进行的提醒方式,以取得游客的认同。协商将导游与游客置于平等的位置上,导游主动同游客进行协商,是对游客尊重的表现。一般来说,在协商的情况下,游客是会主动配合的。

譬如,某游客常常迟到,导游和蔼地说:"您看,大家已在车上等您一会儿了,以后是不是可以提前做好出发的准备?"

又如,某游客在游览中经常离团独自活动,导游很关切地询问他:"××先生,我不知道在游览中您对哪些方面比较感兴趣?您能否告诉我,好在以后的导游讲解中予以加强?"

(三)幽默式提醒

幽默式提醒是导游用有趣、好笑而意味深长的词语对游客进行的提醒方式。导游运用幽默的语言进行提醒,既可使游客获得精神上的快感,又可使游客在欢愉的气氛中受到启示或警觉。

譬如，导游提醒游览长城的游客注意安全并按时返回时说："长城地势陡峭，大家注意防止摔倒。另外，不要头也不回一股脑儿地往前走，一直走下去就是丝绸之路了，有人走了两年才走到，特别辛苦。"

又如，几位年轻游客在游览时，纷纷爬到一尊大石象的背上照相，导游见了连忙上前提醒他们："希望大家不要欺负这头忠厚老实的大象！"这比一脸严肃地说"你们这样做是损坏文物，是要罚款的"效果要好得多。

六、回绝的语言技巧

回绝指对别人的意见、要求予以拒绝。在导游服务中，导游常常会碰到游客提出的各种各样的问题和要求，除了一些常见的问题和合理且可行的要求可予以满足外，也有一些问题和要求是不合理的或不可能办到的，对这类问题或要求导游需要回绝。但是，囿于导游同游客之间主客关系的束缚，导游不便于直接回答"不"，这时导游必须运用回绝的语言技巧。

（一）柔和式回绝

柔和式回绝是导游采用温和的语言进行推托的回绝方式。采取这种方式回绝游客的要求，不会使游客感到太失望，避免了导游与游客之间的对立状态。

譬如，某领队向导游提出是否可把日程安排得紧一些，以便增加一两个旅游项目。导游知道这是计划外的要求，并且不可能予以满足，于是采取了委婉的拒绝方式："您的意见很好，大家希望在有限的时间内多看看的心情我也理解，如果有时间能安排的话我会尽力的。"这位导游没有明确回绝领队的要求，而是借助客观原因（时间），采用模糊的语言暗示了拒绝之意。

（二）迂回式回绝

迂回式回绝是指导游对游客的发问或要求不正面表示意见，而是绕过问题从侧面予以回应或回绝。

譬如，某导游在同游客交谈时谈到了西藏，这时一位美国游客突然发问："你们1959年进攻西藏是否合法？"该导游想了想说："您认为你们在19世纪60年代初期派兵进攻密西西比河南方的奴隶主是否合法？"美国游客一时语塞。

对这类政治性很强的问题，尤其是西方游客长期受资本主义宣传的影响，一时难以和他们讲清楚，采取这种迂回式的反问予以回绝是最好的选择。

（三）引申式回绝

引申式回绝是导游根据游客话语中的某些词语加以引申而产生新意的回绝方式。

譬如，某游客在离别前把吃剩的半瓶药送给导游并说："这种药很贵重，对治疗我的病很管用，送给你做个纪念。"导游谢绝说："既然这种药贵重，又对您很管用，送给我这没病的人太可惜了，还是您自己带回去慢慢用更好。"

这里导游用客人的话语进行的引申十分自然，既维护了自己的尊严，又达到了拒绝的目的。

（四）诱导式回绝

诱导式回绝是指导游针对游客提出的问题进行逐层剖析，引导游客对自己的问题进行自我否定的回应方式。

譬如，有位法国游客问导游："有人说，西藏应是一个独立的国家，对此你是怎样看的？"导游反问他："您知道西藏政教领袖班禅、达赖的名字是怎么来的吗？"法国游客摇摇头说："不知道。"导游接着说："我告诉您吧，他们的名字是清朝皇帝册封的，可见西藏早就是中国的一部分。正如布列塔尼是法国的一部分一样，您能因为那里的居民有许多自己的风俗就说它是一个独立的国家吗？"这位法国游客摇摇头笑了。

总之，导游应根据游客的情况、问题的性质、要求的合理与否，分别采用不同的回绝方式，尽量减少游客的不快。

七、道歉的语言技巧

在导游服务中，因为导游说话的不慎、工作中的某些过失或相关接待单位服务上的欠缺，会引起游客的不快和不满，造成游客同导游之间关系的紧张。不管造成游客不愉快的原因是主观的还是客观的，也不论责任在导游自身还是在旅行社或相关接待单位，导游都应妥善处理，通过恰当的语言表达方式向游客致歉或认错，以消除游客的误会和不满情绪，求得游客的谅解。

（一）微笑式道歉

微笑是一种润滑剂，微笑不仅可以对导游和游客之间产生的紧张气氛起缓和作用，而且也是向游客传递歉意信息的载体。如某导游回答游客关于长城的提问时，将长城说成建于秦朝，其他游客纠正后，导游觉察到这样简单地回答是错误的，于是对这位游客抱歉地一笑，使游客不再计较了。

（二）迂回式道歉

迂回式道歉是指导游在不便于直接、公开地向游客致歉时，而采用其他的方式求得游客谅解的一种技巧。如某导游在导游服务中过多地关照部分游客，引起了另一些游客的不悦，导游觉察后，便主动地多接触这些游客，并给予关照和帮助，逐渐使这部分游客冰释前嫌。

除了采用迂回道歉方式改进导游服务外,导游还可请示旅行社或同相关接待单位协商后,采用向游客赠送纪念品、加菜或免费提供其他服务项目等方式向游客道歉。

(三)自责式道歉

由于旅游供给方的过错,使游客的利益受到较大损害而引起强烈不满时,即使代人受过,导游也要勇于自责,以缓和游客的不满情绪。

譬如,某导游接待一个法国旅游团,17:00入住酒店后发现团长夫人的行李箱不见了,团长夫人非常气愤,连18:30法国驻华大使的宴请也没有参加。至次日零时,行李箱还未找到,所有团员均未睡觉,都在静静地等着。在这种情况下,陪同的导游一面劝游客早点休息,一面自责地对大家说:"十分对不起,这件事发生在我们国家是一件很不光彩的事,对此我心里也很不安,不过还是请大家早点休息,我们当地的工作人员还在继续寻找,我们一定会尽力的。"不管团长夫人的行李箱最终是否找到,导游这种勇于自责的道歉,既体现了帮助客人解决问题的诚意,也是对客人的一种慰藉。

不管采用何种道歉方式,首先,道歉必须是诚恳的;其次,道歉必须是及时的,即知错必改,这样才能赢得游客的信赖;最后,道歉要把握好分寸,不能因为游客某些不快就道歉,要分清深感遗憾与道歉的界限。

八、答问的语言技巧

来自不同国家和地区的游客出于各种动机,常常会提出各种各样的甚至是稀奇古怪的问题,需要导游给予回答。这时,避而不答和率直的表态是两种反应形式,但这两种反应都是机械的条件反射,有时可能会加大问题的严重性。如果讲究答问的语言技巧,不仅会减小问题的严重性,同时又不会削弱表达效果。因此,导游有必要掌握答问的语言技巧。

(一)是非分明

导游在回答游客的提问时,能够给予明确回答的,就要是非分明、毫无隐讳地予以回答,以澄清对方的误解和模糊认识。

譬如,一法国旅游团参观河北承德时,有游客问:"承德以前是蒙古人住的地方,因为它在长城以外,对吗?"导游答:"是的。现在还有一些村落是蒙古名字。"游客又问:"那么,是不是可以说,现在汉人侵略了蒙古人的地盘呢?"导游说:"不应该这么讲,应该叫民族融合。中国的北方有汉人,同样南方也有蒙古人。就像法国的阿拉伯人一样,是由于历史的原因形成的,并不是侵略。现在的中国不是哪一个民族的中国,而是一个统一的多民族的中国。"

（二）以问为答

导游对客人的有些问题，不直接给予肯定或否定的回答，而是以反问的形式，使对方从中得到答案。

（三）曲语回避

有的客人提的问题很刁钻，导游答问时容易陷入"两难境地"，无论你是回答肯定或否定，都能被抓住把柄。这时只能以曲折含蓄的语言予以回避，不给予正面回答。

譬如，有位美国游客问导游："你认为是毛泽东好，还是邓小平好？"这位导游很机智，立即用曲语回避道："您是否能先告诉我，是华盛顿好还是林肯好？"这位客人顿时哑然。

（四）诱导否定

对方提出问题之后，不马上回答，先讲一点理由，提出一些条件或反问一个问题，诱使对方自我否定，自己放弃原来提出的问题。此方法类似于前述的"诱导式回绝"。

随堂练

案例

第六章
导游带团技能

【学习目标】

了解导游带团的特点与原则,熟悉导游主导地位的确立和导游形象的塑造。掌握导游提供心理服务、活跃团队气氛、引导游客审美、组织协调旅游活动、接待不同类型游客的方法和技巧。

导游的带团技能,是导游根据旅游团的整体需要和不同游客的个别需要,熟练运用能提高旅游产品使用价值的方式、方法和技巧的能力。它贯穿于旅游活动的全过程之中,其水平高低直接影响导游服务的效果。

第一节 导游带团的特点与原则

一、导游带团的特点

(一)环境的流动性

导游的工作环境不是静止和固定的,会随着游客的不同和业务的需要而不断改变。旅游景区、宾馆饭店、机场车站、旅游商店、娱乐场馆等都是导游工作的地方。

(二)需求与个性的差异

需求与个性的差异是指不同旅游团以及同一旅游团内游客在旅游需求和个性上存在不同的特点。它要求导游在带团中应深入了解旅游团中不同游客的不同需求和不同个性,以便有针对性地提供个性化服务。

(三)服务的主动性

导游是旅游团队的主导者和中心人物。在带团过程中,导游负有组织游客、联络协调、传播文化的职能。无论是哪个环节的工作,都需要导游动脑筋、想办法,积极主动地为游客提供服务。

二、导游带团的原则

(一)游客至上原则

导游在带团过程中,要有强烈的责任感和使命感,工作中要明辨是非,任何情况下都要严格遵守职业道德,遇事多从游客的角度去思考,将维护游客的合法利益摆在首位,真正做到"游客至上"。

(二)服务至上原则

"服务至上"既是导游的一条服务准则,也是导游职业道德中一项最基本的道德规范,还是导游在工作中处理问题的出发点。"服务至上"的关键在于关心他人,导游要始终将游客放在心上,时时刻刻关心游客。

(三)履行合同原则

导游带团要以旅游合同为基础,是否履行旅游合同的内容,是评价导游是否尽职的基本尺度。一方面,导游要设身处地为游客考虑;另一方面,导游也应考虑旅游企业的利益。力争使游客在合同约定的范围内获得优质的服务,使旅行社获取应得的利益。

(四)公平对待原则

不管游客是来自境外或境内,也不管游客的肤色、语言、信仰、消费水平如何,导游都应一视同仁,公平对待。特别是不应对一些游客表现出偏爱,从而造成旅游团队内部关系的紧张,影响导游服务的正常进行。

第二节 导游的主导地位和形象塑造

一、确立在旅游团的主导地位

旅游团队是由素不相识的、各种各样的游客构成的临时性和松散性的团体。导游在带团过程中应该尽快确立自己在旅游团中的主导地位,这是带好一个旅游团的关键。导游只有确立了主导地位并取得了游客的信任,才能具有凝聚力、影响力和调控力,才能真正带好一个旅游团。

(一)以诚待人,热情服务

导游服务具有周期性短的特点,导游每接一个团,与游客接触的时间都不长,难以"日久见人心",因此,导游要尽快与游客建立良好的人际关系,这样才能顺利开展工作。真诚对待游客是建立良好人际关系的感情基础，心诚则灵，有诚意才可靠。当导游的真诚和热情被游客认可，就能赢得游客的好感与信赖。

许多初出茅庐的年轻导游带团时难免会出现一些差错，但他们往往能得到游客的肯定和欢迎，这是因为他们的热情和真诚感动了游客。真诚和热情有时还能弥补导游工作中的某些不足，当游客认定导游是真心维护他们的利益时，即使遇到了问题、事故，他们也会持合作的态度。

譬如，某旅游团因故需要提前离开杭州，游客心中不快。而在游览西湖时又下起了大雨，这时，该团全陪请地陪放慢前进速度，让游客边听讲解边避雨，在协助地陪先安排好游客避雨后，自己冒雨跑到停车场，在旅游车中找到游客的雨具，并冒雨将雨具送到每位游客手中。他的真诚感动了游客，需要提前离开的不快很快消失，全团游客十分合作，全陪的工作也因此进行得非常顺利。

（二）换位思考，宽以待客

换位思考是指导游站在游客的角度，以"假如我是游客"的思维方式来理解游客的所想、所愿、所求和所为，从而做到"宽以待客"，想方设法满足游客的要求，理解他们的"过错"或苛求。由于客观存在的物质条件、生活水平的差距，往往游客在客源地很容易办到的事情到目的地却很难办到，甚至成了"苛求"。如果导游能站在游客的角度，对游客提出的种种要求平心静气地对待，努力寻找其中的合理成分，尽力使游客的要求得到满足，即使是苛求也一定能妥善地加以处理。

（三）树立威信，善于"驾驭"

由于导游服务是一种引导、组织游客进行各种旅游活动的积极行为，因此导游必须是旅游团的主导者，对旅游团具有"驾驭"能力。导游要确立自己在旅游团中的威信，主导游客的情绪和意向，努力使游客的行为趋于一致，使一个临时组成的松散的游客群体成为井然有序的旅游团队。

二、树立良好的导游形象

树立良好形象是指导游要在游客心目中确定可信赖、可以帮助他们和有能力带领他们安全、顺利地在旅游目的地进行旅游活动的形象。导游要想在游客心目中树立良好的导游形象，必须从以下三个方面着手。

（一）重视"第一印象"

在人际知觉中，给人留下的第一印象是至关重要的。如果一个人在初次见面时给人留下了良好的印象，就会影响人们对他以后一系列行为的评判和解释，反之也是一样。因此，导游良好形象的塑造首先在于给游客留下良好的第一印象，使游客形成心理定式，在不知不觉中成为日后判断导游的重要依据。

迎接旅游团是导游与游客接触的开始，导游在接团时留给游客的第一印象，对游客心理有重大影响，它往往会左右游客在以后的旅游活动中的判断和认识。游客每到一地，总是怀着一种新奇的、忐忑不安的心情，用审视甚至近乎挑剔的目光打量前来接团的导游。因此，导游从第一次接触游客起就必须注意树立良好的形象。既要注意外在形象，又要注意态度对游客心理的影响，还要通过周密的安排、细致的服务和高效率的工作给游客留下良好的第一印象。导游在接团前如能记住游客的姓名和特征，迎客时能叫出他们的名字，游客会迅速消除初到异地的孤独感和茫然感，增强安全感和信任感，这也为以后导游与游客和睦相处奠定了一定的感情基础。

导游真正的第一次"亮相"是在致欢迎词的时候，只有在这时，游客才会静下心来，"掂一掂导游的分量"。他们会用审视的目光观察导游的衣着装束和举止风度；聆听导游的讲话声音、语调、用词是否得体、态度是否真诚……然后通过分析思考对导游做出初步的结论。

譬如，对导游的衣着装扮，游客就有自己的想法：如果导游太注重修饰自己，游客可能会想："一个光顾修饰自己的人怎么会想着别人、照顾别人？"但是，如果导游衣冠不整，游客又可能会想："一个连自己都照顾不好的人又怎能照顾好客人？"

因此，导游应特别注意致欢迎词这一环节的言行举止，力求在游客心目中留下良好的第一印象。

(二) 维护良好的形象

良好的第一印象只是体现在导游接团这一环节，而维护形象则贯穿于导游服务的全过程，因此，维护形象往往比树立形象更艰巨、更重要。有些导游只注意接团时的形象，而忽视在服务工作中保持和维护良好的形象，与游客接触的时间稍长一些就放松了对自己的要求，譬如不修边幅、说话不注意、承诺不兑现、经常迟到等，于是在游客中的威信逐渐降低，工作自然不好开展。导游必须明白良好的第一印象不能"一劳永逸"，需要在以后的服务工作中注意维护和保持，因为形象塑造是一个长期的、动态的过程，贯穿于导游服务的全过程。导游在游客面前要始终表现出豁达自信、坦诚乐观、沉着果断、办事利落、知识渊博、技能娴熟等特质，用使游客满意的行为来加深、巩固良好的形象。

(三) 留下美好的最终印象

心理学中有一种"近因效应"，它是指在人际知觉中，最后给人留下的印象因时间距离最近而对人有着强烈的影响。国外一些旅游专家有这样的共识：旅游业最关心的是其最终的产品——游客的美好回忆。导游留给游客的最终印象也是非常重要的。若导游留给游客的最终印象不好，就可能导致前功尽弃。一个游程下来，尽管导游已感到很疲惫，但从外表上依然要保持精神饱满而且热情不减，这一点常令游客对整个游程抱肯定和欣赏的态度。同时，导游要针对游客此时开始想家的心理特点，提供周到的服务，不厌其烦地帮助他们，如选购商品、捆扎行李等。致欢送词时，要对服务中的不尽如人意之处诚恳道歉，广泛征求意见和改进建议，代表旅行社祝他们一路平安，真诚地请他们代为问候亲人。送别时要行注目礼或挥手示意，一定要等飞机起飞、火车启动、轮船驶离后方可离开。美好的最终印象能使游客对即将离开的旅游目的地和导游产生较强烈的恋恋不舍的心情，从而激起再游的动机。游客回到家乡后，通过现身说法还可起到良好的宣传作用。

第三节　导游提供心理服务的技巧

心理服务亦称情绪化服务，是导游为调节游客在旅游过程中的心理状态所提供的服务。导游服务的对象是游客，带好旅游团，关键是带好游客。旅游团中的游客因受团体的限制，其个别要求难以在旅游合同中反映出来。当游客到达旅游目的地后，个人的想法和要求会在心里产生，继而在情绪上、行动上有所反映。此外，在旅游过程中，还可能遇到一些问题，这些问题有的来自接待服务某个环节的欠缺，有的来自与旅游团中其他游客的关系，有的出自游客本人或其家庭，但碍于团体关系不便表示出来，而形成心理障碍。这些情况要求导游除了要提供旅游合同中规定的游客有权享受的服务之外，还有必要向游客提供心理服务。

一、了解游客的心理

导游要有效地向游客提供心理服务，首先必须了解游客的心理。

（一）从人口统计特征上了解游客

每个国家、每个民族都有自己的传统文化和民风民俗，人们的性格和思维方式亦不相同，即使是同一个国家，不同地区、不同民族的人在性格和思维方式上也有很大差异；与此同时，游客所属的社会阶层、年龄和性别的不同，对其心理特征和生活情趣也会产生较为明显的影响。导游应从这些方面去了解游客，并有针对性地向他们提供心理服务。

1. 区域和国籍

从区域的角度看，东方人和西方人在性格和思维上有较明显的差异。西方人较开放、感情外露，喜欢直截了当地表明意愿，其思维方式一般由小到大、由近及远、由具体到抽象；东方人较含蓄、内向，往往委婉地表达意愿，其思维方式一般从大到小、从远到近、从抽象到具体。了解了这些差异，导游在接待西方游客时，就应特别注重细节。譬如，西方游客认为，只有各种具体的细节做得好，由各种细节组成的整体才会好，他们把导游提供的具体服务抽象为导游的工作能力与整体素质。

从国籍的角度看，同是西方人，在思维方式上也存在着一些差别。

如英国人矜持，讲究绅士风度；美国人开朗、随意，重实利；法国人浪漫，追求华丽，爱享受生活；德国人踏实，勤奋，守纪律；意大利人热情，热爱生活等。

2. 所属社会阶层

来自上层社会的游客大多严谨持重，发表意见时往往经过深思熟虑，他们期待听到高品位的导游讲解，以获得高雅的精神享受；一般游客则喜欢不拘形式的交谈，话题广泛，比较关心带有普遍性的社会问题及当前的热门话题，在参观游览时，期待听到故事性的导游讲解，希望轻轻松松地旅游度假。

3. 年龄和性别

年老的游客好思古怀旧，对游览名胜古迹、会见亲朋老友有较大的兴趣，他们希望得到尊重，希望导游多与他们交谈；年轻的游客好逐新猎奇，喜欢多动多看，对热门社会问题有浓厚的兴趣；女性游客则喜欢谈论商品及购物，喜欢听带故事情节的导游讲解。

（二）从分析地理环境来了解游客

游客由于所处的地理环境不同，对于同一类旅游产品会有不同的需要与偏好，他们对那些与自己所处地理环境迥然不同的旅游目的地往往情有独钟。譬如，我国北方游客喜爱南国风情，南方游客偏好北国风光；内陆地区游客喜欢去青岛、三亚等海滨城市，沿海地区游客向往九寨沟、西双版纳独特的风貌；游客在盛夏时节去大连、哈尔滨等北方名城，隆冬季节奔赴海南岛和东南亚，这种反向、反季节出游已成为一种普遍的现象，导游可通过分析地理环境来了解游客的这些心理活动。

（三）从参团和出游动机了解游客

人们参加旅游团的心理动机一般包括：省心，不用做决定；节省时间和金钱；有伴侣、有团友；有安全感；能正确了解所看到的景物。导游通过细致周到的服务和精彩生动的讲解能满足游客的这些心理需求。

从旅游的角度看，游客的旅游动机则可分为：观赏风景名胜、探求文化差异、寻求文化交融的文化动机；考察国情民风、体验异域生活、探亲访友寻根的社会动机；考察投资环境、进行商务洽谈、购买旅游商品的经济动机；休闲度假、康体健身、消遣娱乐的身心动机。导游了解和把握了游客的旅游动机，就能更恰当地安排旅游活动和提供导游服务。

（四）从不同的个性特征了解游客

游客的个性各不相同，导游从游客的言行举止可以判断其个性，从而达到了解游客并适时提供心理服务的目的。

1. 活泼型游客

活泼型游客爱交际，喜讲话，好出点子，乐于助人，喜欢多变的游览项目。对这类游客，导游要扬长避短，既要乐于与他们交朋友，又要避免与他们过多交往，以免引起其他团员的不满；要多征求他们的意见和建议，但注意不让其左右旅游活动，打乱正常的活动日程；可适当地请他们帮助活跃气氛，协助照顾年老体弱者等。活泼型游客往往能影响旅游团的其他人，导游应与之搞好关系，在适当的场合表扬他们的配合并表示感谢。

2. 急躁型游客

急躁型游客性急，好动，争强好胜，易冲动，好遗忘，情绪不稳定，比较喜欢离群活动。对这类比较难对付的游客，导游要避其锋芒，不与他们争论，不激怒他们；在他们冲动时不要与之计较，待他们冷静后再与其好好商量，往往能取得良好的效果；对他们要多微笑，服务要热情周到，而且要多关心他们，随时注意他们的安全。

3. 稳重型游客

稳重型游客稳重，不轻易发表见解，一旦发表，会希望得到他人的尊重。这类游客容易交往，但他们不主动与人交往，不愿麻烦他人；游览时他们喜欢细细欣赏，购物时爱挑选比较。导游要尊重这类游客，不要急慢，更不能故意冷淡他们；要主动多接近他们，尽量满足他们的合理且可能的要求；与他们交谈要客气、诚恳，速度要慢，声调要低；讨论问题时要平心静气，认真对待他们的意见和建议。

4. 忧郁型游客

忧郁型游客身体弱，易失眠，忧郁孤独，敏感多疑，少言语但重感情。面对这类游客，导游要格外小心，不要多问，尊重他们的隐私；要多亲近他们、多关心体贴他们，但不能过分表示亲热；多主动与他们交谈些愉快的话题，但不要与之高声说笑,更不要与他们开玩笑。

以上这四种个性的游客中以活泼型和稳重型居多,急躁型和忧郁型只是少数。不过,典型个性只能反映在少数游客身上,多数游客往往兼有其他类型个性的特征。在特定的环境中,人的个性往往会发生变化。因此,导游在向游客提供服务时要因人而异,要随时观察游客的情绪变化,及时调整,力争使导游服务更具针对性,获得令游客满意的效果。

(五)从分析心理变化来了解游客

游客来到异国他乡,由于生活环境和生活节奏的变化,在旅游的不同阶段,其心理活动也会随之发生变化。

1. 旅游初期阶段:求安全心理、求新心理

游客刚到目的地,较为兴奋激动,但人生地疏、语言不通,往往容易产生孤独感、茫然感和不安全感,唯恐发生不测,危及财产甚至生命。也就是说,在旅游初期阶段,游客求安全的心态表现得非常突出,因此,消除游客的不安全感成为导游的首要任务。旅游目的地全新的环境、奇异的景物、独特的民俗风情,使游客逐渐猎奇的求新心理空前高涨,这在入境初期阶段表现得尤为突出,往往与不安全感并存。所以在消除游客不安全心理的同时,导游要尽力安排富有特色的活动项目,满足他们的求新心理。

2. 旅游中期阶段:懒散心态、求全心理、群体心理

随着时间的推移、旅游活动的开展以及相互接触的增多,旅游团成员之间、游客与导游之间越来越熟悉,游客开始感到轻松愉快,会产生一种平缓、轻松的心态。但是,正由于这种心态的影响,游客往往忘却了控制自己,常常自行其是,甚至出现一些反常言行及放肆、傲慢、无理的行为。一方面,游客的个性充分暴露,有些游客开始出现懒散心态,如时间概念较差,群体观念弱,游览活动中自由散漫,到处丢三落四,旅游团内部的矛盾逐渐显现等。另一方面,游客把旅游活动理想化,希望在异国他乡能享受到在家中不可能得到的服务,希望旅游活动的一切都是美好的、理想的,从而产生生活上、心理上的过高要求,对旅游服务横加挑剔,求全责备,求全心理非常明显;另外,由于游客的思考力和判断力减弱,如果团内出现思辨能力较强而又大胆直言的"领袖人物"时,其他游客便会不假思索地附和他,唯其马首是瞻,不知不觉地陷入一种人云亦云、随波逐流的群体心理状态。

导游在旅游中期阶段的工作最为艰巨,也最容易出差错。因此,导游的精力必须高度集中,对任何事都不得掉以轻心。这个阶段也是对导游组织能力和独立处理问题能力的实战检验,是对其导游技能和心理素质的全面检阅,所以每个导游都应十分重视这个阶段的工作。

3. 旅游后期阶段：忙于个人事务

旅游活动后期，即将返程时，游客的心理波动较大，开始忙乱起来，譬如，与家庭及亲友联系突然增多，想购买称心如意的纪念品但又怕行李超重等。总之，他们希望有更多的时间处理个人事务。在这一阶段，导游应给游客留出充分的时间处理自己的事情，对他们的各种疑虑要尽可能耐心地解答，必要时做一些弥补和补救工作，使前一段时间未得到满足的个别要求得到满足。

二、调整游客的情绪

游客在旅游过程中，会随着自己的需要是否得到满足而产生不同的情感体验。如果他们的需要得到满足，就会产生愉快、满意、欢喜等肯定的、积极的情绪；反之则会产生烦恼、不满、懊恼甚至愤怒等否定的、消极的情绪。导游要善于从游客的言行举止和表情变化去了解他们的情绪，在发现游客出现消极或否定情绪后，应及时找出原因并采取相应措施来消除或进行调整。

（一）补偿法

补偿法，是指导游从物质上或精神上给游客以补偿，从而消除或弱化游客不满情绪的一种方法。譬如，如果没有按协议书上注明的标准提供相应的服务，应给游客以补偿，而且替代服务一般应高于原先的标准；如果因故无法满足游客的合理要求而导致其不满时，导游应实事求是地说明困难，诚恳地道歉，以求得游客的谅解，从而消除游客的消极情绪。

（二）分析法

分析法，是指导游将造成游客消极情绪的原委向游客讲清楚，并一分为二地分析事物的两面性及其与游客的得失关系的一种方法。譬如，由于交通原因不得不改变日程，游客要多花时间于旅途之中时，常常会引起他们的不满，甚至愤怒抗议。导游应耐心地向游客解释造成日程变更的客观原因，诚恳地表示歉意；并分析改变日程的利弊，强调其有利的一面或着重介绍新增加的游览内容的特色和趣味，这样往往能收到较好的效果。

（三）转移注意法

转移注意法，是指在游客产生烦闷或不快情绪时，导游有意识地转移游客的注意力，使其从不愉快、不顺心的事情转移到愉快、顺心的事情上。譬如，有的游客因对参观对象有不同意见而不快；有的游客因爬山时不慎划破了衣服而懊恼；有的游客因看到不愉快的现象产生联想而伤感等。导游除了说服或安慰游客以外，还可通过讲笑话、唱山歌、学说本地话或讲述民间故事等形式来活跃气氛，使游客的注意力转移到有趣的文娱活动上来。

三、激发游客的游兴

兴趣是人们力求认识某种事物或某种活动的倾向，这种倾向一经产生，就会出现积极主动、专注投入、聚精会神等心理状态，形成良好的游览心境。导游服务要取得良好的效果，需要导游在游览过程中激发游客的游兴，使游客自始至终沉浸在兴奋、愉悦的氛围之中。导游可从以下几方面激发游客的游兴。

（一）通过直观形象激发游客的游兴

导游应通过突出游览对象本身的直观形象来激发游客的游兴。

譬如：九寨沟所有的瀑布都是从密林里狂奔而出。其中诺日朗瀑布宽度居全国之冠，它在高高的翠岩上急泻倾挂，似巨幅画帘凌空飞落，雄浑壮丽。跌落之水激溅起无数小水珠，化作迷茫的水雾。导游要引导游客从最佳的角度观赏，才能突出诺日朗瀑布的直观形象，使游客产生叹为观止的观感，激起游客强烈的兴趣。

（二）运用语言艺术激发游客的游兴

导游运用语言艺术可以调动游客的情绪，激发游客的游兴。譬如，通过讲解历史故事可激发游客对名胜古迹和民间艺术的探索；通过朗诵名诗佳句可激起游客漫游名山大川的豪情；通过提出生动有趣的问题引起游客的思考和探讨。这样营造出的融洽、愉快的氛围可使游客的游兴更加浓烈。

（三）通过组织文娱活动激发游客的游兴

一次成功的旅游活动，仅有导游讲解是远远不够的，导游还应抓住时机，组织丰富多彩的文娱活动，动员全团游客共同营造愉快氛围。例如，在旅游活动开始不久，导游请游客们做自我介绍，以加速彼此之间的了解，同时还可以发现游客的特长，如所去景点的路途较远，导游可在途中组织游客唱歌、猜谜语、做游戏，教外国游客数数、学说中国话等。如果团内有多才多艺的游客，可请他出来主持或表演等。导游也应有一两手"绝活"，来回报游客的盛情邀请。如有的导游会演奏民族乐器，常带着唢呐、笛子上团；有的导游会唱山歌，常在途中为游客即兴演唱，使游客惊叹不已，对传统民间艺术兴趣倍增。

（四）使用声像导游手段激发游客的游兴

声像导游是导游服务重要的辅助手段之一，每天去景点游览之前，导游如能先为游客放映一些内容相关的幻灯片、录像或光盘，往往能收到事半功倍的效果。有时有些景点因受客观条件限制或因游客体力不支，游客难以看到景点的全貌，留下不少的缺憾，通过声像导游可以弥补这一缺憾，给游客留下完整的、美好的印象。如果是在旅游车上进行导游讲解,导游还可利用车上的音响设备配上适当的音乐,或在讲解间歇时播放一些有着浓郁地方特色的歌曲、乐曲、戏曲等,使车厢内的气氛轻松愉快,让游客始终保持游兴和兴奋、愉悦的心情。

四、把握心理服务的要领

(一)尊重游客

尊重人是人际关系中的一项基本准则。尊重游客,就是要尊重游客的人格和愿望。游客对于能否在旅游目的地受到尊重非常敏感。他们希望在同旅游目的地的人们的交往中,人格得到尊重,意见和建议得到尊重;希望在精神上能得到在本国、本地区所得不到的满足;希望要求得到重视,生活得到关心和帮助。游客希望得到尊重是正常的、合理的,也是起码的要求。导游必须明白,只有当游客生活在热情友好的气氛中,自我尊重的需求得到满足时,为他提供的各种服务才有可能发挥作用。

"扬他人之长,隐其之短"是尊重人的一种重要做法,在旅游活动中,导游要妥善安排,让游客进行"参与性"活动,使其获得自我成就感,增强自豪感,从而在心理上获得最大的满足。

(二)微笑服务

微笑是自信的象征,是友谊的表示,是和睦相处、合作愉快的反映;微笑还是一种无声的语言,有强化有声语言、沟通情感的功能,还有助于增强交际效果。在旅游服务中,微笑具有特别的魅力。

20世纪30年代,西方国家饭店业受经济危机影响,呈现出大萧条的局面。希尔顿饭店集团的创始人康纳·希尔顿却告诫他的员工:"我请各位切记,万万不可把我们心理上的愁云摆在脸上,无论遇到多大的困难,希尔顿饭店员工脸上的微笑永远是属于顾客的阳光。"微笑服务正是希尔顿饭店成功的秘诀之一。

导游若想向游客提供成功的心理服务,就得学会笑口常开,"笑迎天下客"。

(三)使用柔性语言

"一句话能把人说笑,也能把人说跳。"导游有时一句话说好了会使游客感到高兴;有时一不小心,甚至是无意中的一句话,就有可能伤害游客的自尊心。因此,导游在与游客交往时必须注意自己的语言表达方式,与游客说话要避免使用"铿锵有力""掷地有声"的刚性语言。要尽量做到语气亲切、语调柔和、措辞委婉、说理自然,常用商讨的口吻与游客说话,这样的"柔性语言"既使人愉悦,又有较强的说服力,往往能达到以柔克刚的效果。

(四)与游客建立"伙伴关系"

旅游活动中,游客不仅是导游的服务对象,也是合作伙伴,只有游客的通力合作,旅游活动才能顺利进行,导游服务才能取得良好的效果。要想获得游客的合作,导游应设法与游客建立"伙伴关系"。一方面,导游可通过诚恳的态度、热情周到的服务、谦虚谨慎的作风,让游客获得自我成就感等方式与游客建立合乎道德的正常理性的情感关系。当然,这种情感关系应是面对每一位游客的,绝不能厚此薄彼。另一方面,导游在与游客交往时还应把握正确的心理状态,尊重游客,与游客保持平行性交往。

(五)提供个性化服务

个性化服务是导游在做好规范化服务的同时,针对游客个别要求而提供的服务。个性化服务虽然针对的只是个别游客的个别需求,有时甚至只是旅游过程中的一些琐碎小事,但是,做好这类小事往往会起到事半功倍的效果,尤其是对注意细节的西方游客而言,可使他们感受到导游求真务实的作风和为游客分忧解难的精神,从而产生对导游的信任。"细微之处见真情",讲的就是这个道理。

提供个性化服务并不容易,关键在于导游要将游客"放在心中",眼中"有活儿",善于把握时机主动服务。个性化服务要求导游要了解游客,用热情主动的服务尽力满足其合理要求。此外,个性化服务只有与规范化服务完美地结合才是优质的导游服务。

第四节 导游引导游客审美的技巧

旅游活动是一项寻觅美、欣赏美、享受美的综合性审美活动。它不仅能满足人们爱美、求美之需求,而且还能起到净化情感、陶冶情操、增长知识的作用。

俄罗斯教育家乌申斯基说:"……美丽的城郭,馥郁的山谷,凹凸起伏的原野,蔷薇色的春天和金黄色的秋天,难道不是我们的老师吗?……我深信,美丽的风景对青年气质发展具有的教育作用,是老师都很难与之竞争的。"

因此,导游在带团旅游时,应重视旅游的美育作用,正确引导游客观景赏美。

一、传递正确的审美信息

游客来到旅游目的地,由于对其旅游景观,特别是对人文景观的社会、艺术背景不了解，审美情趣会受到很大的影响，往往不知其美在何处，从何处着手欣赏。作为游客观景赏美的向导，导游首先应把正确的审美信息传递给游客，帮助游客在观赏旅游景观时，感觉、理解、领悟其中的奥妙和内在的美。

譬如：欣赏昆明大观楼，重在欣赏其悬于楼前的180字长联。上联突出一个"赏"字，写滇池四周风光，像一幅山水画；下联重在一个"叹"字，记云南历史，如一篇叙事史诗。讲透气势磅礴、意境高远的"海内第一长联"，可帮助游客更好地领略大观楼的审美意境。

又如，游览汉阳古琴台，导游除了要向游客讲解"俞伯牙摔琴谢知音"的传说故事外，还应引导游客欣赏古琴台这座规模不大但布局精巧的园林，介绍古琴台依山就势，巧用借景手法，把龟山月湖巧妙地借过来，构成一个广阔深远的艺术境界的特色。

当然，向游客传递正确的审美信息，导游首先应注意所传递的信息是准确无误的，很难想象在游览腾冲火山热海时，导游致欢迎词"欢迎大家来到腾冲市火山热海5A级旅游风景区"，内行的游客听后会是一种什么感觉。

二、分析游客的审美感受

游客在欣赏不同的景观时会获得不同的审美感受，但有时游客在观照同一审美对象时，其审美感受也不尽相同，甚至表现出不同的美感层次。我国著名美学家李泽厚就将审美感受分为"悦耳悦目"、"悦心悦意"和"悦志悦神"三个层次。

（一）悦耳悦目

悦耳悦目，是指审美主体以耳、目为主的全部审美感官所体验的愉快感受，这种美感通常以直觉为特征，仿佛主体在与审美对象的直接交融中，不假思索便可于瞬间感受到审美对象的美，同时唤起感官的满足和愉悦。

譬如，漫步于江苏西山国家森林公园之中，当游客看到以绿色为主的自然色调，呼吸到富含负氧离子的清新空气，嗅到沁人心脾的花香，听到林间百鸟鸣唱，就会不自觉地陶醉其中，从而进入"悦耳悦目"的审美境界。

（二）悦心悦意

悦心悦意，是指审美主体透过眼前或耳边具有审美价值的感性形象，在无目的中直观地领悟到对方某些较为深刻的意蕴，获得审美享受和情感升华，这种美感是一种意会，有时很难用语言加以充分而准确的表述。

譬如，观赏齐白石的画，游客感到的不只是草木鱼虾，而是一种悠然自得、鲜活洒脱的情思意趣；泛舟沱江之上，聆听土家族姑娘优美动人的歌声，游客感到的不只是音响、节奏与旋律的形式美,而是一种饱含着甜蜜和深情的爱情信息流或充满青春美的心声。

这些较高层次的审美感受,使游客的情感升华到一种欢快愉悦的状态,进入了较高的艺术境界。

(三)悦志悦神

悦志悦神,是指审美主体在观照审美对象时,经由感知、想象、情感、理解等心理功能交互作用,从而唤起的那种精神意志上的昂奋和伦理道德上的超越感。它是审美感受的最高层次,体现了审美主体大彻大悟,从小我进入大我的超越感,体现了审美主体和审美对象的高度和谐统一。

譬如,乘船游览长江、黄河,会唤起游客的思旧怀古之情,使游客产生深沉崇高的历史责任感;登上八达岭长城俯瞰长城内外,会激起游客的壮志豪情,使游客产生强烈的民族自豪感。

导游应根据游客的个性特征,分析他们的审美感受,有针对性地进行导游讲解,使具有不同审美层次的游客都能获得审美愉悦和精神享受。

三、激发游客的想象思维

观景赏美是客观风光环境和主观情感结合的过程。人们在观景赏美时离不开丰富而自由的想象,譬如泰山登山路旁的一块摩崖刻石,上刻二字(图6-1),如果没有发挥想象,我们很难体会隐喻其中的"风月无边"的意境。人的审美活动是以审美对象为依据,经过积极的思维活动,调动已有的知识和经验,进行美的再创造的过程。一些旅游景观,尤其是人文景观的导游讲解,需要导游制造意境,进行美的再创造,才能激起游客的游兴。

图6-1 泰山摩崖刻石

譬如,游览西安半坡遗址,导游面对那些打磨的石器、造型粗糙的陶器,只是向游客平平淡淡地介绍这是什么、那是什么，游客就会感到枯燥乏味。如果导游在讲解中制造出一种意境，为游客勾画出一幅半坡先民们集体劳动、共同生活的场景："在6000年前的黄河流域，就在我们脚下的这片土地上，妇女们在田野上从事农业生产，男人们在丛林中狩猎、在河流中捕鱼，老人和孩子们在采摘野果。太阳落山了，村民们聚集在熊熊燃烧的篝火旁童叟无欺、公平合理地分配着辛勤劳动的成果，欢声笑语此起彼伏……半坡先民们就是这样依靠集体的力量向大自然索取衣食，用辛勤艰苦的劳动创造了光辉灿烂的新石器文化。"游客们就会产生浓厚的兴趣，时而屏息细听，时而凝神遐想，游客的想象思维被充分激发起来，导游境界也得到了升华。

四、灵活掌握观景赏美的方法

（一）动态观赏和静态观赏

无论是山水风光还是古建园林，任何风景都不是单一的、孤立的、不变的画面形象，而是活泼的、生动的、多变的、连续的整体。游客漫步于景物之中，步移景异，从而获得空间进程的流动美，这就是动态观赏。

譬如，在浙江的千岛湖中泛舟，游人既可欣赏山上的树木葱茏、百花竞艳，也可领略水上的浮光跃金、沙鸥翔集；还有镶嵌在绿波之上的1000多个岛屿，灿灿地撩你的思绪，楚楚地勾你的魂魄，让你在移动中流连忘返。

然而，在某一特定空间，观赏者停留片刻，选择最佳位置驻足观赏，通过感觉、联想来欣赏美、体验美感，这就是静态观赏。这种观赏形式时间较长、感受较深，人们可获得特殊的美的享受。

譬如，在庐山花径景区云雾缭绕的如琴湖畔，驻足于繁花似锦的花径公园，吟诵白居易著名诗篇《大林寺桃花》，引人遐想，令人陶醉。

（二）观赏距离和观赏角度

距离和角度是两个不可或缺的观景赏美因素。自然美景千姿百态，变幻无穷，一些似人似物的奇峰巧石，只有从一定的空间距离和特定的角度去看，才能领略其风姿。

譬如，游客在长江游轮上观赏长江三峡神女峰，远远望去，朦胧中看到的是一尊丰姿秀逸、亭亭玉立的中国美女雕像，然而若借助望远镜观赏，游客定会大失所望，因为看到的只是一堆石头而已，毫无美感可言。

又如，在黄山半山寺望天都峰山腰，有堆巧石状似公鸡，头朝天门，振翅欲啼，人称"金鸡叫天门"，但到了龙蟠坡，观看同一堆石头，看到的则似五位老翁在携杖登险峰，构成了"五老上天都"的美景。

这些都是由于空间距离和观赏角度不同造就的不同景观。导游带团游览时要善于引导游客从最佳距离、最佳角度去观赏风景，使其获得美感。

除空间距离外，游客观景赏美还应把握心理距离。心理距离是指人与物之间暂时建立的一种相对超然的审美关系。在审美过程中，游客只有真正从心理上超脱于日常生活中功利的、伦理的、社会的考虑，摆脱私心杂念，超然物外，才能真正获得审美的愉悦，否则就不可能获得美感。

譬如，深海恐惧症患者不可能领略大海的波澜壮阔，刚失去亲人的游客欣赏不了地下宫殿的宏伟等。常年生活在风景名胜中的人往往对周围的美景熟视无睹，也不一定能获得观景赏美带来的愉悦，"不识庐山真面目，只缘身在此山中"就说明了这个道理。

（三）观赏时机和观赏节奏

观赏美景要掌握好时机，即掌握好季节、时间和气象的变化。清明踏青、重阳登高、春看兰花、秋赏红叶、冬观蜡梅等都是自然万物的时令变化规律造成的观景赏美活动。

譬如，观赏山景，北宋郭熙在《林泉高致》中告诉游人："真山水之烟岚，四时不同，春山淡冶而如笑，夏山苍翠而如滴，秋山明净而如妆，冬山惨淡而如睡。"

变幻莫测的气候景观是欣赏自然美景的一个重要内容。譬如在泰山之巅观日出，在峨眉山顶看佛光，在庐山小天池欣赏瀑布云，在蓬莱阁观赏海市蜃楼，这些都是因时间的流逝、光照的转换造成的美景，而观赏这些自然美景，就必须把握住稍纵即逝的观赏时机。

观景赏美是为了让游客娱悦身心、获得享受，如果观赏速度太快，不仅使游客筋疲力尽达不到观赏目的，还会损害他们的身心健康，甚至会影响旅游活动的顺利进行，因此导游要注意调节观赏节奏。

1. 有张有弛，劳逸结合

导游要根据旅游团成员的实际情况安排有弹性的活动日程，努力使旅游审美活动既丰富多彩又松紧相宜，让游客在轻松自然的活动中获得最大限度的美的享受。

2. 有急有缓、快慢相宜

在审美活动中，导游要视具体情况把握好游览速度和导游讲解的节奏，哪儿该快、哪儿该慢、哪儿多讲、哪儿少讲甚至不讲，必须做到心中有数。对年轻人讲得快一点、走得快一点、活动多一点；对老年人则相反。如果游客的年龄相差悬殊、体质差异大，要注意既让年轻人的充沛精力有发挥的余地，又不使年老体弱者过于劳累。总之，观赏节奏要因人、因时、因地随时调整。

3. 有讲有停，导、游结合

导游讲解是必不可少的，通过讲解和指点，游客可适时地、正确地观赏到美景，但在特定的地点、特定的时间让游客去凝神遐想，去领略、体悟景观之美，往往会收到更好的审美效果。

总之，在旅游过程中，导游应力争使观赏节奏适合游客的生理负荷、心理动态和审美情趣，安排好行程，组织好审美活动，让游客感到既顺乎自然又轻松自如。只有这样，游客才能获得旅游的乐趣和美的享受。

第五节 导游组织和协调的技巧

旅游团是一个特殊的群体，游客参团旅游的动机各异，兴趣爱好各不相同，所以，导游应该具备良好的组织协调能力，合理安排旅游团的各项旅游活动。

一、旅游活动的组织安排技巧

（一）灵活搭配活动内容

灵活机动地安排游览活动是导游组织协调能力的重要体现。导游界有句行话："有张有弛，先张后弛。"这就说明导游在带团过程中应该掌握游览活动的节奏，遵循"旅速游缓""先远后近""先高后低"的原则。只有这样，才能带好旅游团。

导游是组织游览活动的核心，旅游活动在内容和节奏上是否搭配得当，会直接影响游客的情绪和心理。导游搭配活动内容时，首先，应注意游览景点安排要避免雷同，这是因为游客在旅游活动中需求内容是不断变化的；其次，游览要与购物、娱乐相结合，只有游览与购物、娱乐结合得好，才可以满足游客的多样化需求。

（二）科学安排游客饮食

游客在旅游活动中的饮食非常重要，只有吃得饱，才有精力去旅游；只有吃得好，才能游得好；只有吃得干净、吃得卫生，才能游得愉快、游得顺利。但是，出门在外，不同往日在家里，导游在安排饮食时，要提醒游客特别注意饮食卫生，防止偏食，少吃生冷食物，防止消化不良。

（三）尽快安排游客入住

旅游团抵达下榻的饭店后，导游要尽快安排游客入住。其主要技巧有以下几方面：

（1）要安排好游客，在大厅找椅子让游客坐下休息，顺手拿些饭店介绍、景点介绍让游客看。游客有了可看之物，引起兴趣，就不会因干等而着急。

（2）拿到房卡后，立即走到大家休息的地方，将房卡一一发给大家，同时请地陪帮忙将房号登记在游客名单上。然后将安顿好的名单交给前台，复印三份，一份留前台，一份给地陪，一份留给自己。技巧的关键是想得周到，准备工作做得好，到时才不会忙乱。

（3）游客陆续进入房间，要与地陪认真做好以下服务工作：一是教会游客使用房卡；二是帮助游客安排好行李，使行李迅速入房；三是帮助游客看看房间是否已打扫干净，有些饭店服务欠佳，尤其旅游旺季时，常常出现差错。

（四）注意旅行服务技巧

导游带团乘坐任何交通工具时，按国际惯例，都要第一个下，最后一个上，这样便于照顾好游客。乘坐交通工具安全第一，还要注意掌握一些必要的技巧。

1. 带团乘机的技巧

乘坐飞机时，导游一般应当最后上机，这样可以确保全团都顺利登上飞机；导游应尽量选择坐在游客中间靠走道的位置，以便在飞行时照料自己的游客；下飞机后应当抢先到达出站口，因为只有导游才认识前来迎接的地陪。

在整个乘机过程中，导游应特别注意以下几点：

（1）购票后，要检查机票信息，防止出现乘机人姓名同音字错误。并了解乘机注意事项，一定要按时抵达机场等候。

（2）到机场办理登机手续，导游应请游客带好机票、身份证、登机牌等，过安全检查，等候上机。

（3）上机后，如有晕机经历者，可提醒游客吃晕机药。在飞机上如有游客出现晕机反应，导游可提醒游客闭目养神，避免走动。若严重，可与空乘人员联系。

（4）上机后，听从空乘人员安排，请游客仔细听空乘人员介绍安全知识。一般来讲，空乘人员都能热情服务，所以，在飞机上有什么问题，有什么要求，可以随时向空乘人员提出。

（5）到达时，听从空乘人员安排，按顺序下机，提醒大家不要忘记取自己的行李，如果行李出现损坏现象，要及时到航空公司的办事处登记索赔。

2. 带团乘火车的技巧

火车是旅游重要的交通工具。乘火车旅游，可以欣赏途中景色，特别是田园风光，这是飞机难以做到的，所以很受游客欢迎。

乘坐火车时，导游要尽量把自己安排在位于游客中间的铺位或座位，要经常走动，关照每一位游客。在分配位置时，注意游客之间的关系，尽量把一家人、夫妻、情侣分配在相邻的铺位或座位。选择乘火车，导游要注意以下技巧：

(1) 购得火车票后，要检查票面，千万不要乘错车次。

(2) 到车站后，听广播和服务员召唤，千万不要误了车次，如遇排队，导游领头靠前，请团长负责其后，以便前后照料。

(3) 上车后，找好铺位或座位，找不到时可请乘务员协助。

(4) 上车后，要安排好车上生活，要经常提醒游客活动一下身体，防止不适。

(5) 注意车上广播，关照大家提前做好下车准备。一般下一站的导游，会在出站口迎接大家。请大家安心服从安排。

(五) 引导游客理性购物

1. 帮助游客制订"购物计划"

中国人有个习惯，叫"穷家富路"，就是说在家里日子可以过得俭朴些，一旦外出就要多带些钱，花着方便些，尤其现在我国移动支付非常方便快捷，更容易使一些游客在旅游过程中见什么买什么，结果回来一看，买了很多没有意义的东西，造成不必要的浪费。

一些外国或外地游客来到商店后，会拿出个小本，上写应购些什么，甚至还分门别类。在这种情况下，导游可帮助游客制订一个"购物计划"，并让游客对旅游商品有所了解。一般而言，旅游购物品主要包括：①旅游工艺品，如饰物、手编、民间工艺品等；②旅游纪念品，如带有当地景观的小型纪念品，如泰山手杖、长城纪念章等；③土特产品，如贵州茅台、云南白药、东北人参、苏杭丝绸等；④旅游食品，以及旅游日用品。

2. 引导游客学会理性购物

导游应善于教会游客理性购物，避免上当受骗。首先，导游要告诉游客，购物的首要原则是"少买吃的，多买用的"。一些游客旅行回来，满载而归。但几个月后就发现，所购吃食，不是变质就是坏掉，不得不扔掉。另有一些游客，刚刚到家就发现食品不能食用了，后悔不迭。但一些用的东西，大部分都能派上用场。纪念性的物品，时间过得愈长，其价值愈大，每每拿出，展示给友人，总能带来些欢娱。

其次，导游要提醒游客，购物时应坚持"三要"。许多游客购物时都有"从众心理"，别人买样东西，也不管自己需不需要、喜不喜欢，一哄而起，就跟着买。在这种情况下，小商贩最易搞骗术，而游客也最易上当。所以，应建议游客做到"三要"：要买自己喜欢的物品，买东西一定要商家开"发票"，贵重物品一定要"保单"。

二、导游的协作技巧

导游工作是联系各项旅游服务的纽带和桥梁，导游在带团时离不开其他相关旅游服务部门和工作人员的协作。

（一）全陪（地陪）与领队的协作

在接待外国旅游团时，领队是受海外旅行社委派，全权代表该旅行社带领旅游团从事旅游活动的人员。在旅游团中，领队既是海外旅行社的代表，又是游客的代言人，还是导游服务集体中的一员，在海外社、组团社和接待社之间以及游客和导游之间起着桥梁作用。导游能否圆满完成任务，在很大程度上要靠领队的合作和支持，因此，处理好与领队的关系就成为导游不能忽视的重要内容。

1. 尊重领队，遇事与领队多磋商

带团到中国来旅游的领队，多数是职业领队，在海外旅行社任职多年并受过专业训练，对我国的情况尤其是我国旅游业的业内情况相当熟悉。他们服务周到细致，十分注意维护组团社的信誉和游客的权益，深受游客的信赖。此类领队是中方旅行社长期合作的海外客户代表，也是旅游团中的"重点客人"，对他们一定要尊重。尊重领队就是遇事要与他们多磋商。旅游团抵达后，地陪要尽快与领队商定日程，如无原则问题应尽量考虑采纳领队的建议和要求。在遇到问题、处理事故时，全陪、地陪更要与领队磋商，争取领队的理解和支持。

2. 关心领队生活，支持领队工作

职业领队常年在异国他乡履行自己的使命，进行着重复性的工作，十分辛苦。由于其"特殊的身份"，游客一般只会要求领队如何关心自己而很少去主动关心领队。因此，导游如果在生活上对领队表示关心、在工作上给予领队支持，领队会很感动。当领队的工作不顺利或游客对其不理解时，导游应主动助其一臂之力，能办到的事情尽量给予帮助，办不到的多向游客解释，为领队解围。但要注意，支持领队的工作并不是取代领队，导游应把握好尺度。此外，作为旅游团中的"重点人物"，导游给领队以照顾或提供方便应掌握分寸，不要引起游客的误会和心理上的不平衡。

3. 多给领队荣誉，调动其积极性

要想处理好与领队的关系，导游还要随时注意给领队面子，遇到一些显示权威的场合，应多让领队尤其是职业领队出头露面，使其博得游客们的好评，如游览日程商定后，地陪应请领队向全团游客宣布。只要导游真诚地对待领队，

多给领队荣誉，领队一般也会领悟到导游的良苦用心，从而采取合作的态度。

4. 灵活应变，掌握工作的主动权

由于旅游团成员对领队工作的评价会直接影响到领队的进退得失，所以有的领队为讨好游客而对导游指手画脚，当着全团游客的面"抢话筒"，一再提"新主意"，给导游出难题，使地陪的工作比较被动。遇到类似情况地陪应采取措施变被动为主动，对于"抢话筒"的领队，地陪既不能马上反抢话筒，也不能听之任之，而应灵活应变，选择适当的时机给予纠正，让游客感到"还是地陪讲得好"。这样，导游既表明了自己的态度又不失风范，工作上也更为主动了。

5. 争取游客支持，避免正面冲突

在导游服务中，接待方导游与领队在某些问题上有分歧是正常现象。一旦出现此类情况，接待方导游要主动与领队沟通，力求及早消除误解。对那些工作不熟练、个性突出且难以合作的领队，导游要沉着冷静，坚持原则，分清是非，对违反合同内容、不合理的要求不能迁就；对于某些带侮辱性的或"过火"的言辞不能置之不理，要根据"有理、有利、有节"的原则讲清道理，使其主动道歉，但要注意避免与领队发生正面冲突。有时领队提出的做法行不通，导游无论怎样解释说明，领队仍固执己见。这时导游就要向全团游客讲明情况，争取大多数游客的理解和支持。但要注意，即使领队的意见被证明不对也不能把领队"逼到绝路"，要设法给领队台阶下，以维护领队的自尊和威信，争取以后的合作。

（二）全陪与地陪的协作

无论是全陪还是地陪，都有一个与对方配合的问题。协作成功的关键是各自应把握好自身的角色或位置，找准个人的定位。要充分认识到虽然各自受不同旅行社的委派，但都是旅游服务的提供者，都在执行同一个协议，彼此间是相互平等的关系。

全陪或地陪正确的做法应该是：首先，要尊重对方，努力与合作者建立良好的人际关系；其次，要善于向对方学习，有事多请教；最后，要坚持原则，平等协商。如果对方"打个人小算盘"，提出改变活动日程、减少参观游览时间、增加购物等不正确的做法，全陪或地陪应向其讲清道理，尽量说服并按计划执行，如对方仍坚持己见、一意孤行，应采取必要的措施并及时向接待社反映。

三、导游与司机的协作

旅游车司机在旅游活动中扮演着非常重要的角色，司机一般熟悉旅游线路和路况，经验丰富，导游与司机配合的好坏，是导游服务工作能否顺利进行的重要因素之一。

(一)及时向司机通报相关信息

旅游线路有变化时,导游应提前告诉司机;如果接待的是外国游客,在旅游车到达景点时,导游用外语向游客宣布集合时间、地点后,要记住用中文告诉司机。

(二)协助司机做好安全行车工作

大部分旅游车的司机具有丰富的驾驶经验,可以胜任旅游团的安全驾驶任务。但有些时候,导游适当给予协助能够减轻司机的工作压力,便于更好地开展工作。导游可为司机做的一些小事情,包括:遇到险情,由司机保护车辆和游客,导游去求援;在行车途中不要与司机闲聊,影响驾驶安全等。

(三)征求司机对日程安排的意见

导游在旅游过程中应注意倾听司机的意见,从而使司机产生团队观念和被信任感,积极参与导游服务工作,帮助导游顺利完成带团的工作任务。

四、导游与相关单位的协作

旅游产品是一种组合性的整体产品,不仅包括沿线的旅游景点,还包括沿线提供的交通、食宿、购物、娱乐等各种旅游设施和服务,需要旅行社、饭店、景点和交通、购物、娱乐部门等旅游接待单位的高度协作。作为旅行社的代表,导游应处理好与旅游接待单位的协作。

(一)及时协调,衔接好各环节的工作

导游在服务过程中,要与饭店、车队、机场(车站、码头)、景点、商店等许多部门和单位打交道,其中任何一个接待单位或服务工作中的某一环节出现失误和差错,都可能导致"一招不慎,满盘皆输"的不良后果。导游在服务工作中要善于发现或预见各项旅游服务中可能出现的差错和失误,通过各种手段及时予以协调,使各个接待单位的供给正常有序。譬如,旅游团活动日程变更涉及用餐、用房、用车时,地陪要及时通知相关的旅游接待单位并进行协调,以保证旅游团的食、住、行能有序地衔接。

(二)主动配合,争取协作单位的帮助

导游服务工作的特点之一是独立性强,导游一人在外独立带团,常常会有意外或紧急情况发生,仅靠导游一己之力,问题往往难以解决,因此导游要善于利用与各地旅游接待单位的协作关系,主动与协作单位有关人员配合,争取得到他们的帮助。譬如,迎接散客时,为避免漏接,地陪可请司机站在另一个出口处举牌帮助迎接;又如,旅游团离站时,个别游客到达机场后发现自己的贵重物品遗忘在饭店客房内,导游可请求饭店协助查找,找到后将物品立即送

到机场或快递给游客。

第六节 导游接待不同类型游客的技巧

游客来自不同的国家和地区,他们在年龄、职业、宗教信仰、社会地位等方面存在较大的差异,有些游客甚至非同一般,特点尤为突出,导游必须针对不同类型游客给予特别重视和关照。

一、儿童的接待技巧

出于增长见识、健身益智的目的,越来越多的游客喜欢携带自己的子女一同到目的地旅游,其中不乏一些少年儿童。导游应在做好旅游团中成年游客旅游工作的同时,根据儿童的生理和心理特点,做好专门的接待工作。

(一)注意儿童的安全

儿童游客,尤其是 2~6 岁的儿童,天性活泼好动,因此要特别注意他们的安全。地陪可酌情讲些有趣的童话和小故事吸引他们,既活跃了气氛,又使他们不到处乱跑,保证了安全。

(二)掌握"四不宜"原则

对有儿童的旅游团,导游应掌握"四不宜"的原则:不宜为讨好儿童而给其买食物、玩具;不宜在旅游活动中突出儿童,而冷落其他游客;即使家长同意也不宜单独带儿童外出活动;儿童生病,应及时建议家长请医生诊治,而不宜建议其给孩子服药,更不能提供药品给儿童服用。

(三)对儿童多给予关照

导游对儿童的饮食起居要特别关心,多给一些关照。如天气变化时,要及时提醒家长给孩子增减衣服,如果天气干燥,还要提醒家长多给孩子喝水等;用餐前,考虑到儿童个子小,地陪应先给餐厅打电话,请餐厅准备好儿童座椅和刀、叉、勺等一些儿童餐具,以减少其用餐时的不便。

(四)注意儿童的收费标准

根据儿童不同的年龄或身高,有不同的收费标准和规定,如机(车、船)票、住房、用餐等,导游应特别注意。

二、高龄游客的接待技巧

在我国入境旅游和国内旅游市场,老年游客均占有较大的比例,而在这些老年游客中还有年龄在 80 岁以上的高龄游客。尊敬老人是中华民族的传统美德,因此,导游应通过谦恭尊敬的态度、体贴入微的关怀以及不辞辛苦的服务做好高龄游客的接待工作。

(一)妥善安排日程

导游应根据高龄游客的生理特点和身体情况,妥善安排好日程。

首先,日程安排不要太紧,活动量不宜过大、项目不宜过多,在不减少项目的情况下,尽量选择便捷线路和有代表性的景观,少而精,以细看、慢讲为宜。其次,应适当增加休息时间。参观游览时可在上、下午各安排一次中间休息,在晚餐和看节目之前,应安排回饭店休息一会儿,晚间活动后不要回饭店太晚。最后,带高龄游客团不能用激将法和诱导法,以免游客体力消耗大,发生危险。

(二)做好提醒工作

高龄游客由于年龄大,记忆力减退,导游首先应每天重复讲解第二天的活动日程并提醒注意事项。如预报天气情况、提醒增减衣服、带好雨具、穿上旅游鞋等。进入游人多的景点时,要反复提醒他们提高警惕,带好自己的随身物品。

如接待外国高龄游客,由于其对人民币不熟悉,加上年纪大、视力差,使用起来较困难。为了使用方便或不被人蒙骗,地陪应提醒其准备适量的小面值人民币。

此外,由于饮食习惯和生理上的原因,带高龄游客团队,地陪还应适当增加去厕所的次数。

(三)注意放慢速度

高龄游客大多数腿脚不太灵活,有时甚至力不从心。地陪在带团游览时,一定要注意放慢行走速度,照顾走得慢或落在后面的高龄游客,选台阶少、较平坦的地方走,以防摔倒碰伤。在向高龄游客讲解时,导游也应适当放慢速度、加大音量,吐字要清楚,必要时还要多重复几遍。

(四)耐心解答问题

老年游客在旅游过程中喜欢提问题,好刨根问底,再加上年纪大,记忆力不好,一个问题经常重复问几遍,遇到这种情况,导游不应表示反感,要耐心、不厌其烦地给予解答。

(五)预防游客走失

每到一个景点,地陪要不怕麻烦、反复多次地告诉高龄游客旅游线路及旅游车停车的地点,尤其是上、下车地点不同的景点,一定要提醒高龄游客记住停车地点。另外,还要提前嘱咐高龄游客,一旦发现找不到团队,千万不要着急,不要到处乱走,要在原地等待导游的到来。

(六)尊重西方传统

许多西方老年游客,在旅游活动中不愿过多地受到导游的特别照顾,认为那是对他们的侮辱,显示出他们是无用之人。因此,对此类游客应尊重西方传统,注意照顾方式。

三、残障游客的接待技巧

在旅游团队中,有时会有聋哑、截瘫、视力障碍(盲人)等残障游客,他们克服了许多常人难以想象的困难来旅游。残障游客的自尊心和独立性特别强,虽然他们需要关照,但又不愿给别人增添麻烦。因此,在接待残障游客时,导游要特别注意方式方法,既要热情周到,尽可能地为他们提供方便,又要不给他们带来压力或伤害他们的自尊心,真正做到让其乘兴而来、满意而归。

(一)适时、恰当的关心照顾

接到残障游客后,导游首先应适时地询问他们需要什么帮助,但不宜问候过多,如果过多地当众关心照顾,反而会使他们反感。如果残障游客不主动介绍,导游不要打听其残障的原因,以免引起不快。导游在工作中要时刻关注残障游客,注意他们的行踪,并给予恰当的照顾。尤其是在安排活动时,要多考虑残障游客的生理条件和特殊需要,譬如选择线路时尽量不走或少走台阶、提前告诉他们洗手间的位置、通知餐厅安排在一层餐厅就餐等。

(二)具体、周到的导游服务

对不同类型的残障游客,导游服务应具有针对性。

接待聋哑游客要安排他们在车上前排就座,因为他们需要通过导游讲解时的口形来了解讲解的内容。为了让他们获得更多的信息,导游还应有意面向他们放慢讲解的速度。

对截瘫游客,导游应根据接待计划分析游客是否需要轮椅,如需要应提前做好准备。接团时,要与计调或有关部门联系,最好派有行李箱的车,以便放轮椅或其他物品。

对有视力障碍的游客,导游应安排他们在前排就座,能用手触的地方、物品可以尽量让他们触摸。在导游讲解时可主动站在他们身边,讲解内容要力求细致生动,口语表达更加准确、清晰,讲解速度也应适当放慢。

随堂练

案例

第七章
导游讲解技能

【学习目标】

了解导游讲解的原则,熟悉导游讲解的要求,掌握常用的导游讲解方法和技巧。

导游服务是一门艺术,它集表演艺术、语言艺术和综合艺术于一身,集中体现在导游讲解之中。因此,导游讲解往往被看作衡量导游水平高低的最为重要的技能。

第一节 导游讲解原则和要求

一、导游讲解的内涵

对于导游讲解的内涵,许多专家学者和导游从业人员有着不尽相同的认识。我们认为,导游讲解就是导游以丰富多彩的社会生活和绚丽多姿的景观景物为题材,以兴趣爱好不同、审美情趣各异的游客为对象,对自己掌握的各类知识进行整理、加工和提炼,用简洁明快的语言进行的一种意境的再创造。

导游精彩的讲解,可使祖国的大好河山更加生动形象,使各地的民俗风情更加绚丽多姿,使沉睡千百年的文物古迹死而复活,使令人费解的自然奇观有了科学答案,使造型奇巧的工艺品栩栩如生,使风味独特的名点佳肴内涵丰富,从而使游客感到旅游生活妙趣横生,留下经久难忘的印象。

二、导游讲解的原则

导游讲解是导游的一种创造性的劳动,因而在导游实践中其方式方法可谓千差万别，但这并不意味着导游讲解可以随心所欲；相反，要保证导游讲解质量，无论导游采用何种讲解方式，都必须符合导游讲解的基本规律，遵循导游讲解的基本原则。

（一）客观性原则

所谓客观性是指导游讲解要以客观现实为依据，在客观现实的基础上进行意境的再创造。客观现实是指独立于人的意识之外，又能为人的意识所反映的客观存在，它包括自然界的万事万物和人类社会的各种事物，这些客观存在的事物既有有形的，如自然景观和名胜古迹；也有无形的，如社会制度和旅游目的地居民对游客的态度等。在导游讲解中，导游无论采用什么方法或运用何种技巧，都必须以客观存在为依托，必须建立在自然界或人类社会某种客观现实的基础上。

譬如：向游客介绍河南偃师二里头遗址宫城区，虽然游客看到的只是宫城城墙以及大型夯土基址、车辙、绿松石器及其制造作坊等遗存，但导游以此为基础来创造意境，通过讲解再现距今3850—3550年前"华夏第一都"的盛景，既让游客惊叹不已，又使游客感到真实可信。

（二）针对性原则

所谓针对性是指导游从游客的实际情况出发，因人而异、有的放矢地进行导游讲解。游客来自四面八方，审美情趣各不相同，因此，导游要根据不同游客的具体情况，在讲解内容、语言运用、讲解方法上有所区别。通俗地说，就是要看人说话、投其所好，导游讲的正是游客希望知道的并感兴趣的内容。

譬如，带领建筑业的旅游团参观北京故宫和天坛的祈年殿，导游应多讲我国古建筑的特色、风格和设计方面的独到之处，甚至还要同他们交流有关建筑业方面的专业知识。如果是带领一般的游客参观这些地方，就应将重点转到讲述封建帝王的宫廷逸事和民间有关的传说。

（三）计划性原则

所谓计划性就是要求导游在特定的工作对象和时空条件下发挥主观能动性，科学地安排游客的活动日程，有计划地进行导游讲解。

旅游团在目的地的活动日程和时间安排是计划性原则的中心。导游按计划带团进行每一天的旅游活动时，要特别注意科学地分配时间。如饭店至各参观游览点的距离及行车所需时间、出发时间、各条参观游览线所需时间、途中购物时间、午间就餐时间等。如果在时间安排上缺乏计划性，就会出现"前松后紧"或"前紧后松"的被动局面，甚至有的活动被挤掉，影响计划的实施而导致游客的不满甚至投诉。

计划性的另一个具体体现是每个参观游览点的导游方案。导游应根据游客的具体情况合理安排在景点内的活动时间，选择最佳游览线路，导游讲解内容也要做适当取舍。什么时间讲什么内容、什么地点讲什么内容以及重点介绍什么内容都应该有所计划，这样才能达到最佳的导游效果。

　　譬如，武汉黄鹤楼的讲解一般以一、三、五楼为重点，导游通过一楼大厅《白云黄鹤图》的壁画可向游客介绍黄鹤楼"因仙得名"的传说故事；通过三楼的陶瓷壁画《文人荟萃》向游客介绍历代文人墨客来黄鹤楼吟诗作赋的情景；通过五楼的大型壁画《江天浩瀚》的组画向游客介绍长江的古老文化和自然风光，也可引导游客登高望远，欣赏武汉三镇的秀丽景色。当然，如果游客对历史和古建筑有兴趣，导游也可以二楼为重点，为游客讲解《黄鹤楼记》，介绍不同朝代黄鹤楼的模型和建筑特色。

（四）灵活性原则

　　所谓灵活性是指导游讲解要因人而异、因时制宜、因地制宜。旅游活动往往受到天气、季节、交通以及游客情绪等因素的影响，我们所讲的最佳时间、最佳线路、最佳景点都是相对而言的，客观上的最佳条件缺乏，主观上完美导游艺术的运用就不可能有很好的导游效果。因此，导游在讲解时要根据游客的具体情况以及天气、季节的变化和时间的不同，灵活地运用导游知识，采用切合实际的导游内容和导游方法。

　　导游讲解以客观现实为依托，针对性、计划性和灵活性体现了导游活动的本质，也反映了导游方法的规律。导游应灵活运用这四个基本原则，自然而巧妙地将其融于导游讲解之中，这样才能不断提高自己的讲解水平。

　　例如，游览金鞭溪的导游词：

　　（晴天）今天真是个好天气，秋高气爽，阳光明媚。在这样的好天气之下，相信大家的心情也不错！带着这样一份好心情，让我们走进金鞭溪，领略一下"名山大川处处有，唯有金鞭奇上奇"的美丽风景吧！

　　（小雨）今天老天爷不太赏脸，有点儿小雨。可能他也在嫉妒我们来到张家界这个美丽的人间仙境吧。这倒正好，这霏霏细雨就像轻纱一样，给金鞭溪这位美女更增添了一份妩媚。各位这次来得真是适时呀！

　　（大雨）好大的雨呀！各位可能有点儿担心这瓢泼大雨会不会影响我们欣赏金鞭溪美丽的风景呢？您尽管放一百个心，大家如果细心一点儿就会注意到，前面刚刚游完金鞭溪的游客身上淋湿的地方并不多。这就要归功于我们张家界98%以上的森林覆盖率了！正是这茂密的森林给我们撑起了一把巨伞，让我们就像作家李健吾所写的《雨中登泰山》一样，"有雨趣而无淋漓之苦"，去好好欣赏一下雨中的金鞭溪吧!

（雪天）各位今天一早起来就发现,张家界下了今年第一场雪。大雪虽然给我们的旅行带来了一定的影响,但也未尝不是件好事。您知道张家界什么时候最美吗?对了!就是雪中的张家界最美。这可不是我瞎说,许多摄影师专门等冬天下大雪才来拍风景照片呢!不信的话,我们就亲自去看看雪后的金鞭溪是什么样子吧!

三、导游讲解的要求

（一）言之友好

导游在讲解时用词、声调、语气和态势语言都应该表现出友好的感情。"有朋自远方来,不亦乐乎""能认识大家是我的荣幸""很高兴与大家有缘在这里相识"等,都是表达友好的语言,作为友谊的载体,友好的语言可以使游客感到温暖。

（二）言之有物

导游讲解要有具体的指向,不能空洞无物。讲解资料应突出景观特点,简洁而充分。可以充分准备,细致讲解,不要东拉西扯,缺乏主题,缺乏思想,满嘴空话、套话。导游应把讲解内容最大限度地"物化",使所要传递的知识深深地烙印在游客的脑海中,实现旅游的最大价值。

（三）言之有据

导游说话要有依据,不能没有根据而胡乱地瞎说一通。对游客讲话、谈问题,对参观游览点的讲解,对外宣传都要从实际出发,要有根据。

（四）言之有理

导游讲解的内容、景点和事物等都要以事实为依据,要以理服人,不要言过其实和弄虚作假,更不要信口开河。那些不以事实为依据的讲解,一旦游客得知事实真相,就会感到自己受了嘲弄和欺骗,导游的形象在游客的心目中就会一落千丈。

（五）言之有趣

导游讲解要生动、形象、幽默和风趣,要使游客紧紧地以导游为核心,在听讲解的过程中,感受到一种美好的享受。需要指出的是,导游在讲解中的风趣和幽默,要自然、贴切,绝不可牵强附会,不正确的比拟往往会伤害游客的自尊心,并对其他游客产生不良的影响,让其反感。

譬如:在景色如画的苏州西山的石公山上,一位导游对游客描绘说:"朋友们,我们现在身在仙山妙境,请看,我们的背后是一片葱翠的丛林,面前是无边无垠的太湖。青山绕着湖水，湖水映着青山。山石伸进了湖面，湖水'咬'住了山石，头上有山，脚下有水。真是天外有天、山外有山、岛中有岛、湖中有湖，山如青龙伏水，水似碧海浮动。"接着，他跌宕有致地吟道："茫茫三千顷，日夜浩青葱，骨立风云外，孤撑涛声中。"

又如：在苏州西园的五百罗汉堂里，导游指着那尊"疯僧"塑像逗趣地说："朋友们，这个疯和尚有个雅号叫'九不全'，就是说，有九样毛病：歪嘴、驼背、斗鸡眼、招风耳、瘌痢头、烧脚、鸡胸、斜肩脚，外加一个歪鼻头。大家别看他相貌不完美，但残而不丑，从正面、左面、右面看，你会找到喜、怒、哀、乐等多种感觉。另外，那边还有五百罗汉，大家不妨去找找看，也许能发现酷似自己的'光辉形象'。"风趣的话，逗得游客哈哈大笑，游兴顿增。

（六）言之有神

导游讲解应尽量突出景观的文化内涵，使游客领略其内在的神韵。其讲解内容要经过综合性的提炼并形成一种艺术，让游客得到一种艺术享受。同时，导游要善于掌握游客的神情变化，分析哪些内容游客感兴趣，哪些内容游客不愿听，游客的眼神是否转移，是否有游客打呵欠……对这些情况都需随时掌握，并及时调整所讲内容。

（七）言之有力

导游在讲解时要正确掌握语音、语气和语调，既要有鲜明生动的语言，又要注意语言的音乐性和节奏感。此外，导游在讲解结尾时，语音要响亮，让游客有心理准备。

（八）言之有情

导游要善于通过自己的语言、表情、神态等传情达意。讲解时，应充满激情和热情，又充满温情和友情，富含感情和人情的讲解更容易被游客接受。

（九）言之有喻

导游在讲解时要用比喻的语言、用游客熟悉的事物，来介绍、比喻参观的事物，使游客对自己生疏的事物能很快地理解并产生亲切感。恰当地运用比喻手法，可以降低游客理解的难度，增加旅游审美中的形象和兴趣。

（十）言之有礼

导游的讲解用语和动作、行为要文雅、谦恭，让游客获得美的享受。

第二节　实地导游讲解常用技法

一、概述法

概述法是导游就旅游城市或景区的地理、历史、社会、经济等情况向游客进行概括性的介绍，使其对即将参观游览的城市或景区有一个大致的了解和轮廓性认识的一种导游方法。这种方法多用于导游接到旅游团后坐车驶往下榻饭店的首次沿途导游中，也适用于游览较大的景点之前，在入口处示意图前进行的讲解。它犹如交响乐中的序曲，能起到引导游客进入特定的旅游意境、初步领略游览地奥秘的作用。

例如，用"概述法"介绍颐和园：

颐和园位于北京西北郊，距市区10多公里，是我国保存最完整的皇家园林。它始建于1750年，当时的中国正值清朝盛世时期，执掌朝政的是乾隆皇帝，他凭借自己对中国园林的理解和至高无上的权力，耗费大量国库银两，以"兴修水利"和"为母祝寿"之名，连续施工15年，建成了这座规模巨大的皇家御园"清漪园"。1860年它与圆明园一起，被侵入北京的英法联军焚毁；1888年，慈禧太后又将其重建，并改名为"颐和园"。

颐和园主要由万寿山和昆明湖组成，占地面积290公顷，其中水面面积约占四分之三。园内有大小建筑3000余间，约7万平方米。园林布局分为三个部分，即朝政办公区、帝后生活区和风景游览区。

我们今天的游览线路是：从东宫门进，首先进入朝政办公区，然后绕过仁寿殿，游览帝后生活区。从乐寿堂西侧进长廊，到达排云门后上山，到佛香阁、智慧海，再从原路返回。不愿上山的，可在排云殿前等候。全团集合好后，再沿长廊西行。乘船游览昆明湖，从南湖岛上岸，过十七孔桥，到新建宫门。（根据《走遍中国——中国优秀导游词精选·文物古迹篇》第55~56页改写）

二、分段讲解法

分段讲解法就是对那些规模较大、内容较丰富的景点，导游将其分为前后衔接的若干部分来逐段进行讲解的导游方法。

一般来说，导游可首先在前往景点的途中或在景点入口处的示意图前介绍景点概况（包括历史沿革、占地面积、主要景观名称、观赏价值等），使游客对即将游览的景点有个初步印象,达到"见树先见林"的效果。然后带团到景点按顺序进行游览,进行导游讲解。在讲解这一部分的景物时注意不要过多涉及下一部分的景物,目的是为了让游客对下一部分的景物充满期待,并使导游讲解环环相扣、景景相连。

例如,用"分段讲解法"介绍长江三峡,乘船自西往东游览长江三峡,导游就可将其分为五个部分来讲解。

(1)在游船观景台上介绍长江三峡概况:"长江三峡是瞿塘峡、巫峡和西陵峡三段峡谷的总称,西起重庆奉节的白帝城,东至湖北宜昌的南津关,全长约193公里。峡谷两岸悬崖绝壁,奇峰林立,江流逶迤湍急,风光绮丽,瞿塘峡素以雄伟险峻著称,巫峡一向以幽深秀丽为特色,西陵峡过去则以滩多水急闻名。这种山环水绕、峡深水急的自然风光系由历次造山运动,特别是'燕山运动'使地壳上升、河流深切而成,是大自然的鬼斧神工留下的经典之作。它与峡谷沿岸众多的名胜古迹相互融合,使长江三峡成为闻名遐迩的中国十大风景名胜区之一,并被中外游客评为'中国旅游胜地40佳'之首。"

(2)船进瞿塘峡时,导游介绍:"瞿塘峡是长江三峡第一峡,从重庆奉节的白帝城到巫山的大溪镇,全长约8公里,是长江三峡中最短也是最雄奇险峻的峡谷。瞿塘峡中,高达1300多米的赤甲山、白盐山耸峙峡口两岸,形成一陡峻的峡门,称为夔门,素有'夔门天下雄'之称……"

(3)船过巫峡时,导游再讲解:"巫峡是长江三峡第二峡,从重庆巫山县大宁河口到湖北巴东县官渡口,绵延44公里。巫峡口的长江支流大宁河全长300多公里,著名的'小三峡'就位于其中。'放舟下巫峡,心在十二峰',巫峡中景色最秀丽、神话传说最多的就是十二峰,其中最为挺拔秀丽的是神女峰,峰顶有一突兀石柱,恰似亭亭玉立的少女……"

(4)船到西陵峡时,导游进一步介绍:"西陵峡为长江三峡第三峡,西起湖北秭归县的香溪口,东至湖北宜昌的南津关,全长66公里,历来以滩多水急著称,西陵峡西段自西向东依次为兵书宝剑峡、牛肝马肺峡和崆岭峡三个峡谷;西陵峡东段由灯影峡和黄猫峡组成……"

(5)最后再向游客讲解举世闻名的三峡工程。

三、突出重点法

突出重点法就是在导游讲解中不面面俱到,而是突出某一方面的导游方法。一处景点,要讲解的内容很多,导游必须根据不同的时空条件和对象区别对待,有的放矢地做到轻重搭配、重点突出、详略得当、疏密有致。导游讲解时

一般要突出以下四个方面:

（一）突出景点的独特之处

游客来到目的地旅游,要参观游览的景点很多,其中不乏一些与国内其他地方类似的景点。导游在讲解时必须讲清这些景点的特征及与众不同之处,尤其在同一次旅游活动中参观多处类似景观时,更要突出介绍其特征。譬如,西岳华山虽不是五岳之首,但在五岳中却独具特色。首先,华山是五岳中海拔最高的山峰,其主峰南峰落雁峰海拔 2154.9 米。其次,华山以险而闻名于天下,其陡峭险峻位居五岳之首。常言道"自古华山一条路",一路行过,必经千尺幢、百尺峡、老君犁沟、上天梯、苍龙岭、擦耳岩等绝险要道,不少地方真可谓是"一夫当关,万夫莫开"。最后,华山也是五岳中唯一为道教所独占的名山。导游在讲解时可突出华山在五岳中的这些独特之处。

（二）突出具有代表性的景观

游览规模大的景点,导游必须事先确定好重点景观。这些景观既要有自己的特征,又能概括全貌,实地参观游览时,导游应主要向游客讲解这些具有代表性的景观。

譬如,去云冈石窟游览,主要是参观第五、第六窟及五华洞和昙曜五窟。如果把这些窟的艺术特色讲解透彻了,就可以使游客对云冈石窟的整体艺术特色有基本的了解。

（三）突出游客感兴趣的内容

游客的兴趣爱好各不相同,但从事同一职业的人、文化层次相同的人往往有共同的爱好。导游在研究旅游团的资料时要注意游客的职业和文化层次,以便在游览时重点讲解旅游团内大多数成员感兴趣的内容。

譬如,在游览故宫时,如游客对中国古代建筑感兴趣,导游应重点介绍故宫的建筑物及其特征、建筑布局和建筑艺术,并将中国古代宫殿建筑与民间建筑乃至西方国家的宫殿建筑进行比较;如果游客对中国历史尤其是明、清的历史感兴趣,导游应重点讲解故宫的历史沿革和在故宫发生的重大事件,使游客从故宫的介绍中加深对明、清历史的了解。

（四）突出"……之最"

面对某一景点,导游可根据实际情况,介绍这是世界或中国最大（最长、最古老、最高,甚至可以说是最小）的……因为这也是在介绍景点的特征,颇能引起游客的兴致。

譬如,三峡工程是世界上施工期最长、建筑规模最大的水利工程;三峡水电站是世界上最大的水电站;三峡工程泄洪闸是世界上泄洪能力最强的泄洪闸；三峡工程对外专用公路是国内工程项目最齐全的公路。

这样的导游讲解突出了三峡工程的价值，使国内游客产生自豪感、外国游客产生敬佩感，从而留下深刻的印象。不过，在使用"……之最"进行导游讲解时，必须实事求是，言之有据，绝不能杜撰，也不要张冠李戴。

四、问答法

问答法就是在导游讲解时，导游向游客提问题或启发他们提问题的导游方法。使用问答的目的是为了活跃游览气氛，激发游客的想象思维，促使游客和导游之间产生思想交流，使游客获得参与感或自我成就感的愉悦。问答法包括自问自答法、我问客答法、客问我答法和客问客答法四种形式。

（一）自问自答法

导游自己提出问题，并做适当停顿，让游客猜想，但并不期待他们回答，只是为了吸引他们的注意力，促使他们思考，激起兴趣，然后做简洁明了的回答或生动形象的介绍，还可以借题发挥，给游客留下深刻的印象。

（二）我问客答法

导游要善于提问，所提问题要问得恰当，估计游客不会一无所知，也要估计到会有不同答案。同时还要诱导游客回答，但不要强迫他们回答，以免使游客感到尴尬。游客的回答不论对错，导游都不应打断，更不能笑话，而要给予鼓励。最后由导游讲解，并引出更多、更广的话题。此外，导游提问的时机也要把握好。导游应该懂得，与游客在一起的时候提问不能太随便也不能没有目的，只有懂得把握时机，才能收到较好的效果。一般来说，游客在静想和思考问题的时候，导游不宜打扰游客；游客在欣赏美景和节目的时候，导游不提与此无关的事情和问题。

（三）客问我答法

导游要善于调动游客的积极性和他们的想象思维，欢迎他们提问题。游客提出问题，说明他们对某一景物产生了兴趣，进入了审美角色。对他们提出的问题，即使是幼稚可笑的，导游也绝不能置若罔闻，千万不要笑话他们，更不能显示出不耐烦，而是要有选择地将回答和讲解有机结合起来。不过，对游客的提问，导游不要他们问什么就回答什么，一般只回答一些与景点有关的问题，注意不要让游客的提问冲击你的讲解，打乱你的安排。

在导游实践中，导游要学会认真倾听游客的提问，善于思考，掌握游客提问的一般规律，并总结出一套相应的"客问我答"的导游技巧，以求随时满足游客的好奇心。

（四）客问客答法

导游对游客提出的问题并不直截了当地回答，而是有意识地请其他游客来回答问题，亦称"借花献佛法"。导游在为"专业团"讲解专业性较强的内容时可运用此法，但前提是必须对游客的专业情况和声望有较深入的了解，并事先打好招呼，切忌安排不当，引起其他游客的不满。如果发现游客回答问题时所讲的内容有偏差或不足之处，导游也应见机行事，适当指出，但注意不要使其自尊心受到伤害。需要注意的是，这种导游方法不宜多用，以免游客对导游的能力产生怀疑，产生不信任感。

譬如：游无锡蠡园时，导游让游客先看春、夏、秋、冬四个亭中的春亭，指着匾说："春亭挂的匾额是'溢红'，表达了春天的形象，有特色。那么，夏、秋、冬三个亭子会用什么题匾呢？各位朋友是否能猜中？"一石激起千层浪，游客边猜边看：夏季绿树成荫，夏亭挂"滴翠"匾；秋季菊黄蟹肥，秋亭挂"醉黄"匾；冬季瑞雪兆丰年，所以冬亭挂"吟白"匾。亭中的这些匾额，使四季亭平添了诗情画意。游客们猜中的笑逐颜开，未猜中的纷纷敬佩题匾者的文笔之妙。

又如：有位导游在杭州九溪十八涧对游客说："这儿的路处处曲，路边的溪水叮咚响，远近的山峦绿葱葱。清代文人俞樾到这里时，诗兴大发，挥笔写道：'重重叠叠山，曲曲环环路，叮叮咚咚泉……'前面已用了叠词，朋友们猜猜看，第四句写树时，俞樾用的什么叠词？"游客们议论纷纷，有的说"郁郁葱葱树"，有的说"大大小小树"，最后在导游的启发下猜出是"高高下下树"。大家都惊叹俞樾用词的精妙。这"高"和"下"贴切传神，写活了沿山而长的树林。

五、虚实结合法

虚实结合法就是在导游讲解中将典故、传说与景物介绍有机结合，即编织故事情节的导游方法。所谓"实"是指景观的实体、实物、史实、艺术价值等，而"虚"则指与景观有关的民间传说、神话故事、趣闻逸事等。

"虚"与"实"必须有机结合，但以"实"为主，"虚"为辅，"虚"为"实"服务，以"虚"烘托情节，以"虚"加深"实"的存在，努力将无情的景物变成有情的讲解内容。

譬如，提起阿诗玛，人们就不由自主地想起云南石林风景名胜区内那块高约20米，仿佛头戴彩帽、身背篓筐的美丽少女的岩石，同时又会想起阿诗玛的动人故事：相传在很久很久以前，阿著底山上的撒尼人格路日明家有两兄妹，哥哥叫阿黑，妹妹就是聪明、勤劳又美丽的阿诗玛。一天，大财主热布巴拉见阿诗玛长得漂亮，顿生歹念，想娶回家……

在实地导游讲解中，导游一定要注意不能"为了讲故事而讲故事"，任何"虚"的内容都必须落实到"实"处。

导游在讲解时还应该注意选择"虚"的内容要"精"、要"活"。所谓"精"，就是所选传说故事是精华，与讲解的景观密切相关；所谓"活"，就是使用时要灵活，见景而用，即兴而发。

六、触景生情法

触景生情法就是在导游讲解中见物生情、借题发挥的一种导游方法。在导游讲解时，导游不能就事论事地介绍景物，而是要借题发挥，利用所见景物制造意境，引人入胜，使游客产生联想，从而领略其中之妙趣。

譬如，"上海黄浦江畔的新外滩共有五条旅游线路，在您的左手边是被誉为'万国建筑博览'的建筑群和宽敞的中山路，在您的右手边是波光粼粼的黄浦江以及前程似锦的浦东陆家嘴金融贸易区，眼前是新颖独特的观光游览区。这建筑群、中山路、观光区、黄浦江、陆家嘴仿佛音乐谱中的五线谱，勤劳勇敢的上海人民则好似串串音符，正组成最新最美的乐章，欢迎着各位来宾的光临……"这段导游词十分精彩地叙述了上海一年一个样、三年大变样的高速发展，生动形象地描绘了新外滩宛如五线谱，使游客在这跳动的"音符"中深受感染，身临其"景"，景中怀情。

触景生情法要求导游讲解内容与所见景物和谐统一，使其情景交融，让游客感到景中有情、情中有景。

譬如：

这个广场是太和殿广场，面积达3万平方米。整个广场无一草一木，空旷宁静，给人以森严肃穆的感觉……举行大典时，全场鸦雀无声。皇帝登上宝座时，鼓乐齐鸣，文武大臣按品级跪伏在广场，仰望着云中楼阁山呼万岁，以显示皇帝的无上权威和尊严。

清朝末代皇帝溥仪1908年年底登基时，年仅3岁，由他父亲摄政王载沣把他抱扶到宝座上。当大典开始时，突然鼓乐齐鸣，吓得小皇帝哭闹不止，嚷着要回家去。载沣急得满头大汗，只好哄着小皇帝说："别哭，别哭，快完了，快完了，快完了！"大臣们认为此话不吉祥，说来也巧，3年后清朝果真就灭亡了，从而结束了我国2000多年的封建统治。(《走遍中国——中国优秀导游词精选·综合篇》，第6~7页)

触景生情贵在发挥，要自然、正确、切题地发挥。导游要通过生动形象的讲解、有趣而感人的语言，赋予死的景物以生命，注入情感，引导游客进入审美对象的特定意境，从而使他们获得更多的知识和美的感受。

七、制造悬念法

制造悬念法就是导游在导游讲解时提出令人感兴趣的话题，但故意引而不发，激起游客急于知道答案的欲望，使其产生悬念的导游方法，俗称"吊胃口""卖关子"。这种"先藏后露、欲扬先抑、引而不发"的手法，一旦"发（讲）"出来，会给游客留下特别深刻的印象。

譬如，参观世界文化遗产——湖北钟祥明显陵，游客看到陵前的外明塘往往困惑不解，导游不失时机地介绍："明塘是显陵的独特设置，不仅有外明塘，里面还有内明塘，那么显陵为什么要在陵前设置明塘呢？请大家边参观边思考，等到了明楼我再告诉大家答案。"这就给游客留下了一个悬念。游客登上明楼后，导游再告诉游客："一方面，按风水理论：山为龙的骨肉，水为龙的气血，水有截止龙气流逝的作用。于陵前设置明塘，就满足了吉壤中穴对水的基本要求；另一方面，明塘含有龙珠喻义，如果说神道犹如一条旱龙，那么九曲河就好似一条水龙，两龙交汇于明塘，构成了双龙戏珠的奇特景观。"

制造悬念是导游讲解的重要手段，在活跃气氛、制造意境、激发游客游兴等方面往往能起到重要作用，所以导游都比较喜欢用这一手法。

又如，苏州网师园的月到风来亭，依水傍池，面东而立，亭后装一大镜，将对面的树石檐墙尽映其中。对这个亭子的介绍有两种方法，效果完全不同。

一位导游介绍说："如果在晚上，当月亮从东墙上徐徐升起，另一个月亮也在水波中荡漾，这镜子安置得十分巧妙，从里面还可以看到一个月亮。"游客们看了看镜子，并未引起多大兴趣。

另一位导游将游客带到亭中，这样介绍说："当月亮升起的时候，在这里可以看到三个月亮。"他微笑着，望着游客，并没有立即往下讲。游客们好生奇怪，都以为是听错了或是导游讲错了，最多只有两个月亮：天上一个，水池里一个，怎么可能会有第三个呢？大家的脸上都露出了迷惑不解的表情。这时，导游才点出：天上、池中，还有镜里，共有三个月亮。大家才恍然大悟，在响起一阵掌声、叫好声之后，也更领悟到镜子安置之巧妙，印象特别深刻。

同是一地，前者介绍虽很热情，也富有诗意，但因是平铺直叙，听者不以为然；而后者虽用词简朴，却能做到出其不意，异峰突起，引起了游客的注意、思考、怀疑和猜测，兴趣顿起。后者的成功之处，在于掌握了游客的心理，不是一下子把话讲完，而是留有余地，让大家去体察、回味，然后由自己做出补充，因此效果尤佳。

八、类比法

类比法就是在导游讲解中进行风物对比，以熟喻生，以达到类比旁通的一种导游方法。导游用游客熟悉的事物与眼前景物进行比较，既便于游客理解，又使他们感到亲切，从而达到事半功倍的导游效果。类比法可分为以下两种：

（一）同类相似类比

同类相似类比是将相似的两个事物进行比较，便于游客理解并使其产生亲切感。

譬如，将北京的王府井比作日本东京的银座、美国纽约的第五大街；将上海的城隍庙比作日本东京的浅草；参观苏州时，将其称作"东方威尼斯"；讲到梁山伯和祝英台的故事时，可以将其称为"中国的罗密欧和朱丽叶"等。

（二）同类相异类比

同类相异类比是将两种同类但有明显差异的风物进行比较，比出规模、质量、风格、水平、价值等方面的不同，以加深游客的印象。

譬如，在讲解楚文化时，可以与同时期的古希腊文化进行类比：

在世界范围内，从公元前6世纪到公元前3世纪的300年间，东西方文化竞相争辉。我们完全可以把楚文化与同时期的古希腊文化并列为世界文明的代表。楚国的青铜冶炼、铸铁、丝绸、漆器早于古希腊，许多科学技术处于领先地位。在音乐艺术方面，楚人也在古希腊人之上。在哲学方面，两者各有所长。中国传统哲学的重要根基在老子和庄子，而老子和庄子都是楚国人。1993年，湖北荆门郭店村楚墓出土的竹简本《老子》甲、乙、丙三种，受到国际汉学界的高度关注。在国家政体建设、货币制度方面，楚国则比古希腊更为完善。古希腊人在理论科学、造船航海、体育竞技、写实艺术、建筑技术等方面要比楚人擅长。可以这么说，楚文化和古希腊文化从不同方向登上了世界古文明的光辉殿堂。

要正确、熟练地使用类比法，要求导游掌握丰富的知识，熟悉客源国，对相比较的事物有比较深刻的了解。面对来自不同国家和地区的游客，要将他们知道的风物与眼前的景物相比较，切忌做不相宜的比较。

九、妙用数字法

妙用数字法就是在导游讲解中巧妙地运用数字来说明景观内容，以促使游客更好地理解的一种导游方法。导游讲解中离不开数字，因为数字是帮助导游精确地说明景物的历史、年代、形状、大小、角度、功能、特性等方面内容的重要手段之一，但是使用数字必须恰当、得法，如果运用得当，就会使平淡的数字发出光彩；否则会令人产生索然无味的感觉。运用数字忌讳平铺直叙，大量的枯燥数字会使游客厌烦。所以使用数字要讲究"妙用"。

譬如，当导游向游客介绍北京故宫的建筑年代时，如果介绍它建成于明永乐十八年，对国内游客来说，说到明朝，大家心里还明白，至于永乐十八年可能就不那么清楚了。若是外国游客，可能连明朝是什么朝代都不知道，更不用说永乐十八年了。这时，导游若把它换算成游客所熟悉的数字，游客便会心领神会。如对法国游客讲解时，将其换算成公历年（1420年）后，再加上一句"比巴黎凡尔赛宫建成早269年"，效果便大不相同。

在实地导游中，导游常用数字换算来帮助游客了解景观内容。导游运用数字分析可以更准确地说明景观内容。导游还可以通过数字来暗喻中国传统文化。

譬如："北京天坛祈年殿殿内柱子的数目，据说也是按照天象建立起来的。其中内围的四根"龙井柱"象征一年四季春、夏、秋、冬；中围的十二根"金柱"象征一年十二个月；外围的十二根"檐柱"象征一天十二个时辰。中层和外层相加的二十四根，象征一年二十四个节气。三层总共二十八根，象征天上二十八星宿。再加上柱顶端的八根铜柱，总共三十六根，则象征三十六天罡。"

十、画龙点睛法

画龙点睛法就是导游用凝练的词句概括所游览景点的独特之处，给游客留下突出印象的导游方法。游客听了导游讲解，观赏了景观，既看到了"林"，又欣赏了"树"，一般都会有一番议论。导游可趁机给予适当的总结，以简练的语言，甚至几个字，点出景物精华之所在，帮助游客进一步领略其奥妙，获得更多更高的精神享受。

譬如，旅游团游览云南后，导游可用"美丽、富饶、古老、神奇"来赞美云南风光；参观南京后，可用"古、大、重、绿"四个字来描绘南京风光特色；总结青岛风光特色可用"蓝天、绿树、红瓦、金沙、碧海"五种景观来概括。

又如，游览颐和园后，游客可能会对中国的园林大加赞赏。这时导游可指出，中国古代园林的造园艺术可用"抑、透、添、夹、对、借、障、框、漏"九个字概括，并帮助游客回忆在颐和园中所见到的相应景观。

导游讲解常用的方法技巧还有很多，如点面结合法、引人入胜法、启示联想法、谜语竞猜法、知识渗透法等，它们都是导游在工作实践中提炼、总结出来的。在具体工作中，各种导游方法和技巧都不是孤立的，而是相互依存、相互联系的。导游在学习众家之长的同时，还应结合自己的特点融会贯通，在实践中形成自己的导游风格和导游方法，并视具体的时空条件和对象，灵活、熟练地运用，这样才能获得良好的导游效果。

第三节　实地导游讲解的要领

导游讲解是导游的重要职责，导游讲解水平的高低也是判断导游综合水平的重要内容之一。要想成为一名优秀的导游，就应该不断提高自己的导游讲解水平，掌握导游讲解的方法与要领。

一、做好讲解前的准备工作

（一）注重日常知识积累

如果没有导游日常的知识积累，前面章节中提到的言之有物、言之有理、言之有据等导游讲解要求，概述法、分段讲解法、突出重点法等导游讲解技法，就很难做到运用自如，导游讲解也很难满足游客的求知需求。要提高导游讲解水平，知识积累是重要基础。

在日常工作和生活中，导游可以通过以下渠道积累知识：

1. 通过媒体关注"身边事"，收集城市及景区的点滴变化

譬如，2018年7月2日铜仁梵净山景区获准列入世界自然遗产名录，当天众多媒体从各方面报道了相关消息。《环球网》在《贵州省梵净山获准列入世界自然遗产名录中国世界遗产增至53项》中写道："正在巴林首都麦纳麦召开的第42届世界遗产委员会会议7月2日审议了中国申报的自然遗产项目梵净山。委员会一致认可梵净山具备世界遗产所需的'突出普遍价值'，决定将该项目列入《世界遗产名录》。至此，中国共拥有53项世界遗产，居世界第二，包括文化遗产36项，自然遗产13项（居世界第一），自然与文化双遗产4项。梵净山位于贵州省铜仁市境内，是武陵山脉主峰，遗产地面积402.75平方公里，缓冲区面积372.39平方公里。世界自然保护联盟（IUCN）认为：梵净山满足了世界自然遗产第十条（生物多样性）标准，展现和保存了中亚热带孤岛山岳生态系统和显著的生物多样性。梵净山生态系统保留了大量古老孑遗、珍稀濒危和特有物种，拥有4394种植物和2767种动物，是东方落叶林生物区域中物种最丰富的热点区域之一；梵净山是黔金丝猴和梵净山冷杉唯一的栖息地和分布地，也是水青冈林在亚洲最重要的保护地，是全球裸子植物最丰富的地区，也是东方落叶林生物区域中苔藓植物最丰富的地区。"

这些内容导游如能"有心"收集,在日后讲解梵净山时将成为有用的素材,丰富导游讲解内容。

2. 通过阅读专业书籍,丰富自己在某一知识领域的积累

譬如,导游要想讲好中原文化,阅读如《中原文化记忆丛书》之类的书籍是非常有必要的,只有通过深入学习,才能让自己的讲解不仅能"讲其然",还能"讲其所以然"。

3. 通过网络搜索,寻找某一关注问题的相关背景知识

譬如,导游要想通过讲解武汉长江段的水文历史来介绍武汉的抗洪史,可以在网络上搜集各种长江的水文数据及抗洪史实,再运用类比法、妙用数字法等讲解方法灵活运用搜集到的素材,以达到良好的讲解效果。

(二)做好接到任务后的准备

虽然平时的积累非常重要,但是"临阵磨枪"也是做好导游讲解工作的要领之一。因为导游只有在接到讲解任务,确切了解游客情况以及游览线路和景点后,才能有针对性地做好讲解前的准备。

1. 分析游客信息,厘清讲解重点

如果旅游团成员的年龄偏长,可多准备一些民间传说、历史上的人文逸事、革命历史故事及人物等内容;如果旅游团成员多为年轻人,对他们关心的购物及娱乐方面的情况就要用心多收集一些,在讲解内容上要突出城市的新亮点、新变化。

譬如,以讲解清东陵为例,如果接待的是以休闲为目的的老年游客,可结合影视剧题材为"因下嫁小叔子多尔衮而无颜葬入皇家陵寝"的孝庄皇后正名,为"砍去丽妃手脚装入瓦罐"的慈禧平反;如果接待的是机关公务人员,则应以讲解正史为主,讲康熙皇帝的廉洁治吏,评雍正王朝的功过是非。当然,以某一个方面为重点并非其他的方面就一点都不涉及,技巧在于讲解内容的组合,主次分明,主题突出。

2. 温习"旧内容",构思"新创意"

导游在讲解前要注意"温故知新"。"温故"指的是对于自己不是特别熟悉或曾经出过错的讲解内容,需要再次温习,以免出错,特别是自己不太熟悉的重要的历史年代、建筑物的长度或高度等数据;"知新"指的是在讲解前有意识地去寻找自己未曾讲解过的知识点和内容,力争使自己的讲解每次都有新信息、新创意。

3. 养精蓄锐,做好身体准备

导游讲解也是一项"体力活",边走边讲,眼观六路,耳听八方,因此导游在讲解前要养精蓄锐,保护好嗓子。

二、把握讲解过程中的要领

导游讲解过程中,有可能受到其他因素的影响,如天气变化、行程变更、游客兴趣等,因此,即使做了大量的前期准备工作,如果没有当场的随机应变、灵活应对,也可能达不到理想的讲解效果。因此,在导游讲解过程中要学会吸引游客的"耳朵",也就是"讲游客最想听的"。

(一)在旅游车上讲解时应掌握的要领

(1)与司机商量确定行车线路时,在合理而可能的原则下尽量不要错过城市的重要景观。

(2)在经过重要的景点或标志性建筑时,要及时向游客指示景物的方向,讲解的内容要及时与车外的景物相呼应。

(3)要学会使用"触景生情法",在讲解城市的交通、气候、地理特点等概况时,可与游客看到的景象结合并借题发挥。譬如,在上海,通过提醒游客观察计程车的车型,讲到上海的汽车产业;看到玉兰树时,及时介绍上海的市花市树。

(4)在讲解的过程中要注意观察游客的反应,如果大部分人的关注点是车外或频繁地互相交流,此时导游要注意调整讲解内容,通过指示游客观看车外的某个景物或现象将其注意力吸引回来,并及时运用"问答法"与游客进行互动交流。

(5)在快要到达将要游览的景区时,要使用"突出重点法"将景区的最重要的价值及最独特之处向游客进行讲解,以激发游客对该景区的游览兴趣。同时要注意强调景区游览时的注意事项及集合时间和地点。

(二)在景区讲解时应掌握的要领

(1)在景区的游览指示图前向游客说明游览线路、重要景点、洗手间及吸烟区的位置。

(2)要做好景区的讲解,需要确定讲解主题,以主题为线索将每一个小景点串联起来,引导游客去发现景区最独特之处。

譬如:讲解广州陈家祠,可以以建筑艺术技巧为主题和线索,整个陈家祠的建筑主体和部件,每座房子从柱基到瓦脊全都缀满了石雕、砖雕、木雕、泥塑、陶塑、铁铸和彩绘。以建筑中的雕、塑、绘展开讲解,可以让游客更好地领略古建筑的艺术美,了解岭南风情与装饰美。

导游如果在讲解中能注意去寻找和发现更多的主题及相应的线索,就可以针对不同的游客从不同的主题讲解一个景区,引导游客去发现美、欣赏美,满足他们的求知、求美的需求。这样的导游讲解一定会给游客留下深刻的印象。

(3)在讲解每个小景点时可以用"突出重点法"来讲解该景点的独特之处，用"触景生情法"延伸讲解与此有关的景区背景及历史，用"妙用数字法"来讲解其历史、建筑特点等，有些还需要用"类比法"将该景点与游客家乡或熟知的景点联系起来以加深印象。

(4)导游在讲解自己熟悉或擅长的内容时，不要过于张扬卖弄，避免过多使用"你们知不知道……""让我来告诉你……"等语言，同时注意控制节奏，给游客缓冲、消化知识内容的时间。

三、注意讲解后的导游服务

(一)巧妙回答游客的提问

在导游讲解结束后，游客有可能提出各种各样的问题，如果问题与游览有关，而且导游也知道如何回答，可以在回答问题的同时进行深入讲解，往往会有好的效果，能增强游客对自己的信任；如果问题与游览无关，就要学会巧妙地回避。当遇到自己不清楚的问题时切忌胡乱回答，以免被当面指出，贻笑大方，从而失去游客对自己的信任；如果自己知道确切答案，但游客有另一种说法时，要注意不要当众争执，不要直接指出对方的错误，要学会回避矛盾、找出共同点，给对方找"台阶"下，及时转换话题。

(二)引导游客"换位欣赏"

导游在讲解结束后，要善于引导游客用眼睛去发现美、从不同角度去欣赏美、从不同层面去感受美。譬如，在某个角度拍照效果最好、从某个地方远眺风景最美等。

(三)告知游客相关注意事项

导游在讲解结束后，要向游客说明自由活动的注意事项，针对他们值得去的地方及线路给出建议，再次强调集合的时间和地点，并告诉游客如果需要帮助可以在什么地方找到导游等。

每个导游在实地导游讲解中都会自觉或不自觉地运用各种方法技巧，只要善于总结和提炼，往往就能成为导游讲解中重要的要领。

随堂练

案例

视频

第八章
导游应变技能

【学习目标】

了解对游客个别要求的处理原则及游客投诉的心理。熟悉对游客投诉的处理。掌握游客在餐饮、住宿、交通、游览、购物、娱乐等方面个别要求的处理，游客要求自由活动、中途退团、延长旅游期限的处理。了解旅游事故的类型和特点，熟悉漏接、错接和误机（车、船）事故产生的原因，了解对游客死亡的处理。掌握对漏接、错接和误机（车、船）事故的预防与处理，对旅游计划和行程变更的处理，对游客证件、行李、钱物遗失和游客走失的预防与处理，对游客晕车（机、船）、中暑的预防与处理，对游客在旅游过程中患病的处理，对游客不当言行的处理，以及对旅游交通事故、治安事故、火灾事故、溺水、食物中毒等事故的预防与处理。熟悉地震、洪湖水、泥石流、台风、海啸等重大自然灾害的避险方法，掌握突发疫情事件的预防与处理。

第一节 游客个别要求的处理

在旅游过程中，导游常常会遇到不同种类的事故和游客提出的各种要求，无论它们轻重大小都会影响到游客的兴致，如果处理不好，更会直接影响到旅游的质量。很多时候，这些问题和要求并不是导游的责任，但作为旅游第一线的工作人员，导游有着解决这些问题和事故的责任，这就需要导游具备相应的应变能力。

一、游客个别要求的处理原则

游客的个别要求是指参加团体旅游的游客提出的各种计划外的特殊要求。面对游客的种种特殊要求，导游应该怎样处理？怎样才能使要求得到基本满足的游客高高兴兴，又使个别要求没有得到满足的游客也满意导游的服务，甚至使爱挑剔的游客也对导游提不出更多的指责？这是对导游处理问题能力的一个考验，也是保证并提高旅游服务质量的重要条件之一。

面对个别游客的苛刻的要求和过分的挑剔，导游一定要认真倾听，冷静、仔细地分析，决不能置之不理，更不能断然拒绝。更不应在没有听完对方讲话的情况下就胡乱解释，或表示反感、恶语相加、意气用事。对不合理或不可能实现的要求和意见，导游要耐心解释，实事求是；处理问题要合情合理，尽量使游客心悦诚服；导游千万不能一口回绝，不能随便地说出"不行"两个字。当然，旅游团队中也难免有个别无理取闹者，如有偶遇，导游应沉着冷静、不卑不亢，既不伤主人之雅又不损客人之尊，理明则让。经过导游的努力仍有解决不了的困难时，导游应向旅行社领导汇报，请其帮助。总之，对游客提出的要求，不管其难易程度如何、合理与否，导游都应给予足够的重视并正确及时、合情合理地予以处理，力争使大家愉快地旅行游览。

一般来看，游客的个别要求可以分为四种情况：合理的，经过导游的努力可以满足的要求；合理的，但现实难以满足的要求；不合理的，经过努力可以满足的要求；不合理的，无法满足的要求。导游在处理游客的个别要求时，一般遵循以下基本原则。

（一）符合法律法规的原则

《导游管理办法》、《导游人员管理条例》和《旅行社管理条例》中规定了游客、导游、旅行社三者之间的权利和义务，导游在处理游客个别要求时，要符合法律对这三者的权利和义务规定。同时，还要考虑游客的个别要求是否符合我国法律的其他规定，如果相悖，应断然拒绝。

（二）"合理而可能"的原则

"合理而可能"原则是导游处理问题、满足游客要求的依据和准绳。对于游客在旅游过程中提出的个别要求，只要是合理的，又是可能办到的，即使有一定困难，导游也应该设法予以满足。

但是，有些游客在出游时出于求全的心理，或完全出于个人利益，会提出一些虽然合理但无法办到，或看似合理但实际不可能办到的要求。针对这些要求，导游一要认真倾听，二要微笑对待，三要耐心解释，晓之以理，动之以情，切不可断然拒绝。

对于某些并非出于真正需要而无理取闹的个别游客，导游也应待之以礼，做到有礼、有理、有节。若这种游客的无理取闹行为影响到整个旅游团的正常活动，导游可请领队或全陪协助出面解决，或直接请全体游客主持公道。

(三) 尊重游客的原则

游客提出的要求，大多数是合情合理的，但总会有客人提出一些苛刻的要求，使导游为难。旅游团中也不可避免会出现无理取闹之人。对待这种情况，导游一定要记住自己的职责，遵循"尊重游客"的原则，对客人礼让三分。对客人的挑剔，甚至吵嚷、谩骂，导游要保持冷静，始终有礼、有理、有节，不卑不亢。

公平对待原则是指导游对所有客人一视同仁、平等相待。不管游客来自哪个国家、属于哪个民族、具有哪种宗教信仰、拥有哪种肤色，不管其社会经济地位高低、年长年幼、男性女性，也不管其身体是否残疾，都是导游服务的对象。导游要尊重他们的人格，热情周到地为他们提供服务，维护他们的合法权益。切忌厚此薄彼、亲疏偏颇。

(四) 维护尊严原则

《导游管理办法》中对于导游执业权利有着明确的保障，规定了导游在对待游客的个别要求时，要坚决维护国家的尊严和自身的人格尊严。对游客有损国家利益和民族尊严的要求应断然拒绝，并予以严正驳斥；对游客提出的侮辱自身人格尊严或违反导游职业道德的不合理要求，也应予以拒绝。

二、游客个别要求的处理方法

(一) 游客在餐饮方面个别要求的处理

俗话说得好："民以食为天。"跨国界、跨地区的游客对餐饮的要求各不相同，因餐饮问题引起的游客投诉屡见不鲜。下面就常见的六种情况讲述导游面对此类要求的处理方法。

1. 对特殊饮食要求的处理

由于宗教信仰、生活习惯、身体状况等原因，有些游客会提出饮食方面的特殊要求，例如不吃荤腥，不吃油腻、辛辣食品，不吃猪肉或其他肉食，甚至不吃盐、糖、味精等。对游客提出的特殊要求，要区别对待。

若游客所提要求在旅游协议书中有明文规定的，接待社必须早做安排，地陪在接团前应检查落实情况，不折不扣地兑现。若旅游团抵达后或到定点餐厅后临时提出要求，则需视情况而定。一般情况下，地陪应立即与餐厅联系，在可能的情况下尽量满足其要求；如情况复杂，确实有困难满足不了其特殊要求的，地陪则应说明情况，协助游客自行解决。如：建议游客到零点餐厅临时点菜或带他去附近餐馆（最好是旅游定点餐馆）用餐，餐费自理。

2. 要求换餐

部分外国游客不习惯中餐的口味，在吃过几顿中餐后要求改换成西餐；有的外地游客想尝尝当地小吃，要求换成风味餐。诸如此类要求，处理时应考虑如下几方面：

首先要看是否有充裕的时间换餐。如果旅游团在用餐前3小时提出换餐的要求，地陪应尽量与餐厅联系，但需事先向游客讲清楚，如能换妥，差价由游客自付。并且，询问餐厅能否提供相应服务。若计划中的供餐单位不具备供应西餐或风味餐的能力，可考虑更换餐厅。如果是在接近用餐时间或到餐厅后提出换餐要求，应视情况而定：若该餐厅有该项服务，地陪应协助解决；如果情况复杂，餐厅又没有此项服务，一般不应接受此类要求，但应向游客做好解释工作。若游客仍坚持换餐，地陪可建议其到零点餐厅自己点菜或单独用餐，费用自理并告知原餐费不退。

3. 要求单独用餐

由于旅游团的内部矛盾或其他原因，个别游客要求单独用餐。此时，导游要耐心解释，并告诉领队请其调解；如游客坚持，导游可协助与餐厅联系，但餐费自理，并告知原定餐费不退。

由于游客外出自由活动、访友、疲劳等原因不随团用餐，导游应同意其要求，但要说明餐费不退。

4. 要求在客房内用餐

若游客生病，导游可请饭店将饭菜送进房间以示关怀。若是健康的游客希望在客房用餐，应视情况办理；如果餐厅能提供此项服务，可满足游客的要求，但必须告知服务费标准。

5. 要求自费品尝风味餐

旅游团要求外出自费品尝风味餐，导游应予以协助，可由旅行社出面，也可由游客自行与有关餐厅联系订餐；风味餐订妥后旅游团又想不去，导游应劝他们在约定时间前往餐厅，并说明若不去用餐则须赔偿餐厅的损失。

6. 要求推迟就餐时间

由于游客的生活习惯不同，或由于游客在某旅游地游兴未尽等原因要求推迟用餐时间，导游可与餐厅联系，视餐厅的具体情况处理。一般情况下，导游要向旅游团说明餐厅有固定的用餐时间，过时用餐需另付服务费。若餐厅不提供过时服务，最好按时就餐。

（二）游客在住宿方面个别要求的处理

旅游过程中，饭店是游客临时的家。对于住宿方面的要求，游客是相当重视的，导游一定要尽力协助解决，满足游客的要求。

1. 要求调换饭店

团体游客到一地旅游时，享受何种星级饭店的住房在旅游协议书中有明确规定，有的在什么城市下榻于哪家饭店都写得清清楚楚。所以，接待旅行社向旅游团提供的客房低于标准，即使用同星级的饭店替代协议中标明的饭店，游客都会提出异议。

如果接待社未按协议安排饭店或协议中的饭店确实存在卫生、安全等问题而致使游客提出调换饭店的要求，地陪应随时与接待社联系，接待社应负责予以调换。如确有困难，按照接待社提出的具体办法妥善解决，并向游客阐述有说服力的理由，提出补偿条件。

2. 要求调换房间

根据客人提出的不同理由，有不同的处理方法：

（1）房间不干净。例如有蟑螂、臭虫、老鼠等，游客提出换房应立即满足，必要时应调换饭店。

（2）客房设施，尤其是房间卫生达不到清洁标准。应立即打扫、消毒，如游客仍不满意，坚持调房，应与饭店有关部门联系予以满足。

（3）房间的朝向、层数不佳。客人要求调换另一朝向或另一楼层的同一标准客房时，若不涉及房间价格并且饭店有空房，可与饭店客房部联系，适当予以满足，或请领队在团队内部进行调整。无法满足时，应做耐心解释，并向游客致歉。

（4）游客要住高于合同约定标准的房间。如有空房可予以满足，但游客要交付原定饭店退房损失费和房费差价。

3. 要求住单间

团队旅游一般安排住标准间或三人间。游客可能会因生活习惯不同或因与同室游客之间闹矛盾，而要求住单间。导游应先请领队调解或进行内部调整，若调解不成，饭店如有空房，可满足其要求。但导游必须事先说明，房费由游客自理（一般由提出方付房费）。

4. 要求延长住店时间

由于某种原因（生病、访友、改变旅游日程等）而中途退团的游客提出延长在本地的住店时间，可先与饭店联系，若饭店有空房，可满足其要求，但延长期内的房费由游客自付。如原住饭店没有空房，导游可协助联系其他饭店，房费由游客自付。

5. 要求购买房中物品

如果游客看中客房内的某种摆设或物品，要求购买，导游应积极协助，与饭店有关部门联系，满足游客的要求。

（三）游客在交通方面个别要求的处理

交通是衔接旅游行程的纽带，一般情况下交通行程都是事先预订好，并且不方便更改，但在实际工作中仍会有游客提出个别要求。

1. 要求更换交通工具类型

如火车改为飞机或普通列车改为动车、高铁等。这种要求除非在自然灾害、误车（机、船）等特殊情况下，一般都不能答应更换。旅途中票务预订、退换非常烦琐，短时间内很难满足。更换出行时间与上述处理方式相同。

2. 要求提高交通工具等级

如提高舱位、座位等级等。导游遇到这种要求应首先与接待社计调部联系，若有所要求等级的舱位、座位可帮忙更换，但差价及相关费用自理。

（四）游客在游览方面个别要求的处理

游览是游客出行的主要目的，在行程中随着环境和兴致的变化，游客可能会提出一些个别要求，导游应针对不同的要求区别处理。

1. 游客要求更换或取消游览项目

凡是计划内的游览项目，导游一般应该不折不扣地按计划进行。若是全团统一提出更换游览项目，则需请示接待社计调部门，请其与组团社联系，同意后方可更换；若是个别游客提出更换游览项目，地陪应向游客耐心解释，不能随意更换。

2. 游客要求增加游览项目

在时间允许的情况下，导游应请示接待社并积极协助。与接待社有关部门联系，请其报价，将接待社的对外报价报给游客，若游客认可，地陪则陪同前往，并将游客交付的费用上交接待社，将发票交给游客。

（五）游客在购物方面个别要求的处理

购物是旅游活动的重要组成部分，游客往往会有各种各样的特殊要求，导游要不怕麻烦、不图私利，设法予以满足。

1. 要求单独外出购物

游客要求在自由活动时间单独外出购物，导游要给予力所能及的帮助，当好购物参谋。如建议去哪家商场、联系出租车、写中文便条等。但是，在离开本地当天要劝阻，以防误机（车、船）。

2. 要求退换商品

当游客购物后发现是残次品、计价有误或对物品不满意，要求导游帮其退换，导游应积极协助，必要时陪同前往。

3. 要求再次前往某商店购物

游客欲购买某一商品，出于"货比三家"的考虑或对于商品价格、款式、颜色等犹豫不决，当时没有购买，后来经过考虑又决定购买，要求地陪帮助。对于这种情况，地陪应热情帮助：如有时间可陪同前往，车费由游客自理。若因故不能陪同前往可为游客写张中外文便条，写清商店地址及欲购商品的名称，请其乘出租车前往。

4. 要求购买古玩或仿古艺术品

游客希望购买古玩或仿古艺术品，导游应带其到古玩商店购买，买妥物品后要提醒他保存发票，不要将物品上的火漆印（如有的话）去掉，以便海关查验；游客如在地摊上选购古玩，导游应劝阻，并告知中国的有关规定；若发现个别游客有走私文物的可疑行为，导游必须及时报告有关部门。

5. 要求购买中药材

有些游客想买些中药材，并携带出境。导游应告知中国海关有关规定（数量、品种、限量等，有关内容见第九章）。

（六）游客在娱乐方面个别要求的处理

文娱活动是晚间活动的重要内容，有协议书规定的，也有游客要求自费观赏的文娱演出。近年来，旅游演艺活动发展速度很快，很多地方都推出了一些极具观赏性和体验性的文娱演艺，不仅充实了游客的夜间生活，也会给他们留下深刻的印象，帮助他们进一步了解中国的传统文化。对于文娱活动，游客各有爱好，不应该强求一致。游客提出种种要求，导游应本着"合理而可能"的原则，视具体情况妥善处理。

1. 要求调换计划内的文娱节目

凡在计划内注明有文娱节目的旅游团，一般情况下，地陪应按计划准时带游客到指定娱乐场所观看文艺演出。若游客提出调换节目，地陪应针对不同情况，本着"合理而可行"的原则，做出如下处理：

（1）全团游客提出更换

如果全团游客提出更换，地陪应与接待社计调部门联系，尽可能调换，但不要在未联系妥当之前许诺；如接待社无法调换，地陪要向游客耐心解释，并说明票已订好，不能退换，请其谅解。

（2）部分游客提出更换

如果部分游客要求观看别的演出，处理方法同上。若决定分路观看文娱演出，在交通方面导游可做如下处理：如两个演出点在同一线路，导游要与司机商量，尽量为少数游客提供方便，送他们到目的地；若不同路，则应为他们安排车辆，但车费自理。

2. 要求自费观看文娱节目

在时间允许的情况下，导游应积极协助。以下两种方法地陪可酌情选择：一是与接待社有关部门联系，请其报价。将接待社的对外报价（其中包括节目票费、车费、服务费）报给游客，并逐一解释清楚。若游客认可，请接待社预订，地陪同时要陪同前往，将游客交付的费用上交接待社并将收据交给游客；二是协助解决，提醒客人注意安全。地陪可帮助游客联系购买节目票，请游客自行乘坐出租车前往，一切费用由游客自理。但应提醒游客注意安全、记好饭店地址。必要时，地陪可将自己的联系电话告诉游客。

如果游客执意要去大型娱乐场所或情况复杂的场所，导游必须提醒游客注意安全，必要时可陪同前往。

3. 要求前往不健康的娱乐场所

游客如果要求去不健康的娱乐场所和过不正常的夜生活，导游应断然拒绝并介绍中国的传统观念和道德风貌，严肃指出不健康的娱乐活动和不正常的夜生活在中国是明令禁止的，是违法行为，会受到法律的惩处。

（七）游客要求自由活动的处理

旅游线路安排中往往有自由活动时间，在集体活动时间内也有游客提出单独活动的要求。导游应根据不同情况，妥善处理。

1. 应劝阻游客自由活动的几种情况

（1）如旅游团计划去另一地游览，或旅游团即将离开本地时，导游应劝阻游客不要自由活动，特别是需要较长时间的活动，如到热闹的地方购物，以避免误机（车、船）。

（2）如在地方治安不理想、复杂、混乱的地方，导游要劝阻游客外出活动，更不要单独活动，但必须实事求是地说明情况。

（3）不宜让游客单独骑自行车去人生地不熟、车水马龙的街头游玩。

（4）游河（湖）时，游客提出希望划小船或在非游泳区游泳的要求，导游不能答应，不能置旅游团于不顾而陪少数人去划船、游泳。

（5）游客要求去不对外开放的地区、机构参观游览，导游不得答应此类要求。

2. 允许游客自由活动时导游应做的工作

（1）要求全天或某一景点不随团活动。由于有些游客已来旅游城市多次，或已游览过某一景点，不想重复游览，因而不想随团活动。要求不游览某一景点或一天、数天离团自由活动。如果其要求不影响整个旅游团的活动，可以满足并提供必要帮助。导游可按照以下程序处理：

①提前说明如果不随团活动，无论时间长短，所有费用不退，需增加的各项费用自理。

②告诉游客用餐的时间和地点，以便其归队时用餐。

③提醒其注意安全，保护好自己的财物。

④提醒游客带上饭店卡片（卡片上有中英文饭店名称、地址、电话）备用。

⑤用中英文写张便条，注明客人要去的地点的名称、地址及简短对话，以备不时之需。

⑥必要时将自己的手机号码告诉游客。

（2）到游览点后要求自由活动。到某一游览点后，若有个别游客不想按规定的线路游览而希望自由游览或摄影，若环境许可（游人不太多，秩序不乱），可满足其要求。导游要提醒其集合的时间和地点及旅游车的车号，必要时留一字条，上写集合时间、地点和车号以及饭店名称和电话号码，以备不时之需。

（3）自由活动时间或晚间要求单独行动。导游应建议不要走得太远，不要携带贵重物品（可寄存在前台），不要去秩序乱的场所，不要太晚回饭店等。

（4）少数人要求一起活动。少数人自由活动时，导游应与大多数游客在一起，不可置大多数人于不顾，陪少数人单独活动，而且要确保旅游计划的全面贯彻实施。

（八）游客要求亲友随团活动的处理

1. 游客要求中国籍亲友随团活动

游客提出希望旅行社准许其中国亲友参加旅游团在当地的活动，甚至随团一起到其他城市旅游，在条件允许（如车上有空位，不影响其他人）的情况下，可满足游客要求，但事先要征得领队和旅游团其他成员的同意，然后到旅行社办理入团手续，并交付各种费用。导游对游客随团活动的亲友，应热心服务，一视同仁，并根据情况给予照顾。如果其亲友不办理手续、不交纳费用就直接随团活动，导游应有礼貌地问清他们与游客的关系以及姓名和工作单位，向游客及其亲友解释旅行社的有关规定，请其谅解，说明他们必须先办理手续，然后再随团活动。

2. 游客要求外国籍亲友随团活动

游客要求其外国籍亲友随团活动，一般情况下，在征得领队和旅游团其他成员的同意后方可允许。但外国籍亲友须出示有效证件，办理入团手续，交付必要的费用。对使、领馆人员的随团活动要求，导游要了解其姓名、身份、活动的内容。如果是外交官员还应享受相应的外交礼遇。对他们的接待和活动安排严格按我国政府的有关规定办理。如果游客的在华亲友以记者身份参加旅游团的活动，一般不同意，特殊情况须请示有关部门的批准。

（九）游客要求中途离团的处理

1. 因特殊原因提前离开旅游团

游客因患病，或因家中出事，或因工作上急需，或因其他特殊原因，要求提前离开旅游团、终止旅游活动，经接待社与组团社协商后可予以满足，至于剩余的旅游费用，按旅游协议书中的约定部分退还，或不予退还。

2. 无特殊原因执意离团的

游客无特殊原因，只是某个要求得不到满足而提出提前离团。导游要配合领队做说服工作，劝其继续随团旅游；若接待社确有责任，应设法弥补；若游客提出的是无理要求，要做耐心解释；若劝说无效，游客仍执意要求退团，可满足其要求，但应告知其剩余旅游费用不予退还。

外国游客不管因何种原因要求提前离开中国，导游都要在领导指示下协助游客重订航班、机座，办理分离签证及其他离团手续，所需费用由游客自理。

（十）游客要求延长旅游期限的处理

1. 由于某种原因中途退团，但本人继续在当地逗留需延长旅游期

对无论何种原因中途退团并要求延长在当地旅游期限的游客，导游应帮其办理一切相关手续。对那些因伤病住院，不得不退团并需延长在当地居留时间者，除了办理相关手续外，还应前往医院探视，并协助解决患者或其陪伴家属在生活上的困难。

2. 不随团离开或出境

旅游团的游览活动结束后，由于某种原因，游客不随团离开或出境，要求延长逗留期限，地陪应酌情处理：若不需办理延长签证的一般可满足其要求；无特殊原因游客要求延长签证，原则上应予婉拒；若确有特殊原因需要留下但需办理签证延期的，地陪应请示旅行社领导，向其提供必要的帮助。

（1）办理延长签证手续的具体做法是：先到旅行社开证明，然后陪同游客持旅行社的证明、护照及集体签证到出入境管理部门，办理分离签证手续和延长签证手续，费用自理。

（2）如果离团后继续留下的游客需要帮助，一般可帮其做以下工作：协助其重新订妥航班、机座或火车票、饭店等，并向其讲明所需费用自理；如其要求继续提供导游或其他服务，则应与接待社另签合同。

（3）离团后产生的一切费用均由游客自理。

三、旅游投诉的心理与处理

旅游投诉是指游客为维护自身合法权益，对损害其合法权益的旅游经营者和有关单位以书面或口头形式向旅游行政管理部门提出投诉，请求管理部门处理的行为。旅游投诉有的是针对导游，有的是针对旅游经营者或其他单位。无论是哪种情况，当游客向导游表达时，导游都应认真对待，及时、妥善地处理。

（一）游客投诉的心理

不同的游客，其投诉的心理也不尽相同，通常主要有三种，即求尊重的心理、求发泄的心理和求补偿的心理。

1. 求尊重的心理

游客希望在旅游过程中受到尊重，尤其是那些身份和地位较高的游客。导游和有关服务人员的某些言行有时在他们看来不仅是不尊重，而且简直是一种侮辱，因而引起他们的不满而产生投诉行为，其目的是求得尊重。

2. 求发泄的心理

求发泄是游客通过投诉来表达其内心的愤懑情绪和不满的一种形式。他们因对导游和旅行社或其他旅游服务人员和单位的态度和行为感到不满，觉得受了委屈因而提出了投诉，其目的是发泄胸中的不满和怨气，求得心理上的平衡。

3. 求补偿的心理

求补偿是游客认为其合法权益受到损害而通过投诉以期获得某种补偿的心理。这种要求补偿的心理可能是物质上的，例如希望旅行社向其退还部分旅游费用；也可能是精神上的，例如希望旅行社和导游向其表示道歉。

（二）旅游投诉的处理

对旅游投诉的妥善处理，可以将坏事变成好事，导游不仅可以从中取得经验，而且也有助于改进旅游接待工作中的一些薄弱环节。对旅游投诉的处理应注意如下要点：

1. 耐心倾听，不与争辩

导游在接受游客口头投诉时，应尽量采取个别接触的方式，以避免对其他游客形成影响；对于集体投诉，最好请其派出代表，以免人多嘴杂，影响导游思考。在接受游客投诉时，导游要保持冷静，耐心倾听，不管游客的脾气多大、态度多差，也不管投诉的事情是大是小，出入多大，都要让其把话说完，要善于听其弦外之音，并请教游客自己的理解是否正确，以体现对游客的尊重。同时做好必要的记录，捕捉游客投诉的要点，既让客人感到接待人员听取投诉的态度是真诚的，是愿意帮助他们解决问题的，又为导游确定投诉问题的性质和严重程度提供依据。必要时可请游客签名留据，以为妥善解决问题提供帮助。若游客投诉时，态度蛮横、气氛紧张、无任何缓和余地，导游无法同其交流下去，则可有礼貌地提出建议，另找时间再谈。

2. 表示同情和理解，不盲目做出承诺

对于游客的投诉，导游要设身处地地从游客的角度着想。因为在游客看来，他们投诉的都不是一般的小问题，而是直接关系到其利益的大事。因此，导游要表现出充分的同情和理解，要采取适当的言语来缓和游客的情绪和现场气氛。

如果游客的投诉是针对导游服务的，又基本符合实际，导游应向游客表示歉意，在服务中将重点放在其投诉的问题上，用行动争取游客的谅解。如果游客投诉的问题属于相关接待单位，导游也要有代人受过的胸怀，表示"对这种情况的发生，我也感到遗憾"，"对你此时的心情我很理解，我将努力转达你的意见"。如果游客要求导游对其投诉的问题表示看法，为了缓和紧张的气氛，导游可表示"请给我点时间让我好好想想"。

对于游客在投诉中提出的要求，特别是有关赔偿的问题，导游不要轻易做出任何承诺，可表示"这个问题让我和有关方面联系一下"，以避免工作中的被动和可能带来的麻烦。

3. 调查了解，迅速答复

游客的投诉，既不能全盘肯定，也不能全盘否定，导游要对投诉的问题进行全面的调查了解，并同有关方面进行核实，在此基础上根据事实进行处理，不要匆忙地做出判断。如涉及赔偿问题，要同有关单位进行协商。

在处理游客投诉时，导游必须做到：

（1）办理及时，不要拖延。遵循"谁的问题谁负责"，争取"就地消化，现场解决"。如客房卫生差、饭菜质量低等类问题，在同相关接待单位磋商后立即解决。

（2）答复迅速。迅速答复，体现了导游对游客投诉的重视程度。若一时无法答复，应向游客明确答复的时间，以让游客放心。在答复之前，导游要考虑游客能否接受，答复同游客要求的差距有多大，并根据差距的大小来考虑答复的方法。如果游客的诉求与相关单位答复之间差距较大，导游可建议双方协商解决，做好调解工作。当协商达成一致后，导游事后要做落实检查工作，提醒双方办好必要的手续（尤其是赔偿问题），最好复印一份留存，以防游客事后反悔。即使旅游期间有些投诉未得到解决，导游也应将有关证据和原始记录转交旅行社，也可为进一步协商解决问题提供有益的依据。

(3) 对游客投诉中反映的意见表示感谢。

(4) 对一些重要投诉或导游无力解决的问题要及时报告旅行社。

(5) 注意保护投诉者的隐私。有些游客在旅游活动结束时,向导游或组团社对接待社的服务质量提出投诉,导游或组团社不要将投诉者的姓名和联系方式反馈给接待社,以避免有的接待社打电话或发短信对投诉者进行骚扰,从而给投诉者带来更多的麻烦,甚至招致进一步的投诉。

第二节 问题与事故处理

一、常见问题和事故的预防与处理

导游在实际带团过程中可能会遇到一些突如其来的问题,如游客生病、物品遗失、计划行程变更等;也有可能遇到一些旅游事故。旅游事故指因旅游服务部门运行机制出现故障造成的事故,一般可分为责任事故和自然事故两种,其中责任事故是由于接待方的疏忽、计划不周等原因造成的事故;自然事故也称非责任事故,是指由于天气变化、自然灾害或非接待部门的原因造成的事故。

(一) 漏接和错接的处理

1. 漏接的原因、预防及处理

漏接是指旅游团(者)抵达后,无导游迎接的现象。出现漏接现象,无论是什么原因引起,都会造成游客的不满情绪,这都是正常的。重要的是导游要做好处理工作,时刻为游客着想,尽快消除游客的不满情绪。

(1) 漏接的原因

主观原因造成的漏接:

①由于导游自身工作不够细致,没有认真阅读接待计划,把旅游团(者)抵达的日期、时间、地点搞错。

②导游迟到,没有按预定的时间提前抵达接站地点。

③由于某种原因,班次变更,旅游团提前到达,接待社有关部门在接到上一站通知后,在接待计划中注明,但导游没有认真阅读,仍按原计划接站。

④导游没有核对新的航班时刻表,特别是在新、旧时刻表交替时,想当然地仍按旧时刻表的时间接站,因而造成漏接事故。

⑤导游举牌接站的地方选择不当。

客观原因造成的漏接:

①由于种种原因,上一站接待社将旅游团原定的班次或车次进行变更而提

前抵达，但漏发变更通知，造成漏接。

②接待社已接到变更通知，但有关人员没有及时通知该团地陪，造成漏接。

③司机迟到，未能按时到达接站地点，造成漏接。

④由于交通堵塞或其他预料不到的情况发生，未能及时抵达机场（车站），造成漏接。

⑤由于国际航班提前抵达或游客在境外中转站乘其他航班而造成漏接。

（2）漏接的预防

①认真阅读计划。导游接到任务后，应了解旅游团抵达的日期、时间、接站地点（具体是哪个机场、车站、码头），并亲自核对清楚。

②核实交通工具到达的准确时间。旅游团抵达的当天，导游应与旅行社有关部门联系，弄清班次或车次是否有变更，并及时与机场（车站、码头）联系，核实抵达的确切时间。

③提前抵达接站地点。导游应与司机商定好出发时间，保证按规定提前30分钟到达接站地点。

（3）漏接的处理

①实事求是地向游客说明情况，诚恳地赔礼道歉，求得游客谅解。如果不是自身的原因要立即与接待社联系，告知现状，立即查明原因，并耐心向游客做解释工作，消除误解。

②尽量采取弥补措施，使游客的损失降到最低限度。如果有费用问题（如游客乘出租车到饭店的车费），应主动将费用赔付游客。

③提供更加热情周到的服务，高质量地完成计划内的全部活动内容，以求尽快消除因漏接而给游客造成的不愉快情绪。

④必要时请接待社领导出面赔礼道歉，或酌情给游客一定的物质补偿。

2. 错接的原因、预防及处理

错接是指导游接了不应由他接的旅游团（者）。

（1）错接的原因

错接旅游团一般是责任事故，是因导游责任心不强造成的。错接事故容易发生在旅游热点地区和旅游旺季。有的旅行社同时派出一个以上的团队前往同一地；或者在旺季时，多个团队的游客会乘同一航班抵达目的地。

（2）错接的预防

①导游应提前到达接站地点迎接旅游团。

②接团时认真核实。导游要认真逐一核实旅游客源地派出方旅行社的名称、旅游目的地组团旅行社的名称、旅游团的代号、人数、领队姓名（无领队的

团要核实游客的姓名)、下榻饭店等。

③提高警惕,严防社会其他人员非法接走旅游团。

(3)错接的处理

一旦发现错接,地陪应立即采取的措施是:

①报告领导。发现错接后马上向接待社领导及有关人员报告,查明两个错接团的情况,再做具体处理。

②将错就错。如经核查,错接发生在本社的两个旅游团之间,两个导游又同是地陪,那么可将错就错,两名地陪将接待计划交换之后就可继续接团。

③必须交换。如经核查,错接的团分属两家接待社接待,则必须交换;如错接的两个团属同一旅行社接待,但两个导游中有一名是地陪兼全陪,那么,也应交换旅游团。

④地陪要实事求是地向游客说明情况,并诚恳地道歉,以求得游客的谅解。

⑤如发生其他人员(非法导游)将游客带走的情况,应马上与饭店联系,看游客是否已入住应下榻的饭店。

(二)旅游计划和日程变更的处理

计划和日程的变更是根据旅游活动中实际需要而决定的,一般有以下三种情况。

1. 客观原因需要变更计划和日程

旅游过程中,因客观原因、不可预料的因素(如天气、自然灾害、交通问题等)需要变更旅游团的旅游计划、线路和活动日程时,一般会出现三种情况,针对不同情况要有灵活的应变措施:

(1)缩短或取消在某地的游览时间

①旅游团(者)的抵达时间延误,造成旅游时间缩短:仔细分析因延误带来的困难和问题,并及时向接待社外联或计调部门报告,以便将情况尽快反馈给组团社,找出补救措施;在外联或计调部门的协助下,安排落实该团交通、住宿、游览等事宜。提醒有关人员与饭店、车队、餐厅联系,及时办理退房、退车、退餐等一切相关事宜;地陪应立即调整活动日程,压缩在每一景点的活动时间,但尽量保证不减少计划内的游览项目。

②旅游团(者)提前离开,造成游览时间缩短:立即与全陪、领队商量,采取尽可能的补救措施;立即调整活动时间,抓紧时间将计划内游览项目完成;若有困难,无法完成计划内所有游览项目,地陪应选择最有代表性、最具特色的重点旅游景点,让游客对游览景点有个基本的了解。做好游客的工作,不要急于将旅游团提前离开的消息告诉旅游团(者),以免引起躁动。待与领队、全

陪制订新的游览方案后，找准时机先向旅游团中有影响力的游客实事求是地说明困难，诚恳地道歉，以求得谅解，并将变更后的安排向他们解释清楚，争取他们的认可和支持，最后分头做其他游客的工作。地陪应通知接待社计调部门或有关人员办理相关事宜，如：退房、退餐、退车等。给予游客适当的补偿：必要时经接待社领导同意可采取加菜、送风味餐、赠送小纪念品等物质补偿的办法。如果旅游团的活动受到较大的影响，游客损失较大而引起强烈的不满时，可请接待社领导出面表示歉意，并提出补偿办法。若旅游团（者）提前离开，全陪应立即报告组团社，并通知下一站接待社。

（2）延长旅游时间

游客提前抵达或推迟离开都会造成延长游览时间而需要变更游览日程。出现这种情况，地陪应该采取以下措施：

①落实有关事宜，与接待社有关部门或有关人员联系，重新落实旅游团（者）的用房、用餐、用车的情况，并及时落实离开的机、车票。

②迅速调整活动日程：适当地延长在主要景点的游览时间。经组团社同意后，酌情增加游览景点，或晚上安排健康的文体活动，努力使活动内容充实。

③提醒有关接待人员通知下一站该团的日程变化。

④在设计变更旅游计划时，地陪要征求领队和全陪的建议和要求，共同商量，取得他们的支持和帮助。在变更的旅游计划确定之后，应与领队、全陪商量好如何向团内游客解释说明，取得他们的谅解与支持。

（3）逗留时间不变，但被迫改变部分旅游计划

出现这种情况，肯定是外界客观原因造成，如：大雪封山、维修改造，进入危险地段等。这时导游应采取如下措施：

①实事求是地将情况向游客讲清楚，求得谅解。

②提出由另一景点代替的方案，与游客协商。

③以精彩的导游讲解、热情的服务激起游客的游兴。

④按照有关规定做些相应补偿，如用餐时适当地加菜，或将便餐改为风味餐，赠送小礼品等。必要时，由旅行社领导出面，诚恳地向游客表示歉意，尽量让游客高高兴兴地离开。

2. 旅游团（者）要求变更计划日程

在旅游过程中，由于种种原因，游客向导游提出变更旅游线路或旅游日程时，原则上应按旅游合同执行；遇有较特殊的情况或由领队提出，导游也无权擅自做主，要上报组团社或接待社有关人员，必须经有关部门同意，并按照其指示和具体要求做好变更工作。

3. 因旅行社的原因需要调整计划日程

在旅游计划安排过程中，可能出现因旅行社的工作疏忽（如景区当天不开放、游客预订节目没安排等）造成旅游活动安排不周，需要临时进行调整。出现这种情况时应首先对计划进行合理安排，尽量不影响日程，然后将安排后的计划与领队及游客沟通，获取他们的谅解，再按照新计划安排游览。

（三）误机（车、船）事故的处理

误机（车、船）事故是指因故造成旅游团（者）没有按原定航班（车次、船次）离开本站而导致暂时滞留。

1. 误机（车、船）事故的原因

一般此类事故的发生有两种情况：一种情况是由于导游工作上的差错和不负责任造成的，如安排日程不当或过紧，没能按时抵达机场（车站、码头）；没有认真核实票据，将时间或地点搞错。另一种情况则是因为游客走失；或游客没有按安排时间准时集合及其他意外事件（如交通事故、天气变化、自然灾害等）所造成的。

2. 误机（车、船）事故的预防

误机（车、船）带来的后果严重，杜绝此类事故的发生关键在预防，地陪应做到以下几点：

（1）认真核实机（车、船）票的班次（车次、船次）、日期、时间及在哪个机场（车站、码头）乘机（车、船）等。

（2）如果票据未落实，接团期间应随时与接待社有关人员保持联系。没有行李车的旅游团在拿到票据核实无误后，地陪应立即将其交到全陪或游客手中。

（3）离开当天不要安排旅游团到地域复杂、偏远的景点参观游览，不要安排自由活动。

（4）留有充足的时间去机场、车站、码头，要考虑到交通堵塞或突发事件等因素。

（5）保证按规定的时间到达机场、车站或码头。乘国内航班：提前2小时到达机场；乘国际航班出境：提前3小时到达机场；乘火车或轮船：提前1小时到达火车站或码头。

3. 误机（车、船）事故的处理

（1）将成事故的应急措施

旅游团正在去往机场（车站、码头），将成误机（车、船）事故时，导游应采取如下应急措施：与机场取得联系，请求等候，讲明旅游团的名称、人数、现在何处,大约何时能够抵达机场。如取得同意,导游要立即组织游客尽快赶赴机场,同时向旅行社汇报情况,请求帮助协调。同时还需要向各个有关部门、有关人员(如海关、交通车队、行李员、旅游车司机等)讲清游客误机情况和补救办法,并说明请求协助的事项。

(2)已成事故的处理办法

①地陪应立即向旅行社领导及有关部门报告并请求协助。

②地陪和旅行社尽快与机场(车站、码头)联系,争取让游客乘最近班次的交通工具离开本站,或采取包机(车厢、船)或改乘其他交通工具前往下一站。

③稳定旅游团(者)的情绪,安排好在当地滞留期间的食宿、游览等事宜。

④及时通知下一站,对日程做相应的调整。

⑤向旅游团(者)赔礼道歉。

⑥写出事故报告,查清事故的原因和责任,责任者应承担经济损失并受相应的处分。

(四)遗失问题的处理

遗失事故有些是由于游客个人马虎大意造成的,也有些是由于相关部门的工作失误造成的。它们不仅给游客带来经济损失,影响游客的情绪,还会给游客的旅游活动带来诸多不便,严重时甚至耽误游客离境。

导游和领队要注意做好在关键时刻的提醒工作,特别是游客每次下旅游车(飞机、火车、轮船)前、购物时、离店前。导游需要集中证件办理有关手续时,应通过领队向客人收取,用完后立即归还,不要代为保管。一旦发生游客财产安全事故,导游要做到态度积极、头脑冷静、行动迅速、设法补救。如果有线索,应迅速与有关部门联系查找,把损失降到最低限度;如果查找不到,应迅速向组团社或接待社报告,向有关部门报案,并协助游客根据有关规定办理必要的手续。

1. **证件、钱物、行李遗失的预防**

(1)多做提醒工作。参观游览时,导游要提醒游客带好随身物品和提包;在热闹、拥挤的场所和购物时,导游要提醒游客保管好自己的钱包、提包和贵重物品;离开饭店时,导游要提醒游客带好随身行李物品,检查是否带齐了旅行证件;下车时提醒游客不要将贵重物品留在车上。

(2)不代为保管游客证件。导游在工作中需要游客的证件时,要经由领队收取,用毕立即如数归还,不要代为保管;还要常提醒游客保管好自己的证件。

(3)切实做好每次行李的清点、交接工作。

(4)每次游客下车后,导游都要提醒司机清车、关窗并锁好车门。

2. 证件丢失

若游客证件丢失，首先请失主冷静地回忆，详细了解丢失情况，找出线索，尽量协助寻找。如确已丢失，马上报告公安部门、接待社领导和组团社并留下游客的详细地址、电话。再根据领导或接待社有关人员的安排，协助失主办理补办手续，所需费用由失主自理。

（1）丢失外国护照和签证

①由旅行社出具证明。

②请失主准备照片。

③失主本人持证明去当地公安局（外国人出入境管理处）报失，由公安局出具证明。

④持公安局的证明去所在国驻华使、领馆申请补办新护照及签证。

（2）丢失团体签证

①由接待社开具遗失公函。

②准备原团体签证复印件（副本）。

③重新打印与原团体签证格式、内容相同的该团人员名单。

④收齐该团全体游客的护照。

⑤持以上证明材料到公安局出入境管理处报失，并填写有关申请表（可由一名游客填写，其他成员附名单）。

（3）丢失中国护照和签证

华侨丢失护照和签证：①接待社开具遗失证明。②失主准备照片。③失主持证明、照片到公安局出入境管理处报失并申请办理新护照。④持新护照到其居住国驻华使、领馆办理入境签证手续。

中国公民出境旅游时丢失护照、签证：①请当地陪同协助在接待社开具遗失证明。②持遗失证明到当地警察机构报案，并取得警察机构开具的报案证明。③持当地警察机构的报案证明和有关材料到我国驻该国使、领馆领取中华人民共和国旅行证。④回国后，可凭中华人民共和国旅行证和境外警方的报失证明，申请补发新护照。

（4）丢失港澳居民来往内地通行证（港澳同胞回乡证）

①向公安局派出所报失，并取得报失证明；或由接待社开具遗失证明。

②持报失证明或遗失证明到公安局出入境管理处申请领取赴港澳证件。

③经出入境管理部门核实后，给失主签发一次性中华人民共和国入出境通行证。

④失主持该入出境通行证回港澳地区后，填写港澳居民来往内地通行证件

遗失登记表和申请表，凭本人的港澳居民身份证，向通行证受理机关申请补发新的通行证。

（5）丢失台湾同胞旅行证明

根据2015年《中国公民往来台湾地区管理办法》第二十七条规定，失主向遗失地的市、县公安机关报失，经调查属实的可以允许重新申请领取相应的旅行证件或者发给一次性有效的出境通行证。

（6）丢失中华人民共和国居民身份证

由当地接待社核实后开具证明，失主持证明到公安局报失，经核实后再开具身份证明，并按照交通部门的规定办理乘坐交通工具的临时证明。回到居住所在地后，凭公安局报失证明和有关材料到当地派出所办理新身份证。

3. 钱物丢失

（1）外国游客丢失钱物的处理

①稳定失主情绪，详细了解物品丢失的经过、物品的数量、形状、特征、价值。仔细分析物品丢失的原因、时间、地点，并迅速判断丢失的性质：是不慎丢失还是被盗。

②立即向公安局或保安部门以及保险公司报案（特别是贵重物品的丢失）。

③及时向接待社领导汇报，听取领导指示。

④接待社出具遗失证明。

⑤若丢失的是贵重物品，失主持证明、本人护照或有效身份证件到公安局出入境管理处填写失物经过说明，列出遗失物品清单。

⑥若失主遗失的是入境时向海关申报的物品，要出示中国海关行李申报单。

⑦若将中国海关行李申报单遗失，要在公安局出入境管理处申请办理《中国海关行李申报单报失证明》。

⑧若遗失物品已在国外办理财产保险，领取保险时需要证明，可以向公安局出入境管理处申请办理财物报失证明。

⑨若遗失物品是旅行支票、信用卡等票证，在向公安机关报失的同时也要及时向有关银行挂失。

失主持以上由公安局开具的所有证明，可供出海关时查验或向保险公司索赔。

发生证件、财物特别是贵重物品被盗是治安事故，导游应立即向公安机关及有关部门报警，并积极配合有关部门早日破案，挽回不良影响；若不能破案，导游要提供更加周到热情的服务，尽力安慰失主，缓解其低落的情绪并按上述步骤办理。

(2) 国内游客丢失钱物的处理

①立即向公安局、保安部门或保险公司报案。

②及时向接待社领导汇报。

③若旅游团行程结束时仍未破案，可根据失主丢失钱物的时间、地点、责任方等具体情况做善后处理。

4. 行李遗失

(1) 来华途中丢失行李

海外游客行李在来华途中丢失，不属于导游的责任，但也应帮助游客追回行李。

①带失主到机场失物登记处办理行李丢失和认领手续。失主必须出示机票及行李牌，详细说明始发站、转运站，说清楚行李件数及丢失行李的大小、形状、颜色、标记、特征等，并一一填入失物登记表；让失主将下榻饭店的名称、房间号和电话号码（如果已经知道的话）告诉登记处并记下登记处的电话和联系人，记下有关航空公司办事处的地址、电话，以便联系。

②游客在当地游览期间，导游要不时打电话询问行李寻找的情况，一时找不回行李，要协助失主购置必要的生活用品。

③离开本地前行李还没有找到，导游应帮助失主将接待旅行社的名称、全程旅游线路以及各地可能下榻的饭店名称转告有关航空公司，以便行李找到后及时运往相应地点交还失主。

④如行李确系丢失，失主可向有关航空公司索赔或按国际惯例取得赔偿。

(2) 在中国境内丢失行李

游客在我国境内旅游期间丢失行李，一般是在三个环节上出了差错，即：交通运输部门、饭店行李部门和旅行社的行李员。导游必须认识到，不论是在哪个环节出现的问题，都是我方的责任，应积极设法负责查找。

①仔细分析，找出差错的线索或环节：如果游客在机场领取行李时找不到托运行李，则很有可能是上一站行李交接或机场行李托运过程中出现差错。这时，全陪应马上带领失主凭机票和行李牌到机场行李查询处登记办理行李丢失或认领手续，并由失主填写《行李丢失登记表》。地陪立即向接待社领导或有关人员汇报，安排有关人员与机场、上一站接待社、有关航空公司等单位联系，积极寻找。如果抵达饭店后，游客告知没有拿到行李，问题则可能出现在四个方面：其一，本团游客误拿；其二，饭店行李员送错了房间；其三，旅行社行李员与饭店行李员交接时有误；其四，在往返运送行李途中丢失。出现这种情况，

地陪应立即依次采取以下措施：地陪与全陪、领队一起先在本团内寻找。如果不是以上原因，应立即与饭店行李部取得联系，请其设法查找。如果仍找不到行李，地陪应马上向接待社领导或有关部门汇报，请其派人了解旅行社行李员有关情况，设法查找。

②做好善后工作。主动关心失主，对因丢失行李给失主带来的诸多不便表示歉意，并积极帮助其解决因行李丢失而带来的生活方面的困难。

③随时与有关方面联系，询问查找进展情况。

④若行李找回，及时将找回的行李归还失主。若确定行李已丢失，由责任方负责人出面向失主说明情况，并表示歉意。

⑤帮助失主根据有关规定或惯例向有关部门索赔。

⑥事后写出书面报告（事故的全过程：行李丢失的原因、经过、查找过程、赔偿情况及失主和其他团员的反映）。

（五）游客走失的处理

在参观游览或自由活动时，时常有游客走失的情况。一般来说，造成游客走失的原因有三种：一是导游没有向游客讲清车号、停车位置或景点的游览线路；二是游客对某种现象和事物产生兴趣，或在某处摄影滞留时间较长而脱离团队自己走失；三是在自由活动、外出购物时游客没有记清饭店地址和线路而走失。

无论哪种原因，都会影响游客情绪、有损带团质量。导游只要有责任心，肯下功夫，就会降低这种事故的发生率。一旦发生这种事故，导游要立即采取有效措施以挽回不良影响。

1. 游客走失的预防

（1）做好提醒工作。提醒游客记住接待社的名称，旅游车的车号和标志，下榻饭店的名称、电话号码，带上饭店的店徽等。导游尽可能与游客互留手机号码。

团体游览时，地陪要提醒游客不要走散；自由活动时，提醒游客不要走得太远；不要回饭店太晚；不要去热闹、拥挤、秩序混乱的地方。

（2）做好各项活动的安排和预报。在出发前或旅游车离开饭店后，地陪要向游客预告一天的行程，上、下午游览点和吃中、晚餐餐厅的名称和地址。到游览点后，在景点示意图前，地陪要向游客介绍游览线路，告知旅游车的停车地点，强调集合时间和地点，再次提醒游客记住旅游车的特征和车号。

（3）时刻和游客在一起，经常清点人数。

（4）地陪、全陪和领队应密切配合。全陪和领队要主动负责做好旅游团的断后工作。

(5)导游要以高超的导游技巧和丰富的讲解内容吸引游客。

2. 游客走失的处理

只有当游客完全失去联系且在规定时间内没有返回,才能认定为游客走失。其处理办法如下:

(1)游客在旅游景点走失

①了解情况,迅速寻找。导游应立即向其他游客、景点工作人员了解情况并迅速寻找。地陪、全陪和领队要密切配合,一般情况下是全陪、领队分头去找,地陪带领其他游客继续游览。

②寻求帮助。在经过认真寻找仍然找不到走失者后,应立即向游览地的派出所和管理部门求助,特别是面积大、范围广、地段复杂、进出口多的游览点,因寻找工作难度较大,争取当地有关部门的帮助尤其必要。

③与饭店联系。在寻找过程中,导游可与饭店前台、楼层服务台联系,请他们注意该游客是否已经回到饭店。

④向旅行社报告。如采取了以上措施仍找不到走失的游客,地陪应向旅行社及时报告并请求帮助,必要时请示领导,向公安部门报案。

⑤做好善后工作。找到走失的游客后,导游要做好善后工作,分析走失的原因。如属导游的责任,导游应向游客赔礼道歉;如果责任在走失者,导游也不应指责或训斥对方,而应对其进行安慰,讲清利害关系,提醒以后注意。

⑥写出事故报告。若发生严重的走失事故,导游要写出书面报告,详细记述游客走失经过、寻找经过、走失原因、善后处理情况及游客的反映等。

(2)游客在自由活动时走失

①立即报告接待社和公安部门。导游在得知游客自己在外出时走失,应立即报告旅行社领导,请求指示和帮助;通过有关部门向公安局辖区派出所报案,并向公安部门提供走失者可辨认的特征,请求帮助寻找。

②做好善后工作。找到走失者,导游应表示高兴;问清情况,安抚因走失而受惊吓的游客,必要时提出善意的批评,提醒其引以为戒,避免走失事故再次发生。

③若游客走失后出现其他情况,应视具体情况作为治安事故或其他事故处理。

(六)晕车(机、船)预防与处理

1. 症状与体征

晕车(机、船)这种一系列的生理反应统称为"动晕症",其症状因人而异,轻者表现为头晕、胸闷、微汗、全身稍有不适;重者头痛心慌、眩晕恶心、呕吐不止，甚至发烧昏迷。虽然"动晕症"无法根治，但是可以做好预防和处理工作。

2. 预防常识

（1）避免在旅途中过度疲劳，因为疲劳是引起"动晕症"的原因之一。

（2）提醒有"动晕症"的游客在搭乘交通工具之前避免喝酒，避免过度饱食，尤其不能吃高蛋白和高脂食品，可吃些简单清淡的食物。

（3）照顾"动晕症"的游客在前排较平稳的位置就座，座位方向应与行驶方向一致。

（4）提醒有"动晕症"的游客，不要在搭乘交通工具时阅读书报杂志，也不要直视某个近物或看窗外快速移动的景物，最好闭目养神。

（5）建议"动晕症"严重的游客，可以在搭乘交通工具前30分钟服用抗晕药物。

3. 处理常识

（1）如有"动晕症"游客开始反应时，导游应立即关心游客身体状况，及时将其调整到合适的位置。

（2）将风油精涂抹于游客的太阳穴或风池穴上。

（3）提醒游客将腰带束紧，减少腹腔内脏的震荡，缓解不适。

（4）准备好食品袋和纸巾，尽快清除呕吐物。

（5）如"动晕症"游客症状严重，及时联系乘务人员。

（七）中暑预防与处理

1. 症状与体征

中暑是在烈日下或高温环境里，人体内热量不能及时散发，引起机体体温调节发生障碍的一种急性疾病。按中暑程度可分为轻症中暑和重症中暑。轻症中暑的症状有头昏、眼花、耳鸣、面色潮红、胸闷、皮肤灼热、体温升至38℃以上，甚至可出现面色苍白、恶心、呕吐、汗多、脉搏细弱、呼吸浅快等早期循环衰竭征象。重症中暑除出现以上症状外往往还会出现昏倒、痉挛或皮肤干热症状，体温超过40℃。

2. 预防常识

（1）做好防护工作

导游应提醒游客做好防护工作，如打遮阳伞、戴遮阳帽、戴太阳镜、涂抹防晒霜，外出时的衣服尽量选用棉、麻、丝类的织物，最好穿白色、浅色或素色衣服，少穿深色的化纤品类服装。

（2）避免在烈日下活动

带团时要注意劳逸结合，尽量避免游客长时间地在骄阳下活动，特别是在正午阳光最强烈时。另外，在气温高且无风的地方也不能逗留过久。

(3) 多喝淡盐开水

夏季旅游出汗多，体内盐分减少，而多喝些淡盐开水，可以补充体内失掉的盐分，喝淡盐水时，要少量多次地喝，才能有作用。

(4) 准备防暑用品

在夏季出游前应准备好预防和治疗中暑的药物用品，如十滴水、人丹、藿香正气水、清凉油、风油精等。

3. 处理常识

(1) 迅速将患者抬到通风、阴凉、干爽的地方，使其仰卧并解开其衣扣，松开或脱去衣服，如衣服被汗水湿透最好能更换干衣服。同时可用扇子轻扇，帮助散热。

(2) 面部发红的患者可将其头部稍垫高，面部发白者可将其头部略放低，使其周身血液流通。

(3) 最好在患者头部捂上一块冷毛巾，可用浓度50%的酒精、冰水、冷水进行全身擦浴，使末梢血管扩张，促进血液循环，然后用扇子或电扇吹风，促进散热。

(4) 若患者已失去知觉，可让其嗅一些有刺激气味的东西或掐其人中，刺激其苏醒，醒后可喂其喝一些清凉饮料或淡盐水。

(5) 轻症患者经上述处理后，待体温降到38℃后，体征平稳可送其回酒店休息；若有重症中暑患者，应该迅速与医院联系。

(八) 游客患病、死亡问题的处理

旅途劳累、气候变化、水土不服或饮食起居不习惯，旅游者尤其是年老体弱者难免会感到身体不适，导致患病，甚至出现病危情况。常见的旅行疾病或不适包括晕车晕船、失眠、高山反应、中暑、便秘、腹泻、呕吐等；在旅游过程中，游客可能会突发急症，如心脏病猝发、昏厥，还会出现摔伤等事故。

这就需要导游从多方面了解游客的身体状况，照顾好他们的生活，经常关心、提醒游客注意饮食卫生，避免人为的原因致使游客生病；导游应该学习预防和治疗旅行常见病的知识，掌握紧急救护的方法，以便在关键时刻为游客的救治争取时间，但是不得随意将自备药品提供给患者。

1. 游客患病的预防

(1) 游览项目选择有针对性

导游在做准备工作时，应根据旅游团的信息材料，了解旅游团成员的年龄及旅游团其他情况，做到心中有数。选择适合该年龄段游客的游览线路。

(2) 安排活动日程要留有余地

不要将一天的游览活动安排得太多太满；更不能将体力消耗大、游览项目多的景点集中安排，要有张有弛，使游客感到轻松愉快；晚间活动的时间不宜安排过长。

(3) 提醒游客注意饮食卫生

提醒客人注意饮食卫生，不要暴饮暴食，以免水土不服引起腹泻。在北方旅游时，提醒客人多喝水，多吃水果，以防上火和感冒。吃海鲜后，一小时内不要食用冷饮、西瓜等冷食，也不要马上去游泳，反之游泳后也不立即食用冷饮、海鲜、西瓜等。晕车船机者，在乘坐前不要吃得太饱，也不要吃得太油腻。

(4) 及时报告天气变化

导游应提醒游客随着天气的变化及时增减衣服、带雨具等；气候干燥的季节，提醒游客多喝水、多吃水果；尤其是炎热的夏季要提醒游客注意预防中暑。

2. 游客患一般疾病的处理

经常有游客会在旅游期间感到身体不适或患一般疾病，如感冒、发烧、水土不服、晕车、失眠、便秘、腹泻等，这时导游应该注意以下几方面：

(1) 劝其及早就医，注意休息，不要强行游览。在游览过程中，导游要观察游客的神态、气色，发现游客的病态时，应多加关心，照顾其坐在较舒服的座位上，或留在饭店休息，但一定要通知饭店给予关照，切不可劝其强行游览。游客患一般疾病时，导游应劝其及早去医院就医。

(2) 关心患病的游客。对因病没有参加游览活动、留在饭店休息的游客，导游要主动前去问候，询问身体状况，以示关心。必要时通知餐厅为其提供送餐服务。

(3) 需要时导游可陪同患者前往医院就医。应向患者讲清楚，所需费用要自理，提醒其保存诊断证明和收据。

(4) 严禁导游擅自给患者用药。

3. 游客突患重病的处理

(1) 在前往景点途中突然患病

游客在去旅游景点的途中突然患病，导游应做到以下几点：

① 在征得患者、患者亲友或领队同意后，立即将患重病的游客送往就近医院治疗，或拦截其他车辆将其送往医院。必要时，暂时中止旅行，用旅游车将患者直接送往医院。

② 及时将情况通知接待社有关人员。

③ 一般由全陪、领队、病人亲友同往医院。如无全陪和领队，地陪应立即

通知接待社请求帮助。

（2）在参观游览时突然患病

①不要搬动患病游客，让其坐下或躺下。

②立即拨打电话叫救护车（医疗急救电话：120）。

③向景点工作人员或管理部门请求帮助。

④及时向接待社领导及有关人员报告。

（3）在饭店突然患病

游客在饭店突患重病，先由饭店医务人员抢救，然后送往医院，并将其情况及时向接待社领导汇报。

（4）在向异地转移途中突患重病

在乘飞机、火车、轮船前往下一站的途中游客突患重病：

①全陪应请求乘务员帮助，在乘客中寻找医务人员。

②通知下一站旅行社做好抢救的各项准备工作。

（5）处理要点

①游客病危，需要送往急救中心或医院抢救时，需由患者家属、领队或患者亲友陪同前往。

②如果患者是国际急救组织的投保者，导游应提醒其亲属或领队及时与该组织的代理机构联系。

③在抢救过程中，需要领队或患者亲友在场，并详细记录患者患病前后的症状及治疗情况，并请接待社领导到现场或与接待社保持联系，随时汇报患者情况。

④如果需要做手术，必须征得患者亲属的同意，如果亲属不在，需由领队同意并签字。

⑤若患者病危，但亲属又不在身边，导游应提醒领队及时通知患者亲属。如果患者亲属系外国人士，导游要提醒领队通知所在国使、领馆。患者亲属到后，导游要协助其解决生活方面的问题；若找不到亲属，一切按使、领馆的书面意见处理。

⑥有关诊治、抢救或动手术的书面材料，应由主治医生出具证明并签字，要妥善保存。

⑦地陪应请求接待社领导派人帮助照顾患者、办理医院的相关事宜，同时安排好旅游团继续按计划活动，不得将全团活动中断。

⑧患者转危为安但仍需继续住院治疗，不能随团继续旅游或出境时，接待社领导和导游（主要是地陪）要不时去医院探望，帮助患者办理分离签证、延期签证以及出院、回国手续及交通票证等事宜。

⑨患者住院和医疗费用自理。如患者没钱看病,请领队或组团社与境外旅行社、其家人或保险公司联系解决其费用问题。

⑩患者在离团住院期间未享受的综合服务费由中外旅行社之间结算后,按协议规定处理。患者亲属在当地期间的一切费用自理。

4. 游客因病死亡的处理

游客在旅游期间不论什么原因导致死亡,都是一件很不幸的事情。当出现游客死亡的情况时,导游应沉着冷静,立即向接待社领导和有关人员汇报,按有关规定办理善后事宜。

(1)如果死者的亲属不在身边,应立即通知亲属前来处理后事;若死者系外国人士,应通过领队或有关外事部门迅速与死者所属国的驻华使、领馆联系,通知其亲属来华。

(2)由参加抢救的医生向死者的亲属、领队及好友详细报告抢救经过,并出示"抢救工作报告""死亡诊断证明书",由主治医生签字后盖章,复印后分别交给死者的亲属、领队或旅行社。

(3)对死者一般不做尸体解剖,如果要求解剖尸体,应有死者的亲属、领队,或其所在国家使、领馆有关官员签字的书面请求,经医院和有关部门同意后方可进行。

(4)如果死者属非正常死亡,导游应保护好现场,立即向公安局和旅行社领导汇报,协助查明死因。如需解剖尸体,要征得死者亲属、领队或所在国驻华使、领馆人员的同意,并签字认可。解剖后写出尸体解剖报告(无论属何种原因解剖尸体,都要写尸体解剖报告),此外,旅行社还应向司法机关办理公证书。

(5)死亡原因确定后,在与领队、死者亲属协商一致的基础上,请领队向全团宣布死亡原因及抢救、死亡经过情况。

(6)遗体的处理,一般以火化为宜,遗体火化前,应由死者亲属或领队,或所在国家驻华使、领馆写出"火化申请书"并签字后进行火化。

(7)死者遗体由领队、死者亲属护送火化后,火葬场将死者的火化证明书交给领队或死者亲属;我国民政部门发给对方携带骨灰出境证明。各有关事项的办理,我方应予以协助。

(8)死者如在生前已办理人寿保险,我方应协助死者亲属办理人寿保险索赔、医疗费报销等有关证明。

(9)出现因病死亡事件后,除领队、死者亲属和旅行社代表负责处理外,其余团员应当由代理领队带领仍按原计划参观游览。至于旅行社派何人处理死亡事故、何人负责团队游览活动，一律请示旅行社领导决定。

（10）若死者亲属要求将遗体运回国，除需办理上述手续外，还应由医院对尸体进行防腐处理，并办理"尸体防腐证明书""装殓证明书""外国人运送灵柩（骨灰）许可证""尸体灵柩进出境许可证"等有关证件，方可将遗体运出境。灵柩要按有关规定包装运输，要用铁皮密封，外廓要包装结实。

（11）由死者所属国驻华使、领馆办理一张经由国的通行证，此证随灵柩通行。

（12）有关抢救死者的医疗、火化、尸体运送、交通等各项费用，一律由死者亲属或该团队交付。

（13）死者的遗物由其亲属或领队、全陪、死者生前好友代表或所在国驻华使、领馆有关官员共同清点造册，列出清单，清点人要在清单上一一签字，一式两份，签字人员分别保存。遗物要交死者亲属或死者所在国家驻华使、领馆有关人员。接收遗物者应在收据上签字，收据上应注明接收时间、地点、在场人员等。

（九）游客不当言行的处理

不当行为一般是指违反社会公德或者触犯法律，但尚不足以引起法律责任的行为。外国游客在中国境内必须遵守中国的社会公德和法律，若违反社会公德情节严重，甚至违法，将受到中国法律的制裁。

1. 预防措施

导游应积极向游客介绍我国的有关法律、宗教、习俗、景点管理的有关规定，多做提醒工作，以免个别游客无意中做出不当、犯法行为。发现可疑现象，导游要有针对性地给予必要的提醒和警告，迫使预谋越轨者知难而退；对顽固不化者，一旦发现其越轨行为应立即汇报，协助有关部门调查，分清性质。处理这类问题要严肃认真，实事求是，合情、合理、合法。

2. 处理原则

游客不当言行的处理，事前要认真调查核实，处理时要特别注意"四个分清"：分清不当行为和违法行为的界限；分清有意和无意的界限；分清无故和有因的界限；分清言论和行为的界限。

只有正确地区别上述界限，才能正确处理此类问题，才能团结朋友、增进友谊，维护国家的主权和尊严。

3. 几种典型情况的处理办法

（1）对攻击和诬蔑言论的处理

对于海外游客来说，由于其国家的社会制度与我国的不同，政治观点也会有差异，因此，他们中的一些人可能对我国的方针政策及国情有误解或不理解，在一些问题的看法上产生分歧也是正常现象，可以理解。此时，导游要积极友好地介绍我国的国情，认真地回答游客的问题，阐明我国对某些问题的立场、观点。总之，多做工作，求同存异。

对于个别游客站在敌对的立场进行恶意攻击、蓄意诬蔑挑衅，作为一名中国的导游要严正驳斥，驳斥时要理直气壮、观点鲜明，导游应首先向其阐明自己的观点，指出问题的性质，劝其自制。如其一意孤行，影响面大，或有违法行为，导游应立即向有关部门报告。

（2）对违法行为的处理

对于海外游客的违法行为，首先要分清是由于对我国的法律缺乏了解，还是明知故犯。对前者，应讲清道理，指出错误之处，并根据其违法行为的性质、危害程度，确定是否报有关部门处理。对那些明知故犯者，导游要提出警告，明确指出其行为是中国法律和法规所不允许的，并报告有关部门严肃处理。

中外游客中若有窃取国家机密和经济情报、宣传邪教、组织邪教活动、走私、贩毒、偷窃文物、倒卖金银、套购外汇、贩卖黄色书刊及录音/录像制品、嫖娼、卖淫等犯罪活动的，一旦发现应立即汇报，并配合司法部门查明罪责，严肃处理。

（3）对散发宗教宣传品行为的处理

游客若在中国散发宗教宣传品，导游一定要予以劝阻，并向其宣传中国的宗教政策，指出不经我国宗教团体邀请和允许，不得在我国布道、主持宗教活动和在非完备活动场合散发宗教宣传品。处理这类事件要注意政策界限和方式方法，但对不听劝告并有明显破坏活动者，应迅速报告，由司法机关或公安有关部门处理。

（4）对违规行为的处理

①一般性违规的预防及处理。在旅游接待中，导游应向游客宣传、介绍、说明旅游活动中涉及的具体规定，防止游客因不知而误犯。例如，参观游览中哪些地方禁止摄影、禁止进入等，都要事先讲清，并随时提醒。若在导游已讲清并提醒的情况下明知故犯，当事人要按规定受到应有的处罚（由管理部门司法机关处理）。

②对异性越轨行为的处理。对于游客中举止不端、行为猥亵的任何表现，都应郑重指出其行为的严重性，令其立即改正。导游遇到此类情况，出于自卫要采取果断措施；情节严重者应及时报告有关部门依法处理。

③对酗酒闹事者的处理。游客酗酒,导游应先规劝并严肃指明可能造成的严重后果,尽力阻止其饮酒。不听劝告、扰乱社会秩序、侵犯他人、造成物质损失的肇事者必须承担一切后果,直至法律责任。

二、旅游安全事故的预防与处理

《旅游安全管理办法》中规定:凡涉及游客人身、财产安全的事故均为旅游安全事故。旅游安全事件可分为以下四级。

特别重大旅游突发事件是指:①造成或者可能造成人员死亡(含失踪)30人以上(含30人)或者重伤100人以上(含100人);②游客500人以上(含500人)滞留超过24小时,并对当地生产生活秩序造成严重影响;③其他在境内外产生特别重大影响,并对游客人身、财产安全造成特别重大威胁的事件。

重大旅游突发事件是指:①造成或者可能造成人员死亡(含失踪)10人以上(含10人)、30人以下,或者重伤50人以上(含50人)、100人以下;②游客200人(含200人)以上滞留超过24小时,对当地生产生活秩序造成较严重影响;③其他在境内外产生重大影响,并对游客人身、财产安全造成重大威胁的事件。

较大旅游突发事件是指:①造成或者可能造成人员死亡(含失踪)3人以上(含3人)、10人以下,或者重伤10人(含10人)以上、50人以下;②游客50人以上(含50人)、200人以下滞留超过24小时,并对当地生产生活秩序造成较大影响;③其他在境内外产生较大影响,并对游客人身、财产安全造成较大威胁的事件。

一般旅游突发事件是指:①造成或者可能造成人员死亡(含失踪)3人以下或者重伤10人以下;②游客50人以下滞留超过24小时,并对当地生产生活秩序造成一定影响;③其他在境内外产生一定影响,并对游客人身、财产安全造成一定威胁的事件。

旅行社接待过程中可能发生的旅游安全事故,主要包括交通事故、治安事故、火灾事故、食物中毒、溺水事故等。

(一)交通事故

交通事故在旅游活动中时有发生,有海、陆、空三种,最常见的是汽车事故。为此,在行车期间要保证司机注意力集中,不要和司机聊天;发现司机过度疲劳,要提醒他注意安全。交通事故不是导游所能预料、控制的。遇到交通事故发生,只要导游没负重伤,神志还清楚,应立即采取措施,冷静果断地处理,并做好善后工作。

1. 交通事故的预防

（1）司机开车时，导游不要与司机聊天，以免分散其注意力。

（2）安排游览日程时，在时间上要留有余地，避免造成司机为抢时间、赶日程而违章超速行驶。不催促司机开快车。

（3）如遇天气不好（下雪、下雨、有雾）、交通堵塞、路况不好，尤其是道路狭窄、山区行车时，导游要主动提醒司机注意安全，谨慎驾驶。

（4）如果天气恶劣，地陪对日程安排可适当灵活地加以调整；如遇有道路不安全的情况，可以改变行程。必须把安全放在第一位。

（5）阻止非本车司机开车。提醒司机在工作期间不要饮酒。如遇司机酒后开车，决不能迁就，地陪要立即阻止，并向领导汇报，请求改派其他车辆或换司机。

（6）提醒司机经常检查车辆，发现事故的隐患，及时提出更换车辆的建议。

2. 交通事故的处理

（1）立即组织抢救

导游应立即组织现场人员迅速抢救受伤的游客，特别是抢救重伤员，进行止血、包扎、上夹板等初步处理。立即打电话叫救护车（医疗急救中心电话：120）或拦车将重伤员送往距出事地点最近的医院抢救。

（2）立即报案，保护好现场

事故发生后，不要在忙乱中破坏现场，要设法保护现场，并尽快通知交通、公安部门（交通事故报警台电话：122），如果有两名以上导游在场，可由一个指挥抢救，一个留下保护现场。如果只有一名导游，可请司机或其他熟悉情况的人协助处理，并尽快让游客离开事故车辆，争取尽快派人来现场调查处理。

（3）迅速向接待社报告

地陪应迅速向接待社领导和有关人员报告，讲清交通事故的发生和游客伤亡情况，请求派人前来帮助和指挥事故的处理，并要求派车把未受伤和受轻伤的游客接走送至饭店或继续旅游活动。

3. 善后处理

（1）做好安抚工作

事故发生后，交通事故的善后工作将由交通运输公司和旅行社的领导出面处理。导游在积极抢救、安置伤员的同时，做好其他游客的安抚工作，力争按计划继续进行参观游览活动。待事故原因查清后，请旅行社领导出面向全体游客说明事故原因和处理结果。

（2）办理善后事宜

请医院开具诊断和医疗证明书，并请公安局开具交通事故证明书，以便向保险公司索赔。

(3) 写出书面报告

交通事故处理结束后，需有关部门出具事故证明、调查结果，导游要立即写出书面报告。内容包括：事故的原因和经过；抢救经过和治疗情况；人员伤亡情况和诊断结果；事故责任及对责任者的处理结果；受伤者及其他游客对处理的反映等。书面报告力求详细、准确、清楚、实事求是，最好和领队联合报告。

（二）治安事故

在旅游活动过程中，遇到坏人行凶、诈骗、偷窃、抢劫，导致游客人身及财物受到不同程度的损害的事故，统称治安事故。

导游在带团时，要注意观察周围的环境，发现异常情况，立即采取措施，尽快把旅游团转移到安全地带。若遇到坏人抢劫或行凶，导游要敢于、善于应战，挺身而出保护游客生命财产安全，决不能置身事外，更不能临阵脱逃。

1. 治安事故的预防

导游在接待工作中要时刻提高警惕，采取一切有效的措施防止治安事故的发生。

(1) 入住饭店时，导游应建议游客将贵重财物存入饭店保险柜，不要随身携带大量现金或将大量现金放在客房内。

(2) 提醒游客不要将自己的房号随便告诉陌生人；更不要让陌生人或自称饭店维修人员的人随便进入自己的房间；尤其是夜间绝不可贸然开门，以防发生意外；出入房间一定要锁好门。

(3) 提醒游客不要与私人兑换外币，并讲清我国关于外汇管制的规定。

(4) 每当离开游览车时，导游都要提醒游客不要将证件或贵重物品遗留在车内。游客下车后，导游要提醒司机关好车窗、锁好车门，尽量不要走远。

(5) 在旅游景点活动中，导游要始终和游客在一起，随时注意观察周围的环境，发现可疑之人；在人多拥挤的地方，要提醒游客看管好自己的财物，如：不要在公共场合拿出钱包，最好不买流动小贩的东西（防止物品被小贩偷去），并随时清点人数。

(6) 汽车行驶途中，不得停车让非本车人员上车、搭车；若遇不明身份者拦车，导游提醒司机不要停车。

2. 治安事故的处理

导游在陪同旅游团（者）参观游览的过程中，遇到此类治安事件的发生，必须挺身而出，全力保护游客的人身安全，决不能置身事外，更不能临阵脱逃，发现不正常情况，立即采取行动。

（1）全力保护游客

遇到歹徒向游客行凶、抢劫，导游应做到临危不惧，毫不犹豫地挺身而出，奋力与坏人拼搏，勇敢地保护游客。同时，立即将游客转移到安全地点，力争在群众和公安人员的帮助下缉拿罪犯，追回钱物，但也要防备犯罪分子携带凶器狗急跳墙。所以，切不可鲁莽行事，要以游客的安全为重。

（2）迅速抢救伤员

如果有游客受伤，应立即组织抢救，或送伤者去医院。

（3）立即报警求助

治安事故发生后，导游应立即向公安局报警（110），如果罪犯已逃脱，导游要积极协助公安局破案。要把案件发生的时间、地点、经过、作案人的特征，以及受害人的姓名、性别、国籍、伤势及损失物品的名称、数量、型号、特征等向公安部门报告清楚。

3. 善后事宜

（1）及时报告

导游在向公安部门报警的同时要向接待社领导及有关人员报告。如情况严重，请求领导前来指挥处理。

（2）安抚游客

治安事件发生后，导游要采取必要措施稳定游客情绪，尽力使旅游活动继续进行下去。并在领导的指挥下，准备好必要的证明、资料，处理好受害者的补偿、索赔等各项善后事宜。

（3）写出报告

事后，导游按照有关要求写出详细、准确的书面报告，包括案件整个经过以及案件的性质、采取的应急措施和受害者及其他游客的情况等。

（三）火灾事故

饭店、景点、娱乐购物等场所发生火灾，会威胁到游客的生命和财产安全。导游平常就应熟悉饭店或游客常去场所的防火措施，了解安全出口、安全门、安全楼梯的位置，学习好火灾避难和救护的基本常识，才可能遇事不慌、妥善处理。

1. 火灾事故的预防

（1）做好提醒工作

提醒游客不要携带易燃、易爆物品；不乱扔烟头和火种，不要躺在床上吸烟。向游客讲清：在托运行李时应按运输部门有关规定去做，不得将不准作为托运行李运输的物品夹带在行李中。只有这样，才能尽可能地减少火灾。

(2)熟悉饭店的安全出口和转移线路

导游带领游客住进饭店后,在介绍饭店内的服务设施时,必须介绍饭店楼层的太平门、安全出口、安全楼梯的位置,并提醒游客进入房间后,看懂房门上贴的安全转移线路示意图,掌握一旦失火时应走的线路。

(3)牢记火警电话

导游一定要牢记火警电话(119);掌握领队和全体游客的房间号码。一旦火情发生,能及时通知游客。

2. 火灾事故的处理

万一发生了火灾,导游应:首先,报警;其次,迅速通知领队及全团游客;再次,配合工作人员,听从统一指挥,迅速通过安全出口疏散游客;最后,判断火情,引导游客自救。如果情况危急,不能马上离开火灾现场或被困,导游应采取的正确做法如下:

(1)千万不能让游客搭乘电梯或慌乱跳楼,尤其是在三层以上的游客,切记不要跳楼。

(2)应迅速戴上防烟面具,或用湿毛巾捂住口鼻,以防中毒、窒息。

(3)必须穿过浓烟时,可用水将全身浇湿或披上用水浸湿的衣被,捂住口鼻,贴近地面蹲行或爬行。

(4)若身上着火了,可就地打滚,将火苗压灭,或用厚重衣物压灭火苗。

(5)大火封门无法逃脱时,可用浸湿的衣物、被褥将门缝塞严,或泼水降温,等待救援。

(6)当见到消防队来灭火时,可以摇动色彩鲜艳的衣物,寻求救援。

3. 协助处理善后事宜

游客得救后,导游应立即组织抢救受伤者;若有重伤者应迅速送往医院,有人死亡,按有关规定处理;采取各种措施安抚游客的情绪,解决因火灾造成的生活方面的困难,设法使旅游活动继续进行;协助领导处理好善后事宜;写出翔实的书面报告。

(四)食物中毒事故

游客因食用变质或不干净的食物常会发生食物中毒。其特点是:潜伏期短,发病快,且常常集体发病,若抢救不及时会有生命危险。

1. 食物中毒的预防

为防止食物中毒事故的发生,导游应做到以下几点:

(1)应安排游客去卫生有保障的旅游餐厅就餐。

(2)提醒游客不要在小摊上购买食物。

(3) 如用餐时发现食物、饮料不卫生或有变质异味，应立即要求更换，并要求餐厅负责人出面道歉，必要时向旅行社领导汇报。

2. 食物中毒的处理

一旦发现游客出现上吐下泻、腹痛等食物中毒症状，导游首先应立即让游客停止食用可疑食物，同时拨打120，告知医务人员中毒者食用的食物、食用时间及食用数量。在急救车到来之前，可采取以下自救措施：

(1) 催吐：对中毒不久而无明显呕吐者，可以让其饮用5000~8000ml的温清水，饮用后立即行抠喉催吐的方式和方法，催吐时要尽量避免逆行性呛咳，而且催吐时要尽量避免误吸，催吐的次数要尽量多，直至胃肠道内的呕吐物排出时呈无色无味澄清状，以减少毒素的吸收。经过大量温水催吐后，呕吐物已变为较澄清液体时，可适量饮用牛奶以保护胃黏膜。如在呕吐物中发现血性液体，则提示可能出现了消化道或咽部出血，应暂时停止催吐。

(2) 导泻：发生中毒后，如果游客进食时间已经超过2小时，但精神状态较好，此时可以选择导泻的方法。即服用泻药，促使受污染的食物尽快地排出体外。选用泻药的种类和用量要根据患者的年龄不同而有所区别。

(3) 保留食物样本：由于确定中毒物质对于治疗来说至关重要，因此，在发生食物中毒后，要保留导致中毒的食物样本，以提供给医院进行检测。如果身边没有食物样本，也可保留患者的呕吐物和排泄物，以方便医生确诊和救治。

最后，处理事故的同时也应及时将情况报告给旅行社，并追究餐厅的责任。

（五）溺水事故

溺水又称淹溺，是指人淹没于水中，由于水吸入肺内（湿淹溺90%）或喉挛（干淹溺10%）所致窒息。

1. 溺水事故的预防

为了防止溺水事故的发生，导游应做到以下几点：

(1) 劝阻游客，请他们不要独自在河边、海边玩耍。

(2) 劝阻游客，请他们不要前往非游泳区游泳。

(3) 劝阻不会游泳者，使其不要游到深水区，即使带着救生圈也不安全。

(4) 提醒游客在游泳前要做适当的准备活动，以防抽筋。

2. 溺水时的自救方法

(1) 不要慌张，发现周围有人时立即呼救。

(2) 放松全身，让身体漂浮在水面上，将头部浮出水面，用脚踢水，防止体力丧失，等待救援。

(3) 身体下沉时，可将手掌向下压。

(4) 如果在水中突然抽筋，又无法靠岸时，立即求救。如果周围无人，可深吸一口气潜入水中，伸直抽筋的那条腿，用手将脚趾向上扳，以缓解抽筋。

3. 发现有人溺水时的救护方法

(1) 可将救生圈、竹竿、木板等物抛给溺水者，再将其拖至岸边。

(2) 若没有救护器材，可入水直接救护。接近溺水者时要转动他的髋部，使其背向自己然后拖运。拖运时通常采用侧泳或仰泳拖运法。

(3) 特别强调：未成年人发现有人溺水，不能贸然下水营救，应立即大声呼救，或利用救生器材施救，救人也要在自己能力范围之内。

4. 岸上急救溺水者方法

(1) 迅速清除溺水者口、鼻中的污泥、杂草及分泌物，保持呼吸道通畅，并拉出舌头，以避免堵塞呼吸道。

(2) 将溺水者举起，使其俯卧在救护者肩上，腹部紧贴救护者肩部，头脚下垂，以使溺水者呼吸道内积水自然流出。

(3) 进行口对口人工呼吸及心脏按压。

(4) 尽快联系急救中心或送去医院。

第三节 自然灾害与突发公共卫生事件应对

一、重大自然灾害的避险方法

（一）地震

地震灾害最有可能造成惨重的人员伤亡和巨大的财产损失，引发的次生灾害也比其他灾害严重，甚至危害旅游业的发展。

地震虽然具有不可抗拒性，但是人们依然可以通过一些措施来减少损害。

1. 现场自救

室内避险应就地躲避：躲在桌、床等结实的家具下；尽量躲在窄小的空间内，如卫生间、厨房或内墙角；可能时，在两次震动之间迅速撤至室外。

室外避险切忌乱跑乱挤，不要扎堆，应避开人多的地方；远离高大建筑物、窄小胡同、高压线；注意保护头部，防止砸伤。旅游团在游览时遇到地震，导游应迅速引导游客撤离建筑物、假山，集中在空旷开阔地域。

2. 遭灾者的自救

地震时被压在废墟下、神志还清醒的幸存者，最重要的是不能在精神上崩溃，而应争取创造条件脱离险境或保存体力等待救援。例如，若能挣脱开手脚，应立即捂住口鼻,以隔挡呛人的灰尘,避免窒息;设法保存体力,不要乱喊,听到外面有人时再呼救;若能找到水和食物,要计划使用,尽可能长地维持生命。

(二)泥石流

泥石流多发生于山区,在我国的大多数山区都时有发生,尤其在我国西南山区尤为严重,每年雨季都有泥石流、滑坡等自然灾害发生。泥石流的主要发生原因是暴雨集中、山高、坡陡和植被稀疏等。泥石流发生频率高、破坏性大,对旅游业有较大的影响。

遇到泥石流,导游要镇定地引导游客逃生。

(1)泥石流发生时,不能在沟底停留,而应迅速向山坡坚固的高地或连片的石坡撤离,抛掉一切重物,跑得越快越好,爬得越高越好。

(2)切勿与泥石流同向奔跑,而要向与泥石流流向垂直的方向逃生。

(3)到了安全地带,游客应集中在一起等待救援。

(三)洪水

洪水是形成洪灾的直接原因,洪灾是世界上最严重的自然灾害,一般多发生于夏季。我国的洪水灾害十分频繁,因此导游在带领游客到山地、河湖游览时,若遇暴雨或前一天下了暴雨,要特别注意洪灾的发生。

1. 洪水灾害的预防

为避免在游览中受到洪水的侵袭,导游应在出发前收听气象台的天气预报,尤其是汛期的天气预报,当听到气象台发出的红色预警或橙色预警时,应对计划的山区、河湖或低洼地区的游览采取相应的措施,如可同游客协商并征求其同意,适当调整旅游项目。

为应对在野外游览时可能突然遭遇的洪水侵袭,导游平时应学习一些应对洪水的自救和救援知识。

2. 遭遇洪水时的应对

(1)洪水来临时的自救措施

①不要带领游客去危险地带,如电线杆和高压线塔周围,危墙及高墙旁,河床、水库、沟渠与涵洞边,化工厂及储藏危险物品的仓库。

②带领游客迅速离开低洼地带,选择有利地形,将游客转移至地势较高的地方以躲避洪水。

(2)被洪水围困时的自救措施

①若躲避转移没有及时完成,导游应带领游客选择较安全的位置等待救援,并用自身备有的通信器具,不断地向外界发出求救信号,以求及早得到解救。

②设法稳定游客的情绪,若离开原地要采取集体行动,不要让游客单独离

开，以免因情况不明而陷入绝境。

③利用手机迅速报警，将游客受洪水围困的地点、人数和所处的险情一一报告清楚，请他们迅速组织人员前来救援。

（四）山体滑坡

山体滑坡不仅造成一定范围内的人员伤亡、财产损失，还会对附近道路交通造成严重威胁。当遇到滑坡正在发生时，首先应镇静，不可惊慌失措。为了自救或救助游客，应该做到如下几点：

（1）保持冷静。当处在滑坡体上时，首先应保持冷静，不能慌乱；慌乱不仅浪费时间，而且极可能做出错误的决定。

（2）组织自救。导游要迅速环顾四周，组织游客迅速离开交通工具，向较为安全的地段撤离。一般除高速滑坡外，只要行动迅速，都有可能逃离危险区段。跑离时，以向两侧跑为最佳方向。在向下滑动的山坡中，向上或向下跑均是很危险的。当遇到无法跑离的高速滑坡时，更不能慌乱，在一定条件下，如滑坡呈整体滑动时，原地不动，或抱住大树等物，不失为一种有效的自救措施。

（3）寻求救助。滑坡时，极易造成人员受伤，当受伤时应呼救"120"。

（五）台风

旅游团若遇强大风暴，尤其遇到龙卷风时，要采取自我保护措施。

（1）若在室内，最好躲在地下室、半地下室或坚固房屋的小房间内，避开重物；不能躲在野外小木屋、破旧房屋和帐篷里。

（2）若被困在普通建筑物内，应立即紧闭临风方向的门窗，打开另一侧的门窗。

（3）若被飓风困在野外，不要在狂风中奔跑，而应平躺在沟渠或低洼处，但要避免水淹。

（4）旅游团在旅游车中时，司机应立即停车，导游要组织游客尽快撤离，躲到远离汽车的低洼地或紧贴地面平躺，并注意保护头部。

（六）海啸

海啸是一种灾难性的海浪，通常由震源在海底下50公里以内、里氏震级6.5以上的海底地震引起。

1. 海啸逃生

（1）如果感觉到较强的震动，不要靠近海边、江河的入海口。如果听到有关附近地震的报告，要做好防范海啸的准备，注意电视和广播新闻。要记住，海啸有时会在地震发生几小时后到达离震源上千公里远的地方。

（2）如果发现潮汐突然反常涨落，海平面明显下降或者有巨浪袭来的现象，导游都应组织游客以最快速度撤离岸边。

（3）海啸前海水异常退去时往往会把鱼虾等许多海生动物留在浅滩，场面蔚为壮观。此时千万不要前去捡拾鱼虾或看热闹，应当带领游客迅速离开海岸，向内陆高处转移。

（4）发生海啸时，航行在海上的船只不可以回港或靠岸，应该马上驶向深海区，深海区相对于海岸更为安全。

2. 自救与互救

（1）如果在海啸来临时不幸落水，要尽量抓住木板等漂浮物，同时注意避免与其他硬物碰撞。

（2）在水中不要举手，也不要乱挣扎，尽量减少动作，能浮在水面随波漂流即可。这样既可以避免下沉，又能够减少体能的无谓消耗。

（3）如果海水温度偏低，不要脱衣服。

（4）尽量不要游泳，以防体内热量过快散失。

（5）不要喝海水。海水不仅不能解渴，反而会让人出现幻觉，导致精神失常甚至死亡。

（6）尽可能向其他落水者靠拢，这样既便于相互帮助和鼓励，又可因目标扩大更容易被救援人员发现。

（7）溺水者被救上岸后，最好能进入温水里恢复体温，没有条件时也应尽量裹上被、毯、大衣等保温衣物。注意不要采取局部加温或按摩的办法，更不能给落水者饮酒，饮酒只能使热量更快散失。

（8）如果落水者受伤，应采取止血、包扎、固定等急救措施，重伤员则要及时送医院救治。

（9）要记住及时清除落水者鼻腔、口腔和腹内的吸入物。具体方法是：将落水者的肚子放在施救者的大腿上，从后背按压，让海水等吸入物流出。如心跳、呼吸停止，则应立即交替进行口对口人工呼吸和心脏按压。

二、突发公共卫生事件的应对

（一）突发公共卫生事件的内涵及特性

1. 突发公共卫生事件的内涵

《突发公共卫生事件应急条例》中规定："本条例所称突发公共卫生事件是指突然发生，造成或者可能造成社会公众健康严重损害的重大传染病疫情、群体性不明原因疾病、重大食物和职业中毒以及其他严重影响公众健康的事件。"

《国家突发公共卫生事件应急预案》中根据突发公共卫生事件性质、危害程度、涉及范围，将突发公共卫生事件划分为特别重大（Ⅰ级）、重大（Ⅱ级）、较大（Ⅲ级）和一般（Ⅳ级）四级。

2. 突发公共卫生事件的特性

（1）成因的多样性

突发公共卫生事件成因多样，一是与病毒有关，例如严重急性呼吸综合征（SARS）、中东呼吸综合征（MERS）以及新型冠状病毒肺炎（COVID-19）等烈性传染病；二是与自然灾害有关，比如说地震、水灾、火灾等大灾之后容易出现大疫；三是与事故灾害相关，比如环境污染、生态破坏、交通事故等；四是与社会安全事件有关，如生物恐怖等。

（2）分布的差异性

分布的差异性首先表现在时间分布差异上，不同的季节，传染病的发病率也会不同，比如SARS、COVID-19往往发生在冬、春季节，肠道传染病则多发生在夏季。其次表现在空间分布差异上，传染病的区域分布不一样，如我国南方和北方发生的传染病就不一样。此外，还有人群的分布差异等。

（3）传播的广泛性

当前我们处在全球化的时代，某一种疾病可以通过现代交通工具跨国流动，而一旦造成传播，就会成为全球性的传播。另外，传染病一旦具备了三个基本流通环节，即传染源、传播途径以及易感人群，就可能在毫无国界的情况下广泛传播。例如本次在全球范围内暴发的COVID-19。

（4）危害的复杂性

重大的公共卫生事件不但对人的健康有影响，而且对环境、经济乃至政治都有很大的影响。比如2003年的SARS、2020年的COVID-19的流行，对我国甚至全球已经造成了巨大的经济损失。

（5）治理的综合性

治理需要四个方面的结合，第一是技术层面和价值层面的结合，我们不但要有一定的先进技术，还要有一定的投入；第二是直接的任务和间接的任务相结合，它既是直接的愿望也是间接的社会任务，所以要结合起来；第三是责任部门和其他的部门结合起来；第四是国际和国内结合起来。只有通过综合治理，才能积极有效地应对公共事件。另外，在解决治理公共卫生事件时，还要注意解决一些深层次的问题，比如社会体制、经济机制的问题，工作效能问题以及人群素质的问题，所以要通过综合性的治理来解决公共卫生事件。

（二）特别重大突发公共卫生事件的应对

特别重大突发公共卫生事件主要包括：(1)肺鼠疫、肺炭疽在大、中城市发生并有扩散趋势,或肺鼠疫、肺炭疽疫情波及2个以上的省份,并有进一步扩散趋势。(2)发生传染性非典型肺炎、人感染高致病性禽流感病例,并有扩散趋势。(3)涉及多个省份的群体性不明原因疾病,并有扩散趋势。(4)发生新传染病或我国尚未发现的传染病发生或传入,并有扩散趋势,或发现中国已消灭的传染病重新流行。(5)发生烈性病菌株、毒株、致病因子等丢失事件。(6)周边以及与中国通航的国家和地区发生特大传染病疫情,并出现输入性病例,严重危及我国公共卫生安全的事件。(7)国务院卫生行政部门认定的其他特别重大突发公共卫生事件。

《突发公共卫生事件应急条例》中规定:突发公共卫生事件发生后,国务院设立全国突发事件应急处理指挥部,由国务院有关部门和军队有关部门组成,国务院主管领导人担任总指挥,负责对全国突发事件应急处理的统一领导、统一指挥。国务院卫生行政主管部门和其他有关部门,在各自的职责范围内做好突发事件应急处理的有关工作。省、自治区、直辖市人民政府成立地方突发事件应急处理指挥部,省、自治区、直辖市人民政府主要领导人担任总指挥,负责领导、指挥本行政区域内突发事件应急处理工作。县级以上地方人民政府卫生行政主管部门,具体负责组织突发事件的调查、控制和医疗救治工作。县级以上地方人民政府有关部门,在各自的职责范围内做好突发事件应急处理的有关工作。

1. 政府的应对措施

针对特别突发重大卫生事件,以2019年至2020年冬春季节在湖北省武汉市首先暴发的新型冠状病毒肺炎(COVID-19)为例,首先必须在政府层面采取相关的措施,积极应对。

(1)及时制定疫情防控战略策略

突发疫情出现后,我国政府根据同舟共济、科学防治、精准施策的总要求,把坚持全国一盘棋、统筹各方面力量支持疫情防控作为重要保障,把控制传染源、切断传播途径作为关键着力点,加强对疫情防控工作的统一领导、统一指挥、统一行动,提出早发现、早报告、早隔离、早治疗的防控要求和集中患者、集中专家、集中资源、集中救治的救治要求,把提高收治率和治愈率、降低感染率和病亡率作为突出任务来抓。

(2)加强对疫情中心地区的统一指挥

以本次新型冠状病毒肺炎(COVID-19)为例,根据内防扩散、外防输出的明确要求,采取严格、有针对性且有效的措施,2020年1月23日武汉市封城,遏制住疫情扩散势头。同时我国举全国之力对武汉市、湖北省予以支援,组织29个省区市和新疆生产建设兵团、军队等调派330多支医疗队、41 600多名医护人员驰援，迅速开设火神山、雷神山等集中收治医院和方舱医院，千方百计增加床位供给，优先保障武汉和湖北需要的医用物资，并组织19个省份对口支援。正是这种对疫情中心地区的统一指挥，形成了全国一盘棋，集中有效地遏制住了疫情的扩散。

（3）统筹抓好其他地区防控工作

针对重大传染性突发公共卫生事件，我国各省区市应启动重大突发公共卫生事件一级响应，构建联防联控、群防群控防控体系。

（4）加强医用物资和生活必需品应急保供

打疫情防控阻击战，实际上也是打后勤保障战。我国采取积极措施，支持医用防护服、口罩等疫情防控急需医疗物资的生产企业迅速复工达产、多种方式扩大产能和增加产量，对重要物资实行国家统一调度，建立交通运输"绿色通道"，多措并举保障重点地区医用物资和生活物资供应。抓好农副产品生产、流通、供应组织工作，做好煤电油气等供应，保障了全国生活必需品市场总体稳定。同时全力推进医药研发和临床应用，取得阶段性成果。

2. 导游的应对措施

（1）带团过程中导游的应对措施

①保持高度的敏感

在导游带团过程中，如出现突发重大公共卫生事件，尤其是类似2020年新冠肺炎疫情时，导游首先必须有极高的敏感度，能迅速注意到相关信息并积极采取应对的举措。

②积极主动配合

当导游了解到相关信息后，应在核实信息的真实性后（一般以人民日报、央视新闻等官媒报道为准），迅速告知游客，并积极与游客沟通，做好对游客的宣传工作，提醒游客注意健康防护，请游客依法协助、配合、服从政府部门组织开展的防控工作。在出入机场（车站、码头）或景区时配合测量体温，出示健康码，依法接受相关机构有关传染病的调查、样本采集、检测、隔离治疗等预防控制措施，并如实提供有关情况。

导游从自己做起，自觉戴口罩、勤洗手，同时帮助游客增强防护意识、掌握防护知识，引导游客自觉佩戴口罩，遵守公共秩序，积极配合防控工作，推进文明旅游。除此之外，导游在景区讲解时尽量采用耳机式讲解器，以便游客不聚集在一起，彼此保持1米以上的距离观景。在旅游车、火车上，如有足够的空间，导游应尽量安排游客分散就座，减少近距离接触。尽量带游客在人流量较少的地方活动。

③耐心细致地关心游客

在重大公共卫生事件发生时,尤其是遇到类似2020年新冠肺炎疫情时,导游需更密切关注游客身体状况,发现疑似病症如发热、乏力、干咳、腹泻等,及时就近联系医院,按指导送医;按要求对疑似病人及时采取临时隔离措施,就地停止旅游活动,一旦疑似病人确诊,全团游客包括导游需接受隔离观察。

④努力完成带团工作

如果带团游览活动不在疫区中心地区,导游尽可能在团队做好防护的前提下带团完成旅游活动。如果带团游览活动在疫区中心地区,导游需根据疫情实际情况与旅行社领导随时保持沟通,并直接征询游客意见,尽快带游客离开中心疫区。导游带游客回到客源地后,应告知游客回家后需切实按照要求居家观察14日,每日向所在单位或者居(村)民委员会报告健康状况,配合做好相关部门对自我健康状况的随访或者电话询问。

带团过程中如突发疫情,无论身处何地,导游都应马上完善旅游团队人员和行程资料信息,以便后续旅行社能做好旅游团队跟踪监测工作。

(2)非带团过程中导游的应对措施

如导游此时没有带团,在获知疫情的消息后,应根据之前自己所带团队的行程做出研判,善意提醒之前所带团队游客或散客注意关注疫情,做到戴口罩、勤洗手、不聚集,如游客有疫区旅游经历,则需提醒游客尽量进行居家隔离医学观察。

在全国范围内旅游团队业务完全停止的时候,导游亦不能完全松懈下来,可趁此机会加强与老客户的沟通和联系,此时的关心无异于雪中送炭;可通过旅游企业的平台宣传旅游产品和所在地的特产,这也是一种加深加强游客对企业和导游印象的方法,均可增强与老客户之间的黏度;可以积极投身公益,筹措医疗防疫物资,成为抗疫一线的志愿者;也可借此机会,努力修炼内功,通过自学或培训来提升专业素养,积极为复工复产做准备;还可以参与在线进行景点云游直播,积极用自己的力量为城市代言,为旅游业的复苏努力。

随堂练

案例

第九章
导游相关知识

【学习目标】

了解高原旅游、冰雪旅游、沙漠旅游、研学旅行、漂流和温泉旅游的安全常识，时差、华氏温度与摄氏温度换算和度量衡换算，中国货币兑换的相关知识。熟悉旅行社的发展历史和概况、旅行社的主要业务和产品类型，旅游保险的种类及相关知识，航空机票种类、旅客误机、航班延误或取消、行李赔偿的相关知识，中国海关有关出入境物品和人员的规定。掌握航空、铁路、水运购票、退票和携带物品的规定，旅客出入境应持有的证件和需要办理的手续，中国离境退税的相关知识。

第一节　旅行社知识

一、国际旅行社业的发展历程

（一）近代旅游时期的旅行代理业

1840—1860年，由于发明了铁路，旅行的形势迅速改变，各国出版的旅行指南给人们的旅行带来很大方便。1839年，德国出版商卡尔·贝德克尔在德国的科布伦茨堡出版发行了克莱因的手稿《莱茵河之行》。1845年，托马斯·库克以企业家的眼光看到了产业革命后旅游需求发展的趋势，于是正式开办了商业性的旅行代理业务。同年夏季，托马斯·库克首次组团开展消遣旅游。这次旅游活动由于具有以下特点而被认为是标志了近代旅行社业务的开端：第一，这次活动已经不再是过去的"业余活动"，而是出于纯粹的商业性目的，每人包价1基尼。第二，此前托马斯·库克组织的旅游活动都是当日往返的一日游，而这一次则是在外过夜数天的长途旅游。第三，托马斯·库克在此次活动前，沿途做了大量的考察，并先期确定了参观游览的地点和入住的廉价饭店，首创了低价的团体旅行。第四，托马斯·库克为此次旅游专门编印了旅游指南——《利物浦之行手册》。第五，托马斯·库克本人不仅担任了旅行团的陪同和导游，而且在沿途一些地方还另外聘请了一些当地导游。1865年，托马斯·库克正式在伦敦开设了自己的旅游办事处——托马斯·库克父子公司。这标志着世界上第一个以营利为目的、向普通民众提供专门化旅游服务的机构正式成立。在库克旅游公司出现之后的几十年间，在制度创新、示范与转移机制的作用下，欧美和世界其他国家中类似的旅游组织和代理机构开始大量涌现。如美国的运通公司、德国的中欧旅行社，以及当时苏联的国际旅行社等。到了20世纪初期，英国的托马斯·库克旅游公司、美国的运通公司和比利时铁路卧车公司成为世界旅行社行业排名前三位的公司。

（二）大众旅游时期的旅行社业

20世纪50年代以后，旅游业所赖以发展的社会经济环境因素发生了极大的变化，如战后世界各国开始致力于经济建设，缓和与发展一直占据主导地位；世界经济迅速发展，人口迅速增加；交通运输工具的进步缩短了旅行的时间；生产自动化程度提高使劳动者的带薪假期得以增加；各国城市化进度普遍加速；世界各国的教育事业不断向新的广度和深度发展；此外还有信息技术进步的影响，人们的好奇心和求知欲增强等。所有这些因素都在引导着国际旅游进入现代大众旅游时期。

在此情况下，旅行社通过降低成本和价格创造巨大市场需求的策略，往往可以取得较为理想的效果。在大众旅游时代，特定的环境条件决定了旅游市场需求表现为对内涵相似的标准化旅游产品的大规模、无差异需求。在大众营销观念的指导下，旅行社在运作过程中基本上不考虑可能存在的细分市场间的差别，他们更加注重游客需求中的相同之处，并凭借标准化的包价旅游产品来追求整个市场。与此同时，随着国际旅游业的迅速发展和市场规模扩大，西方国家旅行社的行业规模和企业规模与前一时期相比都有了飞速发展，开始大规模地跨越国界设立自己的分支机构，走跨国经营之路，并在此基础上形成许多跨国旅游企业集团，对世界旅游业的发展产生了重要的影响。

（三）当代发达国家的旅行社业

1. 适应旅游需求变化，不断更新营销战略

随着社会经济和技术条件的变革以及旅游业的不断发展，游客旅游消费的经历和经验不断丰富，加之教育的发展和人们文化水平的提高，游客对于严重束缚其个性发展的标准化旅游产品的需求强度日趋弱化。尤其是进入20世纪

90年代以来，随着以国际互联网为代表的信息技术的飞速发展，游客的信息渠道和消费意识发生了深刻的变化，旅游需求的个性化和多样化进程得以加速。

相较于大众旅游时期来讲，当代的旅游市场需求总体呈现出差异化、复杂化和个性化的特征。旅游市场的不断成熟造就出一大批"新型"游客，其特点是阅历广、经验多、要求高。为适应旅游需求日趋个性化和差异化的发展趋势，旅行社逐步调整其市场营销战略，通过细分甚至超细分市场，提供多样化的旅游产品，满足日趋复杂多变的旅游需求。

2. 旅行社数量不断增加，行业规模不断扩大

这里的数量既指市场供给主体总量，也指国民人均拥有旅行社和经营网点的数量。在市场机制充分发挥对资源调节作用的国家和地区，旅行社数量多少是由市场需求决定的。现在发达国家一般每万人就拥有一家旅行社或者旅行社营业点。

3. 产业集中度日渐提高，企业规模稳步扩大

发达国家的旅行社业具有两个明显的特点。其一，旅行社业主要由中、小规模的旅行社构成；其二，规模较大的旅行社虽数量有限，但其营业收入占全行业营业收入总额的比例却很高，并且在全球范围内的商业存在日益提高。欧共体主要国家的旅行社也都表现出明显的垄断化趋势，其中以法国最为明显。法国排名前十的旅行社营业收入接近全国旅行社营业收入总额的40%，体量惊人。德国主要旅行社的影响力落后于法国和英国，但也表现出相同的垄断趋势。

二、中国旅行社业的发展历程

（一）中华人民共和国成立以前的中国旅行社业

1. 中国近代旅行社业的起源与发展

从19世纪80年代开始，在西方外来因素的催化和中国内部经济结构变更的共同作用下，中国的近代旅游悄然起步；19世纪末、20世纪初期，得以迅速发展；到20世纪二三十年代，无论是国际旅游还是国内旅游都到了历史最好水平。正是在这一近代旅游业发展的大背景下，我国的旅行社开始萌芽、成长。

我国最初的旅行社，是一些国外旅游服务机构为方便其本国居民因政务、商务和观光休闲来中国旅行而设立分支服务机构为开端的，如英国的通济隆旅行社、美国的运通银行旅行社、日本观光局和苏联国营旅行社等。我国第一家，也是当时唯一的一家大型民族旅行社，是1923年8月15日由陈光甫先生创立的上海商业储蓄银行旅行部。1927年6月1日，上海商业储蓄银行旅行部与银

行分立,改称中国旅行社,之后又发展为香港中国旅行社,是现在的香港中旅(集团)公司的前身。

2. **中国近代旅行社业的特征**

(1)以国内旅游市场需求为起点。上海商业储蓄银行旅行部最早的目标市场,是国内旅游市场。在这一背景下,早期的旅游服务项目主要定位于为客人提供交通、票务代理业务,后来又不断适应客人需求的变化,相继开发了车站码头接送、转运客人,代客转运行李,发行旅行支票和代办出国手续等服务项目。

(2)注重服务、产品与市场创新。以周到细致的服务和良好的信誉赢得客人的满意和信赖,不急功近利,注重企业的长远发展目标,这是中国旅行社始终坚持的经营方针和行为准则。在产品设计与开发方面,中国旅行社密切关注游客需求的变化,积极进行产品创新,以满足游客的需求。中国旅行社还比较重视企业产品与形象的宣传和市场促销工作。1923年春天,上海商业储蓄银行旅行部出版了中国最早的旅行刊物《游美手续缉要》,为去美国旅行的人们提供了应知的重要信息。

(3)企业化运作、连锁化发展。中国旅行社是由著名的民族资本金融机构——上海商业储蓄银行独资创办的直属企业之一,从一开始就全方位引进了该银行实行的一整套欧美式的企业化人事制度和管理方式。中国旅行社凭借雄厚的金融资本背景,在国内外设立功能齐全的服务网络,并且开展集团化连锁经营,形成了区域优势和规模经济。在数年的经营中,中国旅行社逐渐形成了一整套行之有效的管理模式,也为未来中国旅行社业管理模式创新与发展提供了宝贵的借鉴。

(二)1949—1978年:行政事业导向的中国旅行社业

中华人民共和国成立后不久,为接待归国华侨和宣传新中国的建设成就,旅行社业的发展就被提上了议事日程。这个时期的旅行社设立情况如表9-1所示。

表9-1 1949—1978年设立的旅行社

旅行社名称	设立时间	主要接待对象	备注
厦门华侨服务社	1949年11月	华侨、侨眷	
广东归国华侨接待站	1950年	华侨、侨眷	深圳、拱北、汕头、广州

续表

旅行社名称	设立时间	主要接待对象	备注
泉州华侨服务社	1951年12月	华侨、侨眷	
中国国际旅行社	1954年4月	政府代表团、邀请外宾、友好人士、自费游客	
福建省华侨服务社	1954年12月	华侨、侨眷	
广东省华侨服务社	1956年下半年	华侨、侨眷	
华侨旅行服务总社	1957年4月	华侨、侨眷、港澳同胞	
中国旅行社	1974年	华侨、外籍华人、港澳同胞、台湾同胞	与华侨旅行服务总社合署办公

这个时期我国旅行社业的特点是：

(1)旅游接待属于政治接待，即作为外事工作和侨务工作的一部分来开展，自费游客数量很少。

(2)旅行社接待人数在改革开放前几年增长很快，1973年接待外国游客2.6784万人，1978年则增至22.9648万人，年均增长12.84%。

(3)旅行社虽然都是事业性质，但接待工作已形成了总社与各地分支社的外联接待体系，由总社负责对外联络，各分支社负责接待。

(4)在旅游接待的发展过程中，培养和形成了一批思想好、业务强的翻译导游队伍，为旅行社随后的发展奠定了人才基础。

(三)1978—2001年：市场化进程中的中国旅行社业

1. 第一阶段(1978—1984年)：从事业单位到企业组织

1978年以后，政府的政治行为重心逐步转移到经济建设上来，这一大变革背景成为中国的旅行社角色转变的第一推动力量。1978年10月9日，改革开放的总设计师邓小平同志提出，民航、旅游很值得搞。要按经济的办法来管理经济，旅游事业要按企业来办，要抓利润。

1982年7月17日，中国旅行游览事业管理局正式宣布与中国国际旅行社总社分开办公，这标志着中国旅行社业进入政企分开时期，旅行社业正式引入企业化运营机制。

2. 第二阶段(1984—1993年)：从垄断走向竞争

1984年，国家旅游局下放对外招徕过程中旅游签证通知权(外联权)。

1985年5月11日，国务院发布《旅行社管理暂行条例》，正式把中国旅行社分为三大类别，其中一类旅行社具有独立的外联权。到1989年，全国共有旅行社1617家，其中一、二、三类社分别为61家、834家和722家。这些传统体制外生长发育的旅行社在相当程度上直接冲击了政府扶持下的原有三大垄断性的旅行社，导致其市场份额从1984年起逐渐下降到50%以下，垄断地位不断下降。市场领域的扩大和市场供给主体的增加，标志着中国旅行社业的市场态势正在从相对垄断走向相对竞争。

3. **第三阶段（1993—2001年）：从不完全竞争走向完全竞争**

进入20世纪90年代以后，中国旅行社业的分散化趋势不仅没有停止的迹象，反而在宏观经济体制改革不断深化、旅行社业进入壁垒降低的大背景下加速发展。1993年全国旅行社首次突破3000家，市场供给主体的增加，直接导致了市场竞争程度趋于完全化。

从全球旅行社业的发展趋势来看，没有集中，就没有规模，也就没有竞争力。换言之，旅行社之间竞争的游戏规则已经从"小企业、单项产品"的竞争，转向"大集团、综合能力"的竞争。

（四）2001—2013年：对外开放影响下的中国旅行社业

2001年，为适应中国加入世界贸易组织后旅游业进一步对外开放的新形势，针对外资进入旅行社业的需要，《旅行社管理条例》增加了"外商投资旅行社的特别规定"的章节，对外商投资旅行社的资格、条件和程序进行了规定。2002年7月1日开始实行的《中国公民出境旅游管理办法》则标志着中国出境旅游市场已经达到了相应的规模，并走向成熟。

2002年4月，中国国际旅行社与美国运通公司合资在北京成立国旅运通商务旅行社；同年5月，中国康辉旅行社与美国罗森布鲁斯旅游公司合资在北京成立罗森康辉商务差旅管理旅行社。意味着外资旅行社的目标从商务旅游转向休闲旅游市场。

在对外开放程度越来越高的同时，中国旅行社业也在积极对内开放。对内开放的一个标志是民营企业的战略进入。2002年9月，湖北东星集团出资数百万元人民币，占有汉口国旅97.5%的股份，率先揭开民营企业买壳经营出境旅游的序幕。康辉国旅在北京首旅集团的支持下，成功完成首例大型旅行社的管理层收购方案。民营的天津方舟旅行社买断黄山屯溪老街的景区开发权等。所有这些都体现了中国旅行社业的开放进程越来越广泛，越来越深化。

（五）2013年至今：散客旅游时代的中国旅行社业

2013年，《中华人民共和国旅游法》的实施、铁路客运的提速和私家车的普及等，导致团队数量锐减，自驾车旅游、"私人定制"旅游等散客旅游日渐火

爆,散客旅游时代来临,并带有如下鲜明的时代特征:

1. 规模小型化

由于散客旅游多为游客本人外出旅游或与其家人、朋友结伴而行,因此相对团体旅游,其人数要少得多,相对规模较小。

2. 服务个性化

由于游客的旅游经验越来越丰富,他们在个性化、多样化等方面的需求也在不断升温。因此,要求旅行社推出个性化的旅游产品,提供更加个性化的服务。

3. 要求多样化

随着自驾游的兴起,游客自主意识增强,游客的旅游需求更加多样化、深度化。譬如,在散客中有大量的公务和商务旅客,他们在旅游过程中会有应酬以及商务、公务活动,这些活动不仅要求高,而且对服务的要求也较为多样化。

4. 产品定制化

定制化是指旅行社按照游客自身的要求为其提供的、适合其需求的,同时也是高水平、差异化的旅游服务。因此,定制化是一种量身打造、有需有供的旅游产品。它所产生的"体验效应"是带给游客美好的感觉、永久的记忆以及值得回味的事物与经历。

5. 游客自由化

随着旅游市场的发展、旅游设施的完善,加之游客主体意识的增强、消费能力的提高以及旅游知识的丰富,游客的出游方式以及目的地的选择范围也随之扩大,游客的出行将更加自由化。

三、旅行社的性质和主要业务

(一)旅行社的性质

我国《旅行社条例》规定:"旅行社是从事招徕、组织、接待游客等活动,为游客提供相关旅游服务,开展国内旅游业务、入境旅游业务或出境旅游业务的企业法人。"该规定明确了旅行社具有下列性质。

1. 旅行社是以营利为目的的企业

旅行社通过向游客提供服务获取利润,旅行社是自主经营、自负盈亏的经济组织。在旅游经营中,旅行社多采取有限责任公司或股份有限公司的组织形式。

2. 旅行社是服务型的企业

旅行社的业务除了进行旅游产品设计和产品销售外,还组织和接待游客,并提供相关旅游服务,如为游客安排交通、住宿、餐饮、观光游览、休闲度假,提供导游、领队服务和旅游咨询服务。可见,服务性是旅行社的重要性质。

3. 旅行社是中介服务机构

旅行社为游客提供的旅游产品和服务,实际上是各旅游供应部门提供的,旅行社仅仅是组合各种旅游产品和服务,并不是这些产品和服务的原始提供者,虽然有少数实力雄厚的旅行社在产业链上掌控了部分旅游服务的资源,但绝大部分旅游企业仍是在游客与服务供应部门间扮演中间人的角色。所以,旅行社在性质上还是中介服务机构。

(二)旅行社业务

旅行社的主要业务是从事旅游活动的经营,主要任务是为游客提供所需要的各种服务。下面是按照经营范围和业务流程对旅行社业务进行的分述。

1. 按照经营范围划分

(1)国内旅游业务

国内旅游业务是指旅行社招徕、组织和接待中国内地居民在境内的旅游业务,以及招徕、组织、接待在中国内地的外国人、香港特别行政区、澳门特别行政区和台湾地区居民在境内的旅游业务。

(2)入境旅游业务

入境旅游业务是指旅行社招徕、组织、接待外国游客来我国旅游,香港特别行政区、澳门特别行政区游客来内地旅游,台湾地区居民来大陆旅游。

(3)出境旅游业务

出境旅游业务是指旅行社招徕、组织、接待中国内地居民出国旅游,赴香港特别行政区、澳门特别行政区和台湾地区旅游,以及招徕、组织、接待在中国内地的外国人、在内地的香港特别行政区、澳门特别行政区居民和在大陆的台湾地区居民出境旅游的业务。

2. 按照业务流程划分

(1)产品开发与设计

旅行社产品设计是指在市场调研的基础上,根据旅游市场的需求,结合本旅行社的业务特点、经营实力,将旅游目的地的旅游资源与各种服务组合起来,设计出消费者喜爱的旅游产品。旅行社设计的产品是否合理,产品能否满足游客的需求,直接影响旅行社在市场上的竞争能力,最终影响到旅行社的生存与发展。

(2)委托代办业务

委托代办业务是旅行社最基本的业务,委托代办业务是指旅行社替游客代订各种票据及其他委托业务。自从旅行社问世以来,替游客代订机票及车船票、安排客房和其他委托业务就是其主要的业务活动和主要的收入来源。旅行社的委托代办业务,简化了游客分别到不同的旅游服务供应部门购买的烦琐事务,极大地方便了游客。

(3)旅游服务采购

旅游服务采购是旅行社为生产旅游产品而向有关旅游服务供给者订购所需要的有关服务,以保证产品的供给。由于旅行社除了能向游客提供导游服务和组织安排旅游活动外,游客所需要的其他服务如酒店住宿服务、餐饮服务、交通服务与参观游览点服务等均须这些部门和单位提供,因此需要向它们采购,与它们订立供应合同或协议,然后将这些服务组合成产品向游客销售。

(4)产品销售与促销

旅行社的销售业务,是旅行社通过各种销售渠道和促销手段将其产品在市场上出售。由于旅游产品无形性的特点,使得消费者在实际消费之前很难对其质量进行评价和鉴定。所以,旅行社的经营者只有加大对旅游产品的宣传力度与推销力度,通过各种传播媒体,将旅游产品的有关信息迅速传递给消费者,才能引起消费者对旅游产品的注意和兴趣,激发消费者的购买欲望,促使消费者下决心购买。旅行社只有把自己设计和生产的旅游产品销售给旅游消费者,才能获得所期望的经营利润,才能使旅行社生存和发展。

(5)旅游接待业务

旅游接待业务是旅行社经营活动中的重要业务。它是指旅行社对已经预购旅游产品的游客在其到达后所提供的服务,即为游客安排、落实在目的地游览期间的食、住、行、游、购、娱等消费活动以及其他事项。旅行社接待工作的质量是旅行社产品质量的重要组成部分,它将直接影响到游客对旅游活动产生满意或不满意的感受,从而可以影响游客的流向和流量,影响旅游地的兴衰,影响旅行社的声誉。所以,旅游接待在旅游活动中发挥着重要作用。

四、旅行社产品及其类型

(一)旅行社产品的内涵

旅行社产品是旅行社根据市场需求,通过采购景点、交通、住宿、餐饮、购物、娱乐等单项服务产品进行组合,向游客提供的旅游线路产品。它是旅行社从业人员经过市场调查、筛选、组织、创意策划、服务采购、广告设计等最终生产出来的。

(二)旅行社产品类型

1. 按计价形式分类

(1) 团体全包价旅游

团体全包价旅游是由 10 名及以上游客组成，采取一次性预付旅费的方式，有组织地按预定行程计划进行的旅游形式。旅行社根据与游客签订的协议提供饭店客房、一日三餐、旅游游览车、翻译导游服务、交通集散地接送服务、行李服务以及游览场所门票和文娱活动入场券等。

游客参加这样的旅游有以下几个优点：第一，可以享受比较优惠的价格；第二，旅游团内氛围和安全性好；第三，便捷省心。但是，随着信息社会的到来，人们对外部环境的了解有了质的变化，且越来越追求个性化的活动方式，传统一包到底的旅游方式显然已不能满足大多数消费者。

(2) 半包价旅游

与全包价旅游相比，半包价旅游团队通常是在全包价的基础上扣除午、晚餐费用的一种包价形式，这种形式能更好地满足游客不同的用餐要求，同时能降低旅游产品的直观价格，从而提高产品的竞争能力。团体旅游和散客旅游均可采用半包价旅游形式。

(3) 小包价旅游

小包价旅游又称选择性旅游，它由非选择部分和可选择部分组成。非选择部分包括交通集散地接送、城市间交通、住房和早餐，旅游费用由游客在旅游前预付；选择部分包括导游、风味餐、节目欣赏和参观游览等，游客可根据时间、兴趣和经济情况自由选择，费用既可预付，也可现付。小包价旅游具有多方面的优势，主要表现在明码实价、经济实惠、手续简便和机动灵活等方面。

(4) 零包价旅游

零包价旅游是一种独特产品形态，多见于旅游发达国家。参加这种旅游的游客必须随团前往和离开目的地，但在旅游目的地的活动是完全自由的，形同散客。参加零包价旅游的游客可以获得团体机票价格的优惠，并可由旅行社统一代办旅游签证。

(5) 组合旅游

组合旅游产生于 20 世纪 80 年代，参加组合旅游的游客分别从不同的地方来到旅游目的地，由旅行社散客部将他们组成旅游团，按旅行社事先的安排进行旅游活动。

(6) 单项服务

单项服务是旅行社根据游客的具体要求而提供的各种非综合性的有偿服

务。单项服务又称委托代办业务，游客可采取当地委托、联程委托和国际委托等不同的方式交旅行社办理。其中常规性的服务项目主要包括导游服务、交通集散地的接送服务、代办交通票据和文娱票据、订房、订餐、代客联系参观游览项目、代办签证和代办旅游保险等。旅行社单项服务的对象主要限于散客。

2. 按旅行社服务方式分类

（1）预制旅游产品

它是由旅行社设计提供、事先指定的确定的计划人数、出发日期、线路行程及价格等，并用广告或其他方法招徕旅行者而实施的旅游产品。

（2）定制旅游产品

它是旅行社接受客户或游客的委托，根据客户或游客的需求，单独设计行程、报价并提供服务的专项产品及服务（包括单项旅游服务、会议旅游服务、奖励旅游服务、特种旅游服务等）。

五、旅行社等级的划分与评定

（一）旅行社等级的划分与依据

旅行社等级分为五级，由低到高依次为 A 级、AA 级、AAA 级、AAAA 级、AAAAA 级。

各等级旅行社应满足等级评定的基本条件，并达到相应的分数要求。

参加等级评定的旅行社须满足如下条件：

（1）依法设立、正式开展旅行社业务应不少于 2 年；

（2）两年内未发生严重安全责任事故；

（3）两年内发生安全事故按规定及时报告并积极配合救援和善后处理；

（4）两年内未受到罚款以上行政处罚；

（5）两年内有效投诉比例不高于行业平均水平；

（6）两年内未有连续六个月不开展旅行社业务。

旅行社等级评定的依据包括旅行社的经营条件、经营业绩、企业管理、服务能力、质量和安全保证、诚信建设与营销推广六个方面。评定时按照评分细则进行综合评价打分。

（二）各等级旅行社的评价指标

1. A 级旅行社

（1）经营条件

①固定资产应不少于 10 万元；

②应有固定经营场所,且经营场所自有或租赁期间不少于1年;
③在职人员总数应不少于10人;
④应加入旅游行业协会。
(2)经营业绩
①近两年应不间断开展旅行社业务;
②业务台账等资料应保存2年以上。
(3)企业管理
①应有专职财务人员;
②应与导游人员签订规范的劳动合同并建立合法的劳动关系。
(4)服务能力
①可向顾客提供咨询服务;
②可提供交通票务代理服务;
③可提供两种以上代理服务。
(5)质量和安全保障
①应建立顾客意见反馈制度,每年对游客进行服务质量调查;
②应有旅游投诉电话并予以公示;
③应使用主管部门推荐的旅游示范合同或内容符合国家有关规定的合同;
④应建立安全事项报告制度;
⑤应建立旅游突发事件应急预案并开展相关培训演练。
(6)诚信建设与营销推广
广告宣传应符合相关法律法规规定。

2. AA级旅行社

(1)经营条件
①固定资产应不少于20万元;
②经营场所自有或租赁期间应不少于3年;
③在职人员总数应不少于15人;
④宜成为旅游行业协会的理事单位。
(2)经营业绩
①近两年平均应收账款占收入总额和年均应付账款占营业成本总额均应不少于25%;
②近两年年均组接不少于5000人天;
③近两年年均营业收入应不少于200万元;
④近两年年均实缴税金应不少于1万元。

（3）企业管理

①应有初级职称以上的专职财务人员；

②应建立基本健全的管理制度，包括人力资源管理、财务管理、直联与安全管理制度，部门及岗位分工明确；

③除门市部等服务网点外所有部门宜集中在同一营业场所；

④定期组织员工培训，新员工培训时间应不少于8小时，管理人员培训时间应不少于24小时，导游人员培训时间应不少于40小时；

⑤专职人员签约率应达到100%，且企业提供应承担的社会保障。

（4）服务能力

①可提供10条以上旅游线路产品；

②宜有门市部等服务网点；

③可接受委托从事代理招徕业务；

④应使用示范合同或符合规定的合同，旅游合同中线路、计划、价格明确，且无违反法律法规的内容，旅游合同填写规范，行程和景点、交通、住宿、餐饮、购物等项目具体明确。

（5）质量和安全保证

①应设有质量监督和投诉处理机构并配备专门人员；

②近两年应无较大安全责任事故和质量事件，未受到警告以上处罚；

③严格履行旅游合同和接待计划，不应擅自变更服务项目或更改行程安排，不应有欺骗或胁迫游客购物或购买另行付费项目的情形。

（6）诚信建设与营销推广

①宜有专门的营销经费，且每年不少于5万元；

②广告宣传应规范，内容真实，没有虚假、误导性用语；

③委托代理业务应注明被代理旅行社名称。

3. AAA级旅行社

（1）经营条件

①固定资产应不少于100万元；

②经营场所面积（含非独立法人机构）应不少于200平方米，自有或租赁期间不少于5年；

③经营场所一应证照齐全且按规定悬挂展示，宜统一装饰并使用统一形象标识，员工佩带标牌，语言礼貌，举止文明；

④经营场所宜功能齐全且标识明显，桌椅、卫生、饮水等设施设备满足需要，经营场所整洁、明亮，物品放置有序；

⑤在职人员总数（含非独立法人机构）应不少于100人；
⑥宜成为旅游行业协会的常务理事单位。

（2）经营业绩
①近两年企业年均营业利润、年人均创利应不低于行业平均水平；
②近两年年均应收账款占收入总额和年均应付账款占营业成本总额均不少于10%；
③近两年年均组接应不少于10万人天；
④近两年年均营业收入应不少于1000万元；
⑤近两年年均实缴税金应不少于5万元。

（3）企业管理
①应按照"统一人事、统一财务、统一分配、统一经营服务规范"进行部门管理；
②应建立符合国家规定的完善的财务制度，无财务违规行为，财务报告应通过专业审核，按时完成经营和财务信息等统计资料报送，专职财务人员中应至少一人具有中级以上专业职称；
③宜制订年度总体发展计划、年度营销计划、年度营业收入计划和中长期发展战略；
④应有近两年客户档案并保存完整，宜进行客户定期回访且有回访记录；
⑤培训记录、宣传资料等内容较丰富、可操作性强，在职员工每年培训时间应不少于48小时；
⑥专职导游、领队人员占在职人员总数比例宜不低于15%；
⑦高级管理人员中，有3年以上从事旅行社及旅游企业工作经验的比例宜不低于40%，中层以上管理人员中具有大专以上学历的比例宜不低于75%或本科以上不低于50%；
⑧应全面有效地实行合同管理制度，劳动合同与社会保障齐全，劳资档案规范、保存完好，年均人员流失率宜不高于30%。

（4）服务能力
①销售的旅游线路宜不少于20条，近两年年均推出新产品数量宜不少于3条；
②应有5家以上服务网点，宜有分社或者委托招徕经营机构，网络或者营业时间电话咨询及应答率宜不低于80%；
③应有市场定位和明确的发展方针，有中长期产品研发规划和年度研发计划；

④应有企业标识和产品品牌标识（包括使用其他企业的），宜有一个以上地市级知名商标；

⑤经营出入境业务的旅行社，应提供两种以上外语导游和领队服务；

⑥旅游接待计划应规范、详细、依据明确；

⑦出境旅游业务档案应保存至少3年，其他旅游业务档案应保存至少2年；

⑧自动化办公设备齐全，管理及业务岗位电脑普及率100%，宜安装使用旅行社团队管理服务系统等信息化的管理和服务系统，应有内部局域网并接入互联网。

(5) 质量和安全保障

①应设立质量管理制度，至少每年进行一次质量评审，有完整的质量档案资料；

②应设立专门的投诉电话且24小时接听；

③投诉档案完整，投诉处理记录、投诉反馈和分析报告规范，投诉自行解决率应不低于80%，有效投诉应不高于当年组织和接待人次的十万分之五；

④游客满意度应不低于80%；

⑤应建立安全管理制度，制定安全应急预案并进行演练，发生安全事故及时报告并积极配合救援和妥善处理；

⑥积极推荐旅游者购买旅游意外保险，且包价旅游者购买率宜不低于30%。

(6) 诚信建设与营业推广

①每年营销经费宜不少于20万元并开展广告宣传，有影印海报，在网站、地方性报纸杂志上有广告投放，近两年年均市场宣传促销活动宜不少于3次；

②宣传品和线路价目表数目宜不少于5种，经营入境旅游的提供外文宣传资料；

③应与供应商、协作方等签订正规合约，同行履约反映良好，妥善处理违约纠纷；

④宜建立合作商和供应商档案管理、评定与筛选机制。

4. AAAA级旅行社

(1) 经营条件

①固定资产应不少于500万元；

②经营场所面积（含非独立法人机构）应不少于300平方米；

③在职人员总数（含非独立法人机构）应不少于200人；

④宜加入全国性旅游行业协会。

（2）经营业绩

①近两年年均组接应不少于 20 万人天；

②近两年年均营业收入应不少于 1 亿元；

③近两年年均实缴税金应不少于 10 万元。

（3）企业管理

①应建立标准化的、具体有效的规章制度；

②宜有旅游市场发展与需求分析报告；

③应建立专门培训制度，安排专项培训经费预算，在职员工每年培训时间应不少于 60 小时；

④专职导游、领队人员占在职人员总数比例宜不低于 20%；

⑤高级管理人员中有 3 年以上从事旅行社及旅游企业工作经验的比例不低于 50%，中层以上管理人员中具有大专以上学历的比例宜不低于 85% 或本科以上不低于 60%；

⑥专职财务人员中应至少一人具有高级专业职称或两人以上具有中级专业职称；

⑦近两年年均人员流失率宜不高于 25%。

（4）服务能力

①销售的旅游线路宜不少于 30 条，近两年年均推出新产品线路宜不少于 5 条；

②应有 10 家以上服务网点或者代理招徕机构，宜有 5 家以上分社；

③网络和营业时间电话咨询应答率宜不低于 90%。

（5）质量和安全保证

①有效投诉应不高于当年组织和接待人次的十万分之三；

②游客满意度应不低于 85%；

③积极推荐旅游者购买旅游意外保险，且包价旅游者购买率宜不低于 50%。

（6）诚信建设与营销推广

①应有专门的营销经费，且每年应不少于 50 万元；

②近两年每年进行市场宣传促销活动宜不少于 5 次。

5. AAAAA 级旅行社

（1）经营条件

①固定资产应不少于 1000 万元；

②经营场所面积（含非独立法人机构）应不少于 500 平方米；

③在职人员总数（含非独立法人机构）应不少于 500 人。
（2）经营业绩
①近两年年均组接应不少于 50 万人天；
②近两年年均实缴税金应不少于 50 万元；
③近两年年均营业收入应不少于 5 亿元。
（3）企业管理
①企业经营管理制度应健全、规范并有效贯彻执行；
②在职员工每年培训时间应不少于 96 小时；
③高级管理人员中有 3 年以上从事旅行社及旅游企业工作经验的比例宜不低于 65%，中层管理人员中具有本科以上学历的比例宜不低于 85%；
④专职财务人员中应有 2 人以上具有高级专业职称或 4 人以上具有中级专业职称；
⑤近两年年均人员流失率宜不高于 20%。
（4）服务能力
①拥有 20 家服务网点或者委托招徕经营机构，宜有 10 家以上分社或 5 家以上旅游类子公司；
②应提供 24 小时电话或者网络咨询服务，网络和营业时间电话咨询应答率宜不低于 100%；
③应有一级域名的企业网站，网站宜每日更新并有预订和支付功能。
（5）质量和安全保证
①有效投诉应不高于当年组织和接待人次的十万分之一；
②游客满意度应不低于 90%；
③积极推荐旅游者购买旅游意外保险，且包价旅游者购买率宜不低于 60%。
（6）诚信建设与营销推广
①应有专门的营销经费，且每年宜不少于 200 万元；
②近两年每年进行市场宣传促销活动宜不少于 10 次。

第二节　旅游饭店知识

旅游饭店已经发展成为旅游业最重要的一个行业，一个国家或地区旅游饭店的行业规模、管理水平和服务质量是衡量其旅游业发展程度的主要标志。

一、旅游饭店的定义

《旅游饭店星级的划分与评定》(GB/T 14308—2010)中对旅游饭店的定义是：以间(套)夜为单位出租客房，以住宿服务为主，并提供商务、会议、休闲、度假等相应服务的住宿设施，按不同习惯可能也被称为宾馆、酒店、旅馆、旅社、宾舍、度假村、俱乐部、大厦、中心等。

二、旅游饭店的特点

旅游饭店是一种特殊的企业，它出售的商品可以概括为"时间"、"空间"和"服务"，这就决定了饭店业与其他行业相比较，具有以下特点：

(1)生产力受饭店自身规模大小和时间的限制，定时、定量。

(2)产品不能储存，价值随时间而消失。

(3)产品不能搬运，发展、销售受地理位置的限制。

(4)产品价格的波动性大，季节性、时间性特征明显。

(5)产品的生产波动性大。产品生产受消费者和生产者本身的因素影响较大，产品质量的高低取决于消费者的感受。

(6)产品销售业绩受多种因素制约，促销成本较大，固定成本高，要达到收支平衡，需要维持较高的客房出租率。

三、旅游饭店的类型

1. 根据接待对象分类

(1)商务型饭店

所谓商务型饭店，就是为那些从事企业活动的商务游客提供住宿、膳食和商业活动及有关设施的旅游饭店。

一般来讲，为满足住客的商务要求，商务型饭店往往位于城市中心，且回头客较多。因此，饭店的服务项目、服务质量和服务水准要高。要为商务游客创造方便条件。饭店的设施力求舒适、方便、安全。

(2)长住型饭店

长住型饭店主要为一般性度假旅客提供公寓生活，主要是接待常住客人，这类饭店要求常住客人先与饭店签订一项协议书或合同，写明居住的时间和服务项目。长住型饭店已被我国有些饭店视为"保底收入的一种有效做法"。

(3)度假型饭店

度假型饭店主要是为度假游客提供娱乐和度假场所，有多种娱乐、体育活动项目。一般位于海滨、山城景色区或温泉附近。它要离开嘈杂而繁华的城市中心和大都市,但是交通要方便。

(4)会议型饭店

会议型饭店是专门为各种从事商业、贸易展览会、科学讲座的商客、参会人员提供住宿、膳食和展览厅、会议厅的一种特殊型饭店。

会议型饭店的设施不仅要舒适、方便,有温馨的客房并提供美味的各类餐厅,同时要有大小规格不等的会议室、谈判间、演讲厅、展览厅等;并且在这些会议室、谈判间里都有良好的隔板装置和隔音设备。

2. 根据饭店的规模分类

饭店的规模大小,也反映出饭店的等级及提供服务的项目、等级。

(1)小型饭店

小型饭店的客房数一般在 100 间以下,由于受建筑设施和经济实力的限制,往往只能向客人提供住宿、餐食等基本服务,因而其价格比较低廉,适于中下阶层游客居住。这类饭店数量约占我国饭店总数的 50% 以上。

(2)中型饭店

中型饭店的客房数一般在 100~500 间,其设施相对来说较为齐全,能提供较为舒适、方便的客房、餐厅、酒吧、康乐设施和健身设施等服务。由于其价格比较合理,因而是一般游客理想的休息和娱乐场所。这类饭店的数量在我国约占饭店总数的 40% 以上。

(3)大型饭店

大型饭店的客房数一般在 500 间以上,其设施和服务项目十分齐全,通常拥有各种大小规格的会议厅、宴会厅和健身设施、康乐设施、舞厅、音乐酒吧、闭路电视和中央空调系统等。这类饭店的数量在我国约占饭店总数的 1%。

四、旅游饭店的星级划分

从 20 世纪五六十年代开始,按照饭店的建筑设备、饭店规模、服务质量、管理水平进行划分,逐渐形成了比较统一的等级标准。这种方式在欧洲十分流行,我国参照国际惯例,出台了旅游饭店星级评定标准。

(一)旅游饭店星级评定的总体设计

(1)我国旅游饭店分为五个星级,即一星级、二星级、三星级、四星级、五星级(含白金五星级)。最低为一星级饭店,最高为白金五星级饭店。

(2)星级以镀金五角星为符号,用一颗五角星表示一星级,两颗五角星表示二星级,三颗五角星表示三星级,四颗五角星表示四星级,五颗五角星表示五星级，五颗白金五角星表示白金五星级。

（3）一星级、二星级、三星级饭店是有限服务饭店，评定星级时应对饭店住宿产品进行重点评价；四星级饭店和五星级（含白金五星级）饭店是完全服务饭店，评定星级时应对饭店产品进行全面评价。

（4）饭店开业一年后可申请评定星级，经相应星级评定机构评定后，星级标识使用有效期为三年。三年期满后应重新进行评定。

（5）评定星级时不因为某一区域所有权或经营权的分离，或因为建筑物的分隔而区别对待，饭店内所有区域应达到同一星级的质量标准和管理要求。

（6）星级划分条件分为必备条件、设施设备、饭店运营质量三个方面，必备条件均达标后，才能进入设施设备、饭店运营质量评价环节。设施设备环节总分为 600 分，按最终得分进行星级划分，一星级、二星级饭店不做要求，三星级饭店最低 220 分，四星级饭店最低 320 分，五星级饭店最低 420 分。饭店运营质量方面总分也为 600 分，评价内容分为总体要求、前厅、客房、餐饮、其他、公共及后台区域 6 个大项。评分时按"优""良""中""差"打分并计算得分率。一星级、二星级饭店不做要求。三星级、四星级、五星级饭店规定最低得分率：三星级饭店为 70%，四星级饭店为 80%，五星级饭店为 85%。

（二）一星级、二星级饭店必备条件

1. 一般要求

一星级饭店	二星级饭店
建筑物结构良好，功能布局基本合理，方便宾客在饭店内活动。应有适应所在地气候的采暖、制冷设备，各区域通风良好	
各种指示用和服务用文字应至少用规范的中文及第二种文字同时表示，导向系统的设置和公共信息图形符号应符合 GB/T 15566.8、GB/T 10001.1、GB/T 10001.2、GB/T 10001.4 和 GB/T 10001.9 的规定	
应有至少 15 间（套）可供出租的客房	应有至少 20 间（套）可供出租的客房
	应提供回车线或停车场，5 层以上（含 5 层）的楼房要有客用电梯
员工应具备基本礼仪礼节，穿着整齐清洁，可用普通话提供服务，效率较高设施设备应定期维护保养，保持安全、整洁、卫生和有效	
应有突发事件处置的应急预案	
应有与本星级相适应的节能减排方案并付诸实施	

2. 设施

一星级饭店	二星级饭店
设总服务台，并提供客房价目表及城市所在地的旅游交通图等相关资料	应有与饭店规模相适应的总服务台，位置合理，提供客房价目表及城市所在地的旅游交通图、所在地旅游信息介绍等相关资料
	应有就餐区域，提供桌、椅等配套设施，照明充足，通风良好
客房内应有清洁舒适的床和配套家具	客房内应有清洁舒适的床以及桌、椅、床头柜等配套家具
客房内应有卫生间或提供方便宾客使用的公共卫生间，客房卫生间及公共卫生间均采取必要防滑措施	至少50%的客房内应有卫生间，或每一楼层提供数量充足、男女分设、方便使用的公共盥洗间。客房卫生间及公共盥洗间均采取有效的防滑措施
应24小时供应冷水，每日固定时段供应热水，并有明确提示	应24小时供应冷水，至少12小时供应热水
客房照明充足，有遮光效果较好的窗帘	客房应有适当装修，照明充足，有遮光效果较好的窗帘。有防噪声及隔音措施
	客房内应配备电话、彩色电视机等设施，且使用效果良好
	设有两种以上规格的电源插座
	公共区域应有适当装修，墙面整洁、光线充足。紧急出口标识清楚，位置合理，无障碍物
	门厅及主要公共区域应有供残障人士出入的坡道

3. 服务

一星级饭店	二星级饭店
应至少18小时提供接待、问询、结账服务	应24小时提供接待、问询、结账和留言等服务
晚间应有安保人员驻店值班	应有管理或安保人员24小时在岗值班
应提供贵重物品保管及小件行李寄存服务	
客房、卫生间应每天全面整理一次，隔日或应宾客要求更换床单、被套及枕套，并做到每客必换	
客房内应提供热饮用水	
应为残障人士提供必要的服务	
	应提供早餐服务

(三)三星级饭店必备条件

1. 一般要求

(1)应有较高标准的建筑物结构,功能布局较为合理,方便宾客在饭店内活动。

(2)应有空调设施,各区域通风良好,温度、湿度适宜。

(3)各种指示用和服务用文字应至少用规范的中英文同时表示。导向标志清晰、实用、美观,导向系统的设置和公共信息图形符号应符合 GB/T 15566.8、GB/T 10001.1、GB/T 10001.2、GB/T 10001.4 和 GB/T 10001.9 的规定。

(4)应有计算机管理系统。

(5)应有至少 30 间(套)可供出租的客房,应有单人间、套房等不同规格的房间配置。

(6)应提供停车场回车线并有一定泊位数量的停车场。4 层(含 4 层)以上的建筑物有足够的客用电梯。

(7)设施设备定期维护保养,保持安全、整洁、卫生和有效。

(8)员工应着工装,训练有素,用普通话提供服务。前台员工具备基本的外语会话能力。

(9)应有处置突发事件(应包括火灾、自然灾害、饭店建筑物和设备设施事故、公共卫生和伤亡事件、社会治安事件等)的应急预案,有年度实施计划,并定期演练。

(10)应有与本星级相适应的节能减排方案并付诸实施。

(11)应定期开展员工培训。

2. 设施

(1)应有与接待规模相适应的前厅和总服务台,装修美观。提供饭店服务项目资料、客房价目等信息,提供所在地旅游交通、所在地旅游资源信息、主要交通工具时刻表等资料,提供相关的报刊。

(2)客房装修良好、美观,应有软垫床、梳妆台或写字台、衣橱及衣架、座椅或简易沙发、床头柜及行李架等配套家具。电器开关方便宾客使用。

(3)客房内满铺地毯、木地板或其他较高档材料。

(4)客房内应有卫生间,装有抽水马桶、梳妆台(配备面盆、梳妆镜和必要的盥洗用品)、浴缸或淋浴间。采取有效的防滑、防溅水措施,通风良好。采用较高级建筑材料装修地面、墙面和天花板,色调柔和,目的物照明效果良好。有良好的排风设施,温湿度与客房适宜。有不间断电源插座。24 小时供应冷、热水。

（5）客房门安全有效，应设门窥镜及防盗装置，客房内应在显著位置张贴应急疏散图及相关说明。

（6）客房内应有遮光和防噪声措施。

（7）客房内应配备电话、彩色电视机，且使用效果良好。

（8）应有两种以上规格的电源插座，位置方便宾客使用，可提供插座转换器。

（9）客房内应有与本星级相匹配的文具用品，备有服务指南、住宿须知、所在地旅游景点介绍和旅游交通图等，提供书籍报刊。

（10）床上用的棉织品（床单、枕芯、枕套、被芯、被套及床衬垫等）及卫生间针织用品（浴衣、浴巾、毛巾等）材质良好、柔软舒适。

（11）客房内应提供互联网接入服务，并有使用说明。

（12）客房内应备有擦鞋用具。

（13）应有与饭店规模相适应的独立餐厅，配有符合卫生标准和管理规范的厨房。

（14）公共区域应设宾客休息场所。

（15）公共区域应有男女分设、间隔式公共卫生间。

（16）应有公用电话。

（17）应有应急供电设施和应急照明设施。

（18）走廊地面应满铺地毯或使用与整体氛围相协调的其他材料，墙面整洁、有适当装修，光线充足。紧急出口标识清楚，位置合理，无障碍物。

（19）门厅及主要公共区域应有供残障人士出入的坡道，配备轮椅。

3. 服务

（1）应有管理人员及安保人员24小时在岗值班。

（2）应24小时提供接待、问询、结账和留言服务。提供总账单结账服务、信用卡结算服务。应提供客房预订服务。

（3）应设门卫接待及行李服务人员，有专用行李车，应宾客要求提供行李服务。应提供贵重物品保管及小件行李寄存服务，并专设寄存处。

（4）应为宾客办理传真、复印、打字、国际长途电话等商务服务，并代发信件。

（5）应提供代客预订和安排出租汽车服务。

（6）客房、卫生间应每天全面整理一次，每日或应宾客要求更换床单、被套及枕套，客用品补充齐全。

（7）应提供留言和叫醒服务。可应宾客要求提供洗衣服务。

（8）客房内应 24 小时提供热饮用水，免费提供茶叶或咖啡。

（9）应提供早、中、晚餐服务。

（10）应提供与饭店接待能力相适应的宴会或会议服务。

（11）应为残障人士提供必要的服务。

(四) 四星级、五星级饭店必备条件

1. 饭店总体要求

四星级饭店	五星级饭店
建筑物外观和建筑结构有特色。饭店空间布局合理，方便宾客在饭店内活动	建筑物外观和建筑结构应具有鲜明的豪华饭店的品质，饭店空间布局合理，方便宾客在饭店内活动
内外装修应采用高档材料，符合环保要求，工艺精致，整体氛围协调	内外装修应采用高档材料，符合环保要求，工艺精致，整体氛围协调，风格突出
各种指示用和服务用文字应至少用规范的中英文同时表示。导向标志清晰、实用、美观，导向系统的设置和公共信息图形符号应符合 GB/T 15566.8、GB/T 10001.1、GB/T 10001.2、GB/T 10001.4 和 GB/T 10001.9 的规定	
应有中央空调（别墅式度假饭店除外），各区域通风良好	应有中央空调（别墅式度假饭店除外），各区域空气质量良好
应有运行有效的计算机管理系统。主要营业区域均有终端，有效提供服务	应有运行有效的计算机管理系统，前后台联网，有饭店独立的官方网站或者互联网主页，并能够提供网络预订服务
应有公共音响转播系统，背景音乐曲目、音量适宜，音质良好	应有公共音响转播系统。背景音乐曲目、音量与所在区域和时间段相适应，音质良好
设施设备应维护保养良好，无噪声，安全完好、整洁、卫生、有效	
应具备健全的管理规范、服务规范与操作标准	
员工应着工装，体现岗位特色	员工应着工装，工装设计专业、材质良好、做工精致
员工训练有素，能用普通话和英语提供服务，必要时可用第二种外国语提供服务	
应有处置突发事件（应包括火灾、自然灾害、饭店建筑物和设备设施事故、公共卫生和伤亡事件、社会治安事件等）的应急预案，有年度实施计划，并定期演练	
应有与本星级相适应的节能减排方案并付诸实施	
应有系统的员工培训规划和制度，有员工培训设施	应有系统的员工培训规划和制度，应有专门的教材、专职培训师及专用员工培训教室

2. 前厅

四星级饭店	五星级饭店
区位功能划分合理	功能划分合理，空间效果良好
整体装修精致，有整体风格，色调协调，光线充足	装饰设计有整体风格，色调协调，光线充足，整体视觉效果和谐
总服务台位置合理，接待人员应24小时提供接待、问询和结账等服务。并能提供留言、总账单结账、国内和国际信用卡结算、外币兑换等服务 应专设行李寄存处，配有饭店与宾客同时开启的贵重物品保险箱，保险箱位置安全、隐蔽，能够保护宾客的隐私 应提供饭店基本情况、客房价目等信息，提供所在地旅游资源信息、当地旅游交通信息及全国旅游交通信息，并且总台能提供所在地中英文交通图以及与住店宾客相适应的报刊 在非经营区应设宾客休息场所 门厅及主要公共区域应有符合标准的供残障人士出入的坡道，配备轮椅，有残障人士专用的卫生间或厕位，为残障人士提供必要的服务	
应24小时接受包括电话、传真或网络等渠道的客房预订	
应有门卫接待服务人员，18小时迎送宾客	应有专职的门卫接待服务人员，18小时迎送宾客
应有专职行李员，配有专用行李车，18小时提供行李服务，提供小件行李寄存服务	应有专职行李员，配有专用行李车，24小时提供行李服务，提供小件行李寄存服务
应提供代客预订和安排出租汽车服务	
应有相关人员处理宾客关系	应有专职人员处理宾客关系，18小时在岗服务
	应提供礼宾服务
应有管理人员24小时在岗值班	

3. 客房

四星级饭店	五星级饭店
应有至少40间（套）可供出租的客房	应有至少50间（套）可供出租的客房
70%客房的面积（不含卫生间）应不小于20平方米	
应有标准间（大床房、双床房），有两种以上规格的套房（包括至少3个开间的豪华套房），套房布局合理	应有标准间（大床房、双床房），残障人士客房，两种以上规格的套房（包括至少4个开间的豪华套房），套房布局合理

续表

四星级饭店	五星级饭店
装修高档。应有舒适的软垫床，配有写字台、衣橱及衣架、茶几、座椅或沙发、床头柜、全身镜、行李架等家具，布置合理。所有电器开关方便宾客使用。室内满铺高级地毯，或优质木地板或其他高级材料。采用区域照明，且目的物照明效果良好	装修豪华，具有良好的整体氛围。应有舒适的床垫及配套用品。写字台、衣橱及衣架、茶几、座椅或沙发、床头柜、全身镜、行李架等家具配套齐全、布置合理、使用便利。所有电器开关方便宾客使用。室内满铺高级地毯，或用优质木地板或其他高档材料装饰。采用区域照明，目的物照明效果良好
客房门能自动闭合，应有门窥镜、门铃及防盗装置。客房内应在显著位置张贴应急疏散图及相关说明	
客房内应有装修良好的卫生间。有抽水马桶、梳妆台（配备面盆、梳妆镜和必要的盥洗用品）、浴缸或淋浴间，配有浴帘或其他防溅设施。采取有效的防滑措施。采用高档建筑材料装修地面、墙面和天花板，色调高雅柔和。采用分区照明且目的物照明效果良好。有良好的低噪声排风设施，温湿度与客房适宜。有110/220V 不间断电源插座、电话副机。配有吹风机。24 小时供应冷、热水，水龙头冷热标识清晰。所有设施设备均方便宾客使用	客房内应有装修精致的卫生间。有高级抽水马桶、梳妆台（配备面盆、梳妆镜和必要的盥洗用品）、浴缸并带淋浴喷头（另有单独淋浴间的可以不带淋浴喷头），配有浴帘或其他有效的防溅设施。采取有效的防滑措施。采用豪华建筑材料装修地面、墙面和天花板，色调高雅柔和。采用分区照明且目的物照明效果良好。有良好的无明显噪声的排风设施，温湿度与客房无明显差异。有110V/220V 不间断电源插座、电话副机。配有吹风机。24 小时供应冷、热水，水龙头冷热标识清晰。所有设施设备均方便宾客使用
客房内应有饭店专用电话机，可以直接拨通或使用预付费电信卡拨打国际、国内长途电话，并备有电话使用说明和所在地主要电话指南	客房内应有饭店专用电话机，方便使用。可以直接拨通或使用预付费电信卡拨打国际、国内长途电话，并备有电话使用说明和所在地主要电话指南
应有彩色电视机，画面和音质良好。播放频道不少于 16 个，备有频道目录	应有彩色电视机，画面和音质优良。播放频道不少于 24 个，频道顺序有编辑，备有频道目录
	应有背景音乐，音质良好，曲目适宜，音量可调
应有防噪声及隔音措施，效果良好	
应有内窗帘及外层遮光窗帘，遮光效果良好	应有纱帘及遮光窗帘，遮光效果良好
应有至少两种规格的电源插座，电源插座应有两个以上供宾客使用的插位，位置合理，并可提供插座转换器	应有至少两种规格的电源插座，电源插座应有两个以上供宾客使用的插位，位置方便宾客使用，并可提供插座转换器
应有与本星级相匹配的文具用品。配有服务指南、住宿须知、所在地旅游资源信息和旅游交通图等。可提供与住店宾客相适应的图书报刊	应有与本星级相匹配的文具用品。配有服务指南、住宿须知、所在地旅游景点介绍和旅游交通图等。提供与住店宾客相适应的图书报刊

续表

四星级饭店	五星级饭店
床上用的棉织品（床单、枕芯、枕套、被芯、被套及床衬垫等）及卫生间针织用品（浴巾、浴衣、毛巾等）材质较好、柔软舒适	床上用棉织品（床单、枕芯、枕套、被芯、被套及床衬垫等）及卫生间针织用品（浴巾、浴衣、毛巾等）材质高档、工艺讲究、柔软舒适。可应宾客要求提供多种规格的枕头
客房、卫生间应每天全面整理一次，每日或应宾客要求更换床单、被套及枕套，客用品和消耗品补充齐全，并应宾客要求随时进房清理	
应提供互联网接入服务，并备有使用说明，使用方便	
应提供开夜床服务，放置晚安致意品	应提供开夜床服务，夜床服务效果良好
应提供客房微型酒吧服务，至少50%的房间配备小冰箱，提供适量酒和饮料，并备有饮用器具和价目单。免费提供茶叶或咖啡。提供冷热饮用水，可应宾客要求提供冰块	应提供客房微型酒吧（包括小冰箱）服务，配置适量与住店宾客相适应的酒和饮料，备有饮用器具和价目单。免费提供茶叶或咖啡。提供冷热饮用水，可应宾客要求提供冰块
应提供客衣干洗、湿洗、熨烫服务，可在24小时内交还宾客。可提供加急服务	
应18小时提供送餐服务。有送餐菜单和饮料单，送餐菜式品种不少于8种，饮料品种不少于4种，甜食品种不少于4种，有可挂置门外的送餐牌	应24小时提供送餐服务。有送餐菜单和饮料单，送餐菜式品种不少于8种，饮料品种不少于4种，甜食品种不少于4种，有可挂置门外的送餐牌，送餐车应有保温设备
应提供留言及叫醒服务	应提供自动和人工叫醒、留言及语音信箱服务，服务效果良好

4. 餐厅及吧室

四星级饭店	五星级饭店
	各餐厅布局合理、环境幽雅、空气清新，不串味，温度适宜
应有布局合理、装饰设计格调一致的中餐厅	应有装饰豪华、氛围浓郁的中餐厅
	应有装饰豪华、格调高雅的西餐厅（或外国特色餐厅）或风格独特的风味餐厅，均配有专门厨房
应有位置合理、格调高雅的咖啡厅（或简易西餐厅）。提供品质较高的自助早餐	应有位置合理、独具特色、格调高雅的咖啡厅，提供品质良好的自助早餐、西式正餐。咖啡厅（或有一餐厅）营业时间不少于18小时
应有宴会单间或小宴会厅。提供宴会服务	应有3个以上宴会单间或小宴会厅。提供宴会服务，效果良好

续表

四星级饭店	五星级饭店
应有专门的酒吧或茶室	
餐具应按中外习惯成套配置，无破损、光洁、卫生	餐具应按中外习惯成套配置，材质高档，工艺精致，有特色，无破损磨痕，光洁、卫生
菜单及饮品单应装帧精致，完整清洁，出菜率不低于90%	

5. 厨房

四星级饭店	五星级饭店
位置合理、布局科学，传菜路线不与非餐饮公共区域交叉	
厨房与餐厅之间，采取有效的隔音、隔热和隔气味措施。进出门自动闭合	厨房与餐厅之间，采取有效的隔音、隔热和隔气味的措施。进出门分开并能自动闭合
墙面满铺瓷砖，用防滑材料满铺地面，有地槽	
冷菜间、面点间独立分隔，有足够的冷气设备。冷菜间内有空气消毒设施和二次更衣设施	冷菜间、面点间独立分隔，有足够的冷气设备。冷菜间内有空气消毒设施
	冷菜间有二次更衣场所及设施
粗加工间与其他操作间隔离，各操作间温度适宜，冷气供给充足	
洗碗间位置合理，配有洗碗和消毒设施	洗碗间位置合理（紧临厨房与餐厅出入口），配有洗碗和消毒设施
应有必要的冷藏、冷冻设施，生熟食品及半成食品分柜置放，有干货仓库	
应有专门放置临时垃圾的设施并保持其封闭，排污设施（地槽、抽油烟机和排风口等）保持清洁通畅	
采取有效的消杀蚊蝇、蟑螂等虫害的措施	
应有食品留样送检机制	应有食品化验室或留样送检机制

6. 会议和康体设施

四星级饭店	五星级饭店
应有至少两种规格的会议设施，配备相应设施并提供专业服务	应有两种以上规格的会议设施，有多功能厅，配备相应的设施并提供专业服务
应有康体设施，布局合理，提供相应的服务	

7.公共区域

四星级饭店	五星级饭店
饭店室外环境整洁美观	饭店室外环境整洁美观，绿色植物维护良好
饭店后台设施完备、导向清晰、维护良好	饭店后台区域设施完好、卫生整洁、维护良好，前后台的衔接合理，通往后台的标识清晰
应有停车场回车线，并有足够车位的停车场。提供相应的服务	应有效果良好的停车场回车线，并有车位数量与饭店规模相适应的停车场，有残障人士停车位，停车场环境效果良好，提供必要的服务
3层以上（含3层）建筑物应有数量充足的高质量客用电梯，轿厢装修高雅。配有服务电梯	3层以上（含3层）建筑物应有数量充足的高质量客用电梯，轿厢装饰高雅、速度合理、通风良好；另备有数量、位置合理的服务电梯
主要公共区域应有男女分设的间隔式公共卫生间，环境良好	各公共区域均应有男女分设的间隔式公共卫生间，环境优良，通风良好
应有商品部，出售旅行日常用品、旅游纪念品等	
应有商务中心，可提供传真、复印、国际长途电话、打字等服务，有可供宾客使用的计算机，并可提供代发信件、手机充电等服务	
提供或代办市内观光服务	
应有公用电话	应有公用电话，并配有便笺
应有应急照明设施，有应急供电系统	
主要公共区域有闭路电视监控系统	
走廊及电梯厅地面应满铺地毯或其他高档材料，墙面整洁、有装修装饰，温度适宜、通风良好、光线适宜。紧急出口标识清楚醒目，位置合理，无障碍物。有符合规范的逃生通道、安全避难场所	
应有必要的员工生活和活动设施	

第三节　旅游景区知识

一、旅游景区的内涵及类型

（一）旅游景区的定义

国家标准《旅游景区质量等级的划分与评定》(GB/T 17775—2003)将旅游景区定义为：具有参观游览、休闲度假、康乐健身等功能，具备相应旅游服务设施并提供相应旅游服务的独立管理区。该管理区应有统一的经营管理机构和明确的地域范围。包括风景区、文博院馆、寺庙观堂、旅游度假区、自然保护区、主题公园、森林公园、地质公园、游乐园、动物园、植物园及工业、农业、经贸、科教、军事、体育、文化艺术等各类旅游景区。

(二)旅游景区的类型

1. 按照资源特色划分

按照资源特色划分，旅游景区可以分为：自然景观型旅游景区、历史古迹型旅游景区、民俗风情型旅游景区、文学艺术型旅游景区、娱乐游憩型旅游景区、科考探险型旅游景区、综合型旅游景区。

2. 按照功能划分

按照功能划分，可以分为经济开发型旅游景区和资源保护型旅游景区。

经济开发型旅游景区是指完全以营利为目的，基本上采用了现代企业管理模式，正在朝"产权清晰、责权明确、政企分开、管理科学"的现代企业制度发展，主要有主题公园、旅游度假区。

资源保护型旅游景区往往是以公共资源为依托的，景区的目标具有多重性，景区资源的社会文化与环境价值往往超过经济价值，景区资源具有不可再生性。由于这类景区资源的公共性，因此在经营上具有明显的排他性与垄断性，政府对这类景区的干预程度较高。主要有风景名胜区、森林公园、自然保护区、历史文物保护单位、地质公园、水利风景区等。

二、旅游景区质量等级的划分

(一)旅游景区质量等级划分依据

在《旅游景区质量等级的划分与评定》(GB/T 17775—2003)中规定，旅游景区质量等级划分为五级，从高到低依次为 AAAAA 级、AAAA 级、AAA 级、AA 级、A 级旅游景区。

旅游景区质量等级划分的依据是《旅游景区质量等级评定与划分》国家标准评定细则，本细则共分为三部分：《服务质量与环境质量评分细则》、《景观质量评分细则》和《游客意见评分细则》。其中《服务质量与环境质量评分细则》包括旅游交通、游览、旅游安全、卫生、通信、旅游购物、综合管理、旅游资源与环境保护 8 个评价项目。《景观质量评分细则》包括资源要素与景观市场价值两大评价项目。每一评价项目继续分为若干评价子项目。对各子项目赋以分值，各旅游景区按各评价项目及子项目的相应得分确定等级。《游客意见评分细则》是旅游景区质量等级评定的重要参考依据，包括总体印象、可进入性、游路设置、旅游安排、景观设置、路标指示、景点介绍牌、宣传资料、讲解服务、安全保障、环境卫生、旅游厕所、邮电服务、购物、餐饮、旅游秩序、景物保护等评价项目。每一评价项目分为很满意、满意、一般、不满意四个档次，并依此计算旅客意见得分。

(二) 旅游景区质量等级划分条件

1. AAAAA 级旅游景区

(1) 旅游交通

可进入性好。交通设施完善，进出便捷。或具有一级公路或高等级航道、航线直达；或具有旅游专线交通工具；有与景观环境相协调的专用停车场或船舶码头。管理完善，布局合理，容量能充分满足游客接待量要求。场地平整坚实、绿化美观或水域畅通、清洁。标志规范、醒目、美观；区内游览（参观）线路或航道布局合理、顺畅，与观赏内容联结度高，兴奋感强。路面特色突出，或航道水体清澈；区内应使用清洁能源的交通工具。

(2) 游览

游客中心位置合理，规模适度，设施齐全，功能体现充分。咨询服务人员配备齐全，业务熟练，服务热情；各种引导标识（包括导游全景图、导览图、标识牌、景物介绍牌等）造型特色突出，艺术感和文化气息浓厚，能烘托总体环境。标识牌和景物介绍牌设置合理；公众信息资料（如研究论著、科普读物、综合画册、音像制品、导游图和导游材料等）特色突出，品种齐全，内容丰富，文字优美，制作精美，适时更新。

导游（讲解员）持证上岗，人数及语种能满足游客需要。普通话达标率100%。导游（讲解员）均应具备大专以上文化程度，其中本科以上学历者不少于30%；导游（讲解）词科学、准确、有文采。导游服务具有针对性，强调个性化，服务质量达到 GB/T 15971—2010 的要求。

公共信息图形符号的设置合理，设计精美，特色突出，有艺术感和文化气息，符合 GB/T 10001.1 的规定；游客公共休息设施布局合理，数量充足，设计精美，特色突出，有艺术感和文化气息。

(3) 旅游安全

认真执行公安、交通、劳动、质量监督、旅游等有关部门制定和颁布的安全法规，建立完善的安全保卫制度，工作全面落实；消防、防盗、救护等设备齐全、完好、有效，交通、机电、游览、娱乐等设备完好，运行正常，无安全隐患。游乐园达到 GB/T 16767 规定的安全和服务标准。危险地段标志明显，防护设施齐备、有效，特殊地段有专人看守；建立紧急救援机制，设立医务室，并配备专职医务人员。设有突发事件处理预案，应急处理能力强，事故处理及时、妥当，档案记录准确、齐全。

(4) 卫生

环境整洁,无污水、污物,无乱建、乱堆、乱放现象,建筑物及各种设施设备无剥落、无污垢,空气清新、无异味;各类场所全部达到 GB 9664 规定的要求,餐饮场所达到 GB 16153 规定的要求,游泳场所达到 GB 9667 规定的要求;公共厕所布局合理,数量能满足需要,标识醒目美观,建筑造型景观化。所有厕所具备水冲、盥洗、通风设备,并保持完好或使用免水冲生态厕所。厕所设专人服务,洁具洁净、无污垢、无堵塞。室内整洁,有文化气息;垃圾箱布局合理,标识明显,造型美观独特,与环境相协调。垃圾箱分类设置,垃圾清扫及时,日产日清;食品卫生符合国家规定,餐饮服务配备消毒设施,不应使用对环境造成污染的一次性餐具。

(5) 邮电服务

提供邮政及邮政纪念服务;通信设施布局合理。出入口及游人集中场所设有公用电话,具备国际、国内直拨功能;公用电话亭与环境相协调,标志美观醒目;通信方便,线路畅通,服务亲切,收费合理;能接收手机信号。

(6) 旅游购物

购物场所布局合理,建筑造型、色彩、材质有特色,与环境协调;对购物场所进行集中管理,环境整洁,秩序良好,无围追兜售、强买强卖现象;对商品从业人员有统一管理措施和手段;旅游商品种类丰富,本地区及本旅游区特色突出。

(7) 经营管理

管理体制健全,经营机制有效;旅游质量、旅游安全、旅游统计等各项经营管理制度健全有效,贯彻措施得力,定期监督检查,有完整的书面记录和总结;管理人员配备合理,中高级以上管理人员均具备大学以上文化程度;具有独特的产品形象、良好的质量形象、鲜明的视觉形象和文明的员工形象,确立自身的品牌标志,并全面、恰当地使用;有正式批准的旅游总体规划,开发建设项目符合规划要求;培训机构、制度明确,人员、经费落实,业务培训全面,效果良好,上岗人员培训合格率达 100%;投诉制度健全,人员落实、设备专用,投诉处理及时、妥善,档案记录完整;为特定人群(老年人、儿童、残障人士等)配备旅游工具、用品,提供特殊服务。

(8) 资源和环境的保护

①空气质量达到 GB 3095—2012 的一级标准。

②噪声质量达到 GB 3096—2008 的一类标准。

③地面水环境质量达到 GB 3838 的规定。

④污水排放达到 GB 8978 的规定。

自然景观和文物古迹保护手段科学，措施先进，能有效预防自然和人为破坏，保持自然景观和文物古迹的真实性和完整性；科学管理游客容量；建筑布局合理，建筑物体量、高度、色彩、造型与景观相协调。出入口主体建筑格调突出，并烘托景观及环境。周边建筑物与景观格调协调，或具有一定的缓冲区域；环境氛围优良。绿化覆盖率高，植物与景观配置得当，景观与环境美化措施多样，效果好；区内各项设施设备符合国家关于环境保护的要求，不造成环境污染和其他公害，不破坏旅游资源和游览气氛。

（9）旅游资源吸引力

观赏游憩价值极高；同时具有极高历史价值、文化价值、科学价值，或其中一类价值具世界意义；有大量珍贵物种，或景观异常奇特，或有世界级资源实体；资源实体体量巨大，或资源类型多，或资源实体疏密度极优；资源实体完整无缺，保持原来形态与结构。

（10）市场吸引力

世界知名，美誉度极高；市场辐射力很强；主题鲜明，特色突出，独创性强。

（11）接待量大

年接待海内外游客 60 万人次以上，其中海外游客 5 万人次以上。

（12）满意度高

游客抽样调查满意率很高。

2. AAAA 级旅游景区

（1）旅游交通

可进入性良好。交通设施完善，进出便捷。或具有一级公路或高等级航道、航线直达；或具有旅游专线交通工具；有与景观环境相协调的专用停车场或船舶码头。管理完善，布局合理，容量能满足游客接待量要求。场地平整坚实或水域畅通。标志规范、醒目；区内游览（参观）线路或航道布局合理、顺畅，观赏面大。路面有特色，或航道水质良好；区内使用低排放的交通工具，或鼓励使用清洁能源的交通工具。

（2）游览

游客中心位置合理，规模适度，设施齐全，功能完善。咨询服务人员配备齐全，业务熟练，服务热情；各种引导标识（包括导游全景图、导览图、标识牌、景物介绍牌等）造型有特色，与景观环境相协调。标识牌和景物介绍牌设置合理；公众信息资料（如研究论著、科普读物、综合画册、音像制品、导游图和导游材料等）特色突出，品种齐全，内容丰富，制作良好，适时更新。导游（讲解员）持证上岗，人数及语种能满足游客需要。普通话达标率100%。导游（讲解员）均应具备高中以上文化程度，其中大专以上学历者不少于40%；导游（讲解）词科学、准确、生动。导游服务质量达到GB/T 15971—2010的要求。

公共信息图形符号的设置合理，设计精美，有特色，有艺术感，符合GB/T 10001.1的规定；游客公共休息设施布局合理，数量充足，设计精美，有特色，有艺术感。

（3）旅游安全

认真执行公安、交通、劳动、质量监督、旅游等有关部门制定和颁布的安全法规，建立完善的安全保卫制度，工作全面落实；消防、防盗、救护等设备齐全、完好、有效，交通、机电、游览、娱乐等设备完好，运行正常，无安全隐患。游乐园达到GB/T 16767规定的安全和服务标准。危险地段标志明显，防护设施齐备、有效，高峰期有专人看守；建立紧急救援机制，设立医务室，并配备医务人员。设有突发事件处理预案，应急处理能力强，事故处理及时、妥当，档案记录准确、齐全。

（4）卫生

环境整洁，无污水、污物，无乱建、乱堆、乱放现象，建筑物及各种设施设备无剥落、无污垢，空气清新、无异味；各类场所全部达到GB 9664规定的要求，餐饮场所达到GB 16153规定的要求，游泳场所达到GB 9667规定的要求；公共厕所布局合理，数量能满足需要，标识醒目美观，建筑造型与景观环境相协调。所有厕所具备水冲、盥洗、通风设备，并保持完好或使用免水冲生态厕所。厕所管理完善，洁具洁净、无污垢、无堵塞。室内整洁；垃圾箱布局合理，标识明显，数量能满足需要，造型美观，与环境相协调。垃圾分类收集，清扫及时，日产日清；食品卫生符合国家规定，餐饮服务配备消毒设施，不使用对环境造成污染的一次性餐具。

（5）邮电服务

提供邮政及邮政纪念服务；通信设施布局合理。出入口及游人集中场所设有公用电话，具备国际、国内直拨功能。公用电话亭与环境相协调，标志美观醒目；通信方便，线路畅通，服务亲切，收费合理；能接收手机信号。

（6）旅游购物

购物场所布局合理，建筑造型、色彩、材质有特色，与环境协调；对购物场所进行集中管理，环境整洁，秩序良好，无围追兜售、强买强卖现象；对商品从业人员有统一管理措施和手段；旅游商品种类丰富，具有本地区特色。

(7)经营管理

管理体制健全,经营机制有效;旅游质量、旅游安全、旅游统计等各项经营管理制度健全有效,贯彻措施得力,定期监督检查,有完整的书面记录和总结;管理人员配备合理,高级管理人员均应具备大学以上文化程度;具有独特的产品形象、良好的质量形象、鲜明的视觉形象和文明的员工形象,确立自身的品牌标志,并全面、恰当地使用;有正式批准的旅游总体规划,开发建设项目符合规划要求;培训机构、制度明确,人员、经费落实,业务培训全面,效果良好,上岗人员培训合格率达100%;投诉制度健全,人员、设备落实,投诉处理及时、妥善,档案记录完整;为特定人群(老年人、儿童、残障人士等)配备旅游工具、用品,提供特殊服务。

(8)资源和环境的保护

①空气质量达到GB 3095—2012的一级标准。

②噪声质量达到GB 3096—2008的一类标准。

③地面水环境质量达到GB 3838的规定。

④污水排放达到GB8978的规定。

自然景观和文物古迹保护手段科学,措施先进,能有效预防自然和人为破坏,保持自然景观和文物古迹的真实性和完整性;科学管理游客容量;建筑布局合理,建筑物体量、高度、色彩、造型与景观相协调。出入口主体建筑有格调,与景观环境相协调。周边建筑物与景观格调协调,或具有一定的缓冲区域或隔离带;环境氛围良好。绿化覆盖率高,植物与景观配置得当,景观与环境美化措施多样,效果良好;区内各项设施设备符合国家关于环境保护的要求,不造成环境污染和其他公害,不破坏旅游资源和游览气氛。

(9)旅游资源吸引力

观赏游憩价值很高;同时具有很高历史价值、文化价值、科学价值,或其中一类价值具全国意义;有很多珍贵物种,或景观非常奇特,或有国家级资源实体;资源实体体量很大,或资源类型多,或资源实体疏密度优良;资源实体完整,保持原来形态与结构。

(10)市场吸引力

全国知名;美誉度高;市场辐射力强;形成特色主题,有一定独创性。

(11)接待量大

年接待海内外游客50万人次以上,其中海外游客3万人次以上。

(12)满意度高

游客抽样调查满意率高。

3. AAA级旅游景区

（1）旅游交通

可进入性较好。交通设施完备，进出便捷。或具有至少二级以上公路或高等级航道、航线直达；或具有旅游专线等便捷交通工具；有与景观环境相协调的专用停车场或船舶码头，且布局合理，容量能满足需求。场地平整坚实或水域畅通。标志规范、醒目；区内游览（参观）线路或航道布局合理、顺畅，观赏面大。路面有特色，或航道水质良好；区内使用低排放的交通工具，或鼓励使用清洁能源的交通工具。

（2）游览

游客中心位置合理，规模适度，设施、功能齐备。游客中心有服务人员，业务熟悉，服务热情；各种引导标识（包括导游全景图、导览图、标识牌、景物介绍牌等）造型有特色，与景观环境相协调。标识牌和景物介绍牌设置合理；公众信息资料（如研究论著、科普读物、综合画册、音像制品、导游图和导游材料等）有特色，品种全，内容丰富，制作良好，适时更新；导游（讲解员）持证上岗，人数及语种能满足游客需要。普通话达标率100%。

导游（讲解员）均应具备高中以上文化程度，其中大专以上学历者不少于20%；导游（讲解）词科学、准确、生动，导游服务质量达到GB/T 15971—2010的要求。

公共信息图形符号的设置合理，设计有特色，符合GB/T 10001.1的规定；游客公共休息设施布局合理，数量满足需要，设计有特色。

（3）旅游安全

认真执行公安、交通、劳动、质量监督、旅游等有关部门制定和颁布的安全法规，建立完善的安全保卫制度，工作全面落实；消防、防盗、救护等设备齐全、完好、有效，交通、机电、游览、娱乐等设备完好，运行正常，无安全隐患。游乐园达到GB/T 16767规定的安全和服务标准。危险地段标志明显，防护设施齐备、有效，高峰期有专人看守；建立紧急救援机制，设立医务室，至少配备兼职医务人员。设有突发事件处理预案，应急处理能力强，事故处理及时、妥当，档案记录准确、齐全。

（4）卫生

环境整洁，无污水、污物，无乱建、乱堆、乱放现象，建筑物及各种设施设备无剥落、无污垢，空气清新、无异味；各类场所全部达到GB 9664规定的要求，餐饮场所达到GB 16153规定的要求，游泳场所达到GB 9667规定的要求；公共厕所布局合理，数量满足需要，标识醒目，建筑造型与景观环境协调。全部厕所具备水冲、通风设备,并保持完好或使用免水冲生态厕所。厕所整洁、洁具洁净、无污垢、无堵塞;垃圾箱布局合理,标识明显,数量满足需要,造型美观,与环境协调。垃圾清扫及时,日产日清;食品卫生符合国家规定,餐饮服务配备消毒设施,不使用造成污染的一次性餐具。

(5)邮电服务

提供邮政及邮政纪念服务;通信设施布局合理。游人集中场所设有公用电话,具备国际、国内直拨功能;公用电话亭与环境基本协调,标志醒目;通信方便,线路畅通,服务亲切,收费合理。能接收手机信号。

(6)旅游购物

购物场所布局合理,建筑造型、色彩、材质与环境协调;对购物场所进行集中管理,环境整洁,秩序良好,无围追兜售、强买强卖现象;对商品从业人员有统一管理措施和手段;旅游商品种类丰富,具有本地区特色。

(7)经营管理

管理体制健全、经营机制有效;旅游质量、旅游安全、旅游统计等各项经营管理制度健全有效,贯彻措施得力,定期监督检查,有完整的书面记录和总结;管理人员配备合理,80%以上中高级管理人员具备大专以上文化程度;具有独特的产品形象、良好的质量形象、鲜明的视觉形象和文明的员工形象,确立自身的品牌标志,并全面、恰当地使用;有正式批准的总体规划,开发建设项目符合规划要求;培训机构、制度明确,人员、经费落实,业务培训全面,效果良好,上岗人员培训合格率达100%;投诉制度健全,人员、设备落实,投诉处理及时、妥善,档案记录完整;能为特定人群(老年人、儿童、残障人士等)提供特殊服务。

(8)资源和环境的保护

①空气质量达到GB 3095—2012的一级标准。

②噪声质量达到GB 3096—2008的一类标准。

③地面水环境质量达到GB 3838的规定。

④污水排放达到GB 8978的规定。

自然景观和文物古迹保护手段科学,措施得力,能有效预防自然和人为破坏,保持自然景观和文物古迹的真实性和完整性;科学管理游客容量;建筑布局合理,建筑物体量、高度、色彩、造型与景观相协调。出入口主体建筑有格调,与景观环境相协调。周边建筑物与景观格调协调,或具有一定的缓冲区或隔离带;环境氛围良好。绿化覆盖率较高,植物与景观配置得当,景观与环境美化效果良好;区内各项设施设备符合国家关于环境保护的要求,不造成环境污染和其他公害，不破坏旅游资源和游览气氛。

(9) 旅游资源吸引力

观赏游憩价值较高；同时具有很高历史价值、文化价值、科学价值，或其中一类价值具省级意义；有较多珍贵物种，或景观奇特，或有省级资源实体；资源实体体量大，或资源类型较多，或资源实体疏密度良好；资源实体完整，基本保持原来形态与结构。

(10) 市场吸引力

周边省市知名；美誉度较高；市场辐射力较强。

(11) 接待量大

有一定特色，并初步形成主题。年接待海内外游客30万人次以上。

(12) 满意度高

游客抽样调查满意率较高。

4. AA 级旅游景区

(1) 旅游交通

可进入性较好。进出方便，道路通畅；有专用停车船场所，布局较合理，容量能基本满足需求，场地平整坚实或水域畅通，标志规范、醒目；区内游览（参观）线路或航道布局基本合理、顺畅；区内使用低排放的交通工具，或鼓励使用清洁能源的交通工具。区内无对环境造成污染的交通工具。

(2) 游览

有为游客提供咨询服务的游客中心或相应场所，咨询服务人员业务熟悉，服务热情；各种引导标识（包括导游全景图、导览图、标识牌、景物介绍牌等）清晰美观，与景观环境基本协调。标识牌和景物介绍牌设置合理；公众信息资料（如研究论著、科普读物、综合画册、音像制品、导游图和导游材料等）品种多，内容丰富，制作较好；导游（讲解员）持证上岗，人数及语种能满足游客需要。普通话达标率100%。

导游（讲解员）均应具备高中以上文化程度；导游（讲解）词科学、准确、生动。导游服务质量达到 GB/T 15971—2010 的要求。公共信息图形符号的设置合理，规范醒目，符合 GB/T 10001.1 的规定；游客公共休息设施布局合理，数量基本满足需要，造型与环境基本协调。

(3) 旅游安全

认真执行公安、交通、劳动、质量监督、旅游等有关部门制定和颁布的安全法规，建立完善的安全保卫制度，工作全面落实；消防、防盗、救护等设备齐全、完好、有效，交通、机电、游览、娱乐等设备完好，运行正常，无安全隐患。

游乐园达到 GB/T 16767 规定的安全和服务标准。危险地段标志明显，防护设施齐备、有效；建立紧急救援机制。配备游客常用药品。事故处理及时、妥当，档案记录完整。

（4）卫生

环境比较整洁，无污水、污物，无乱建、乱堆、乱放现象，建筑物及各种设施设备无剥落、无污垢，空气清新、无异味；各类场所全部达到 GB 9664 规定的要求，餐饮场所达到 GB 16153 规定的要求，游泳场所达到 GB 9667 规定的要求；公共厕所布局合理，数量基本满足需要，标识醒目，建筑造型与景观环境协调。70% 以上厕所具备水冲设备，并保持完好或使用免水冲生态厕所。厕所整洁，洁具洁净、无污垢、无堵塞；垃圾箱布局合理，标识明显，数量基本满足需要，造型美观，与环境基本协调。垃圾清扫及时，日产日清；食品卫生符合国家规定，餐饮服务配备消毒设施，不使用对环境造成污染的一次性餐具。

（5）邮电服务

提供邮政或邮政纪念服务；通信设施布局合理。游人集中场所设有公用电话，具备国内直拨功能；公用电话亭与环境基本协调，标志醒目；通信方便，线路畅通，服务亲切，收费合理；能接收手机信号。

（6）旅游购物

购物场所布局基本合理，建筑造型、色彩、材质与环境基本协调；对购物场所进行集中管理，环境整洁，秩序良好，无围追兜售、强买强卖现象。对商品从业人员有统一管理措施和手段；旅游商品种类较多，具有本地区特色。

（7）经营管理

管理体制健全，经营机制有效；旅游质量、旅游安全、旅游统计等各项经营管理制度健全有效，贯彻措施得力，定期监督检查，有完整的书面记录和总结；管理人员配备合理，70% 以上中高级管理人员具备大专以上文化程度；具有独特的产品形象、良好的质量形象、鲜明的视觉形象和文明的员工形象；有正式批准的总体规划，开发建设项目符合规划要求；培训机构、制度明确，人员、经费落实，业务培训全面，效果良好，上岗人员培训合格率达 100%；投诉制度健全，人员、设备落实，投诉处理及时、妥善，档案记录基本完整；能为特定人群（老年人、儿童、残障人士等）提供特殊服务。

（8）资源和环境的保护

①空气质量达到 GB 3095—2012 的一级标准。

②噪声质量达到 GB 3096—2008 的一类标准。

③地面水环境质量达到 GB 3838 的规定。

④污水排放达到 GB 8978 的规定。

自然景观和文物古迹保护手段科学，措施得力，能有效预防自然和人为破坏，基本保持自然景观和文物古迹的真实性和完整性；科学管理游客容量；建筑布局基本合理，建筑物体量、高度、色彩、造型与景观基本协调。出入口主体建筑有格调，与景观环境相协调。周边建筑物与景观格调基本协调，或具有一定的缓冲区或隔离带；环境氛围良好。绿化覆盖率较高，植物与景观配置得当，景观与环境美化效果较好；区内各项设施设备符合国家关于环境保护的要求，不造成环境污染和其他公害，不破坏旅游资源和游览气氛。

（9）旅游资源吸引力

观赏游憩价值一般；同时具有较高历史价值、文化价值、科学价值，或其中一类价值具地区意义；有少量珍贵物种，或景观突出，或有地区级资源实体；资源实体体量较大，或资源类型较多，或资源实体疏密度较好；资源实体基本完整。

（10）市场吸引力

全省知名；有一定美誉度；有一定市场辐射力；有一定特色。

（11）接待量大

年接待海内外游客 10 万人次以上。

（12）满意度高

游客抽样调查满意率较高。

5. A级旅游景区

（1）旅游交通

通往旅游景区的交通基本通畅，有较好的可进入性；具有停车（船）场所，容量能基本满足需求，场地较平整坚实或水域较畅通，有相应标志；区内游览（参观）线路或航道布局基本合理、顺畅；区内使用低排放的交通工具，或鼓励使用清洁能源的交通工具。

（2）游览

有为游客提供咨询服务的场所，服务人员业务熟悉，服务热情；各种公众信息资料（包括导游全景图、标识牌、景物介绍牌等）与景观环境基本协调。标识牌和景物介绍牌设置基本合理；宣传教育材料（如研究论著、科普读物、综合画册、音像制品、导游图和导游材料等）品种多，内容丰富，制作较好。

导游（讲解员）持证上岗，人数及语种能基本满足游客需要。普通话达标率 100%。导游（讲解员）均应具高中以上文化程度；导游（讲解）词科学、准确、生动。导游服务质量达到 GB/T 15971—2010 的要求。

公共信息图形符号的设置基本合理，基本符合 GB/T 10001.1 的规定；游客公共休息设施布局基本合理，数量基本满足需要。

（3）旅游安全

认真执行公安、交通、劳动、质量监督、旅游等有关部门制定和颁布的安全法规，安全保卫制度健全，工作落实；消防、防盗、救护等设备齐全、完好、有效，交通、机电、游览、娱乐等设备完好，运行正常，无安全隐患。游乐园达到 GB/T 16767 规定的安全和服务标准。危险地段标志明显，防护设施齐备、有效；事故处理及时、妥当，档案记录完整，配备游客常用药品。

（4）卫生

环境比较整洁，无污水、污物，无乱建、乱堆、乱放现象，建筑物及各种设施设备无剥落、无污垢，空气清新、无异味；各类场所全部达到 GB 9664 规定的要求，餐饮场所达到 GB 16153 规定的要求，游泳场所达到 GB 9667 规定的要求；公共厕所布局较合理，数量基本满足需要，建筑造型与景观环境比较协调。50% 以上厕所具备水冲设备，并保持完好或使用免水冲生态厕所。厕所较整洁，洁具洁净、无污垢、无堵塞；垃圾箱布局较合理，标识明显，数量基本满足需要，造型与环境比较协调。垃圾清扫及时，日产日清；食品卫生符合国家规定，餐饮服务配备消毒设施，不使用对环境造成污染的一次性餐具。

（5）邮电服务

提供邮政或邮政纪念服务；通信设施布局较合理。游人集中场所设有公用电话，具备国内直拨功能；通信方便，线路畅通，收费合理；能接收手机信号。

（6）旅游购物

购物场所布局基本合理，建筑造型、色彩、材质与环境较协调；对购物场所进行集中管理，环境整洁，秩序良好，无围追兜售、强买强卖现象；对商品从业人员有统一管理措施和手段；旅游商品有本地区特色。

（7）经营管理

管理体制健全，经营机制有效；旅游质量、旅游安全、旅游统计等各项经营管理制度健全有效，贯彻措施得力，定期监督检查，有比较完整的书面记录；管理人员配备合理，60% 以上中高级管理人员具大专以上文化程度；具有一定的产品形象、质量形象和文明的员工形象；有正式批准的总体规划，开发建设项目符合规划要求；培训机构、制度明确，人员、经费落实，业务培训全面，效果良好，上岗人员培训合格率达 100%；投诉制度健全，人员、设备落实，投诉处理及时，档案记录基本完整；能为特定人群（老年人、儿童、残障人士等）提供特殊服务。

(8)资源和环境的保护

①空气质量达到 GB 3095—2012 的一级标准。

②噪声质量达到 GB 3096—2008 的一类标准。

③地面水环境质量达到 GB 3838 的规定。

④污水排放达到 GB 8978 的规定。

自然景观和文物古迹保护手段科学,措施得力,能有效预防自然和人为破坏,基本保持自然景观和文物古迹的真实性和完整性;科学管理游客容量;建筑布局较合理,建筑物造型与景观基本协调。出入口主体建筑与景观环境基本协调。周边建筑物与景观格调较协调,或具有一定的缓冲区或隔离带;环境氛围较好。绿化覆盖率较高,景观与环境美化效果较好;区内各项设施设备符合国家关于环境保护的要求,不造成环境污染和其他公害,不破坏旅游资源和游览气氛。

(9)旅游资源吸引力

观赏游憩价值较小;同时具有一定历史价值、文化价值、科学价值,或其中一类价值具地区意义;有个别珍贵物种,或景观比较突出,或有地区级资源实体;资源实体体量中等,或有一定资源类型,或资源实体疏密度一般;资源实体较完整。

(10)市场吸引力

本地区知名;有一定美誉度;有一定市场辐射力;有一定特色。

(11)接待量大

年接待海内外游客 3 万人次以上。

(12)满意度高

游客抽样调查基本满意。

第四节 入出境知识

一、入出境所持的证件

外国人、华侨、港澳台同胞入境,均须在指定口岸向边防检查站(由公安、海关、卫生检疫三方组成)交验有效证件,填写入境卡,经边防检查站查验核准加盖验讫章后方可入境;中国公民返归时,只要在入境口岸的边检站出示有效证件,不必填写入境卡。

有效证件指各国政府为其公民颁发的出国证件,其种类很多,不同类型的人员使用的有效证件名称也不同,如供国际航班机组人员使用的是"执照",供国际海员使用的是"海员证",邻国边民使用的是"边民证",华侨使用的是"旅行证",港澳同胞使用的是"港澳居民来往内地通行证",台湾同胞使用的是"台湾居民来往大陆通行证",绝大多数外国游客和中国公民使用的是护照以及前往国在护照中签注和盖印的签证。下面介绍与旅游有关的几种有效证件。

(一)护照

护照是一国主管机关发给本国公民出国或在国外居留的证件,证明其国籍和身份。护照一般分为外交护照、公务护照和普通护照三种(图9-1),有的国家为团体出国人员(旅游团、体育队、文艺团体)发放团体护照。

1. 外交护照

外交护照发给政府高级官员、国会议员、外交和领事官员、负有特殊外交使命的人员、政府代表团成员等。持有外交护照者在外国享受外交礼遇(如豁免权)。

2. 公务护照

公务护照发给政府一般官员,驻外使、领馆工作人员以及因公派往国外执行文化、经济等任务的人员。

图9-1 中华人民共和国护照样式

3. 普通护照

普通护照发给出国的一般公民、国外侨民等。

在中国,外交护照由外交部签发;公务护照由外交部、中华人民共和国驻外使馆、领馆或者外交部委托的其他驻外机构以及外交部委托的省、自治区、直辖市和设区的市人民政府外事部门签发。普通护照由公安部出入境管理机构或者公安部委托的县级以上地方人民政府公安机关出入境管理机构以及中华人民共和国驻外使馆、领馆和外交部委托的其他驻外机构签发。

自2012年5月15日起，公安机关统一签发电子普通护照，在传统本式普通护照中嵌入电子芯片，芯片中存储执照人的个人基本资料、面相、指纹等特征。

2007年1月1日起施行的《中华人民共和国护照法》规定，普通护照的有效期为：护照持有人未满16周岁的为5年，16周岁以上的为10年。出国旅游的团队护照有效期为1年。

自2020年2月1日起，中国驻外使领馆对海外中国公民提供护照换发和补发的便利，换发时本人需提供原护照、国籍状况声明书、照片和申请表，补发时另外还需提供遗失或损毁情况说明；对中国公民在国外发生护照遗失、被盗或损毁申请补发的，只要时间允许，能等待新护照的制作和邮寄，可以为其补发。

（二）签证

1. 签证的种类与办理

签证是一国主管机关在外国公民所持的护照或其他有效出入证件上签注、盖印，表示准其出入本国国境或者过境的手续。

我国签证分为外交签证、礼遇签证、公务签证、普通签证四种，还可分为入境签证、入出境签证、出入境签证和过境签证。此外，还有移民签证、非移民签证、另纸签证、口岸签证和ADS（Approved Destination Status）签证。其中，另纸签证是签注在护照以外的一张纸上，它同签在护照内的签注具有相同作用，但必须和护照同时使用；口岸签证是指在前往国的入境口岸办理的签证；ADS签证是指仅限于在被批准的旅游目的地国家一地旅游的签证，它在旅游目的地国家境内既不可转签，也不可延期，持此种签证的人必须团进团出。

旅游签证属于普通签证，在中国为L字签证（发给来中国旅游、探亲或因其他私人事务入境的人员）。签证上规定持证者在中国停留的起止日期。10人及以上的旅游团可发放团体签证。团体签证一式三份，签发机关留一份，来华旅游团两份，一份用于入境，一份供出境使用。签证的有效期限不等，获签证者必须在有效期内进入中国境内，超过期限签证不再有效。持L字签证的外国人须从中国指定的口岸入境，向边防检查机关缴验有效护照和中国的签证，填写入境卡，经边防检查机关查验核准加盖入境验讫章，入境后，不得在中国从事就业、宗教宣传、非法采访活动。希望进入中国境内的外国人必须持有效护照（必要时提供有关证明）向中国的外交代表机关、领事机关或者外交部授权的其他驻外机关申请办理签证（图9-3）。

图9-2　美国旅游签证样本

图9-3　中华人民共和国签证样本

在特定情况下，确实来不及到上述机关办理签证手续者，可向公安部授权的口岸签证机关申请办理签证。中国公安部授权的口岸签证机关最早设立的口岸是：北京、上海、天津、大连、福州、厦门、西安、桂林、杭州、昆明、广州（白云机场）、深圳（罗湖、蛇口）、珠海（拱北）、重庆、海口、三亚、济南、青岛、烟台、威海、成都和南京。

目前，世界上不少国家开通了电子签，这样办理签证可以足不出户，直接在智能手机上操作即可，而且签证进度、何时出签，也可在手机端实时显示。目前可申请电子签证的国家有澳大利亚、新西兰、柬埔寨、韩国（针对旅游团游客）、新加坡、阿联酋、斯里兰卡、印度、马来西亚、土耳其、缅甸、肯尼亚、瓦努阿图、科特迪瓦、卡塔尔、索马里、塞内加尔、摩尔多瓦、格鲁吉亚、阿塞拜疆和赞比亚等。

2. 免办签证的几种情况

（1）国家间签订了互免签证协议。截至2020年1月，有71个国家和地区对中国公民实行免签或落地签证政策，其中与中国互免签证的国家和地区有15个，单方面对中国公民免签的国家和地区有17个，可办理落地签证的国家和地区有40个（表9-2）。

表9-2 对持普通签证对我国公民实行免签或落地签的国家和地区（2020年1月）

政策类型	国家（地区）
互免普通护照签证（15个）	圣马力诺、塞舌尔、毛里求斯、巴哈马、斐济、格林纳达、汤加、厄瓜多尔、阿联酋、巴巴多斯、塞尔维亚、白俄罗斯、波黑、卡塔尔、亚美尼亚
对持普通护照的中国公民单方面免签（17个）	印度尼西亚、乌兹别克斯坦、韩国（济州岛等地）、阿尔巴尼亚、摩洛哥、法属留尼汪、突尼斯、安提瓜和巴布达、海地、南乔治亚和南桑威奇群岛（英国海外领地）、圣基茨和尼维斯、特克斯和凯科斯群岛（英国海外领地）、牙买加、多米尼克、美属北马里亚纳群岛（塞班岛等）、萨摩亚、法属波利尼西亚
单方面允许符合条件的持普通护照的中国公民抵达入境口岸时办理落地签证（40个）	亚洲（19个）：阿塞拜疆、巴林、东帝汶、印度尼西亚、老挝、黎巴嫩、马尔代夫、缅甸、尼泊尔、斯里兰卡、泰国、土库曼斯坦、文莱、伊朗、马来西亚、约旦、越南、柬埔寨、孟加拉国 非洲（15个）：埃及、多哥、佛得角、加蓬、科摩罗、科特迪瓦、卢旺达、马达加斯加、马拉维、毛里塔尼亚、圣多美和普林西比、坦桑尼亚、乌干达、贝宁、津巴布韦 美洲（2个）：圭亚那、圣赫勒拿（英国海外领地） 大洋洲（4个）：帕劳、图瓦卢、瓦努阿图、巴布亚新几内亚

注：印度尼西亚同时实行免签和落地签政策。免签入境并不等于可无限期在协定国停留或居住，根据协定要求，持有关护照免签入境后，一般只允许停留不超过30日。落地签并非直接持护照到达目的地即可获得签证。值得注意的是，无论是哪个国家，都要求游客持有往返机票或是前往第三国的机票和正确的旅行证件才能办理落地签。

(2) 过境免签。过去我国对持有联程客票，搭乘国际航行的航空器、船舶、列车，从中国过境前往第三国或者地区的游客，准许在部分城市的机场停留不超过 24 小时，但不得离开该口岸。从 2013 年开始，为了吸引更多外籍人士来华旅游和消费，国务院陆续批准北京、上海、广州、成都、重庆、沈阳、大连、西安等十余个城市口岸，对美国、英国、法国、德国、意大利、韩国、新加坡等 51 个国家公民实行 72 小时过境免签政策，即上述国家的游客若持有第三国签证和 72 小时内确定日期、座位前往第三国（地区）的联程机票，可以在不持有中国签证的情况下，从这些城市口岸入境和出境，并在该城市行政区划内停留 72 小时。从 2018 年起，北京、天津、石家庄、秦皇岛、上海、杭州、南京、沈阳、大连、青岛、成都、厦门、昆明、武汉、广州、深圳、揭阳、重庆、西安、宁波 20 个城市 27 个口岸实行了 144 小时过境免签。不过需要注意的是，过境免签政策只针对在口岸城市直接入境的外国人，已经在中国其他城市入境的外国游客是不能享受此政策的。

(3) 持与中国建交国家的普通护照已在香港、澳门的外国人，经在香港、澳门合法注册的旅行社组团进入广东珠江三角洲地区（指广州、深圳、珠海、佛山、东莞、中山、江门、肇庆、惠州市所辖行政区）旅游，且停留不超过 6 天。

(4) 经国务院旅游主管部门批准在海南注册的国际旅行社组织的外国人旅游团（5 人以上含 5 人）到海南省旅行，且停留不超过 15 天。

(5) 新加坡、文莱、日本三国持普通护照的公民，前来中国大陆旅游、经商、探亲访友或过境不超过 15 天者，从中国对外国人开放口岸入境时。

（三）港澳居民来往内地通行证

港澳居民来往内地通行证是港、澳同胞来往于中国香港、中国澳门与内地之间的证件，由广东省公安厅签发，于 1999 年 1 月 15 日启用。它的前身是港澳同胞回乡证，新版港澳居民来往内地通行证于 2013 年 1 月 2 日起开始启用，签发机关为"公安部出入境管理局"，仍由公安部委托广东省公安厅审批，委托香港中旅集团、澳门中国旅行社分别受理香港、澳门居民的申请。年满 18 周岁的为 10 年有效，未满 18 周岁的为 5 年有效（图 9-4）。

正面式样　　　　　　　　　　　背面式样

图 9-4　港澳居民来往内地通行证样式

（四）台湾居民来往大陆通行证

台湾居民来往大陆通行证简称"台胞证"，是中国政府发给台湾人民来往大陆地区观光、商务、探视的身份证明书。目前，台湾居民前往大陆时，仍需持"中华民国"护照出关，至大陆边检时，再以台胞证入境。台湾居民来往大陆通行证分为 5 年有效和 3 个月一次有效两种。台湾居民在台湾地区、港澳地区和大陆均可申领台胞证。2015 年 9 月 21 日起，在大陆的台湾居民可向县级以上公安机关出入境管理部门申请补发、换发 5 年有效电子台胞证，包括持一次有效台胞证入境的台湾居民。台湾居民来往大陆不需要办理签注。仍然有效的本式台胞证可以继续使用，持证人也凭有效台胞证可申请换发电子台胞证（图 9-5）。

本式台胞证　　　　　　　　　　电子台胞证

图 9-5　台胞证的样式

（五）往来港澳通行证

港澳通行证全称为"中华人民共和国往来港澳通行证"，是内地居民往来港澳地区的唯一合法的旅游证件，由居民所在地公安局出入境管理部门颁发。自2009年4月1日开始，深圳居民可办理一年内多次往返港澳的通行证件；自2018年9月1日开始，内地居民可在全国范围内任一公安机关出入境管理机构申请办理"往来港澳通行证"。

（六）往来台湾地区通行证

往来台湾地区通行证全称为"大陆居民往来台湾地区通行证"，是内地居民往来台湾地区唯一合法的旅行证件，由中华人民共和国政府授权中国公安机关颁发。此外，赴台旅游还须在户口所在地公安局出入境管理处办理"入台观光证"。赴台旅游时一定要手持双证，否则会遭到遣返。

二、出入境手续的办理程序

（一）办理出入境手续

办理出入境手续是比较复杂的一项工作，这是对导游工作能力的检验。导游领队要带领旅游团队经过海关检查、卫生检疫检查、边防出入境检查、登机安全检查等关口，此外还要办理登机手续、行李托运、提取行李、转机等手续。导游要对各项手续十分熟悉，以便能够带领旅游团队顺利完成出境的所有复杂工作。

1. 海关检查

根据《中华人民共和国海关法》和《中华人民共和国海关对进出境旅客行李物品监管办法》的规定，出入境旅客行李物品必须通过设有海关的地点出入境，并接受海关监管。

海关检查一般询问是否有需要申报的物品，或让旅客出示携带物品出入境申报单，必要时海关有权开箱检查所携带物品。

旅客行李申报单须在出境前填写，一式两份，详细列明带出旅途自用的手表、照相机等物品的数量、牌名、规格、新旧程度。海关在入境游客申报单上加上△记号的必须复带出境。

各国对出入境物品的管理有各自不同的具体规定。一般烟、酒等物品按限额放行。文物、武器、毒品、动植物等为违禁品，非经特许不得入出国境。对于海关加封的行李物品，不要擅自拆开或者损毁海关施加的封志。

海关通道分为"红色通道"和"绿色通道"两种。不明海关规定或不知如何选择通道的旅客，应选择红色通道通关。

(1)红色通道

红色通道也称"应税通道"。旅游团到达出境地点,首先办理海关手续,如有物品申报,要认真填写《中华人民共和国海关进/出境旅客行李物品申报单》(图9-6),走红色通道,办理海关手续,经海关查验后放行。申报单应妥善保管,不得涂改,不得遗失。

图9-6 中华人民共和国海关出境旅客行李物品申报单样表

(2)绿色通道

绿色通道亦称"免税通道"或"无申报通道"。携带无须向海关申报物品的游客和持有外交签证或礼遇签证的人员,可选择"绿色通道"通关,但需向海关出示本人证件和按规定填写申报单据。

2.卫生检疫

为了防止传染病由国外传入或由国内传出,保护人身健康,根据国际惯例及习惯法,各国都制定了《国境卫生检疫法》。要求入境者如实填写健康申明卡,来自疫区的人员还必须出示有效的有关疾病预防接种证明(俗称"黄皮"

书），无证者卫生检疫机关可对其施以6日的强制留验。如遇传染病患者隐瞒不报，按逃避检疫论处，可禁止入境或责令其提前离境。

我国依照《国境卫生检疫法》设立了国境卫生检疫机关，在入出境口岸依法对包括游客在内的有关人员及其携带的动植物和交通运输工具等进行传染病检疫、检测和卫生监督，只有经过检疫，由国境卫生检疫机关许可，才能入出境。

3. 边防检查

边防检查是指对出入国境人员的护照、证件、签证、出入境登记卡、出入境人员携带的行李物品和财物、交通运输工具及其运载的货物等的检查和监护，以及对出入国境上下交通运输工具人员的管理和违反规章行为的处理等。边防检查是为了保卫国家的主权和安全，而对出入国境的人员等进行的检查。边防检查的内容包括：护照检查、证件检查、签证检查、出入境登记卡检查、行李物品检查、交通运输工具检查等。因私出国人员到达出境口岸时，首先要填写一张《出境登记卡》并将自己的护照、身份证、签证等一并交给边防检查人员，由边防检查人员进行逐项检查；边防检查人员对持照人的证件进行核查（包括护照是否真实有效，签证是否真实有效，护照和身份证内容是否一致等）后在护照上加盖验讫章（该章内包括出境口岸的名称、编号、"出境边防检查"字样和年月日等），并将出境登记卡留存于边防检查站；上述手续完毕后，将护照当面交给持照人。

4. 安全检查

安全检查是出入境人员必须履行的检查手续，是保障旅客人身安全的重要预防措施。安全检查事关旅客人身安全，所以旅客都必须无一例外地经过检查后，才能允许登机，也就是说，安全检查不存在任何特殊的免检对象。所有外交人员、政府官员和普通旅客，不分男女、国籍和等级，都必须经过安全检查。安全检查的内容主要是检查旅客及其行李物品中是否携带枪支、弹药、易爆、腐蚀、有毒放射性等危险物品，以确保航空器及乘客的安全。安全检查必须在旅客登机前进行，拒绝检查者不准登机，损失自负。中国海关和边防站，为保证游客生命和财产安全，禁止携带武器、凶器、爆炸物品。采用通过安全门使用磁性探测检查、红外线透视、搜身、开箱检查等，对游客进行安全检查。安全检查的环节主要有：托运行李物品检查、旅客证件检查、手提行李物品检查和旅客身体检查。

根据2017年1月1日实施的《民用航空安全检查规则》，携带贵重物品、植入心脏起搏器或身患残疾等情况的旅客可要求在非公开场所进行安检。该规则还规定，旅客若有"对民航安检工作现场及民航安检工作进行拍照、摄像，经民航安检机构警示拒不改正的""故意散播虚假非法干扰信息的""在行李物品中隐匿携带民航禁止运输、限制运输物品的"等行为,将会被移交公安机关处理。旅客若逃避安全检查,有殴打辱骂民航安检员或者其他妨碍民航安检工作正常开展,扰乱民航安检工作现场秩序的行为,也将移交公安机关处理。

(二)不准出入境的规定

1. 下列外国人不准入境

(1)未持有效出境入境证件或者拒绝、逃避接受边防检查的。

(2)被处驱逐出境或者被决定遣送出境,未满不准入境规定年限的。

(3)患有严重精神障碍、传染性肺结核病或者有可能对公共卫生造成重大危害的其他传染病的。

(4)可能危害中国国家安全和利益、破坏社会公共秩序或者从事其他违法犯罪活动的。

(5)在申请签证过程中弄虚作假或者不能保障在中国境内期间所需费用的。

(6)入境后可能从事与签证种类不符的活动的。

(7)法律、行政法规规定不准入境的其他情形。

对不准入境的,出入境边防检查机关可以不说明理由。对未被准许入境的外国人,出入境边防检查机关应当责令其返回;对拒不返回的,强制其返回。外国人等待返回期间,不得离开限定的区域。

2. 下列人士不准出境

中国公民有下列情形之一的,不准出境:

(1)未持有效出境入境证件或者拒绝、逃避接受边防检查的。

(2)被判处刑罚尚未执行完毕或者属于刑事案件被告人、犯罪嫌疑人的。

(3)有未了结的民事案件,人民法院决定不准出境的。

(4)因妨害国(边)境管理受到刑事处罚或者因非法出境、非法居留、非法就业被其他国家或者地区遣返,未满不准出境规定年限的。

(5)可能危害国家安全和利益,国务院有关主管部门决定不准出境的。

(6)法律、行政法规规定不准出境的其他情形。

外国人有下列情形之一的,不准出境:

(1)被判处刑罚尚未执行完毕或者属于刑事案件被告人、犯罪嫌疑人的,但是按照中国与外国签订的有关协议,移管被判刑人的除外。

(2)有未了结的民事案件,人民法院决定不准出境的。

(3)拖欠劳动者的劳动报酬,经国务院有关部门或者省、自治区、直辖市人民政府决定不准出境的。

(4) 法律、行政法规规定不准出境的其他情形。

三、海关对入出境游客所携物品的规定

(一)部分限制进出境物品

1. 烟酒

来往我国港、澳地区的游客(包括港、澳游客和内地因私前往港、澳地区探亲和旅游等游客),免税烟草制品限量:香烟 200 支或雪茄 50 支或烟丝 250 克;免税 12 度以上酒精饮料限量:酒 1 瓶(不超过 0.75 升)。

当天往返或短期内多次来往港、澳地区的游客,免税烟草制品限量:香烟 40 支或雪茄 5 支或烟丝 40 克;免税 12 度以上酒精饮料限量:不准免税带进。

其他入境游客,免税烟草制品限量:香烟 400 支或雪茄 100 支或烟丝 500 克;免税 12 度以上酒精饮料限量:酒 2 瓶(不超过 1.5 升)。

对不满 16 周岁者,烟酒禁止携带。

2. 旅行自用物品

非居民游客及持有前往国家或地区再入境签证的居民游客携带旅行自用物品照相机、便携式收录音机、小型摄像机、手提式摄像机、手提式文字处理机每种一件。超出范围的或单价超过 5000 元人民币的物品,需向海关如实申报,并办理有关手续。经海关放行的旅行自用物品,游客应在回程时复带出境。游客在海外购买了音像制品(如录音带、录像带、唱片、电影片、VCD 光盘等)和印刷品(如书报、刊物、图画等)也必须申报和交验。若藏匿不报,海关将按规定处理。

3. 金、银及其制品

游客携带金、银及其制品入境应以自用合理数量为限,若超过 50 克,应填写申报单证,向海关申报;复带出境时,海关凭本次进境申报的数量核放。携带或托运出境在中国境内购买的金、银及其制品(包括镶嵌饰品、器皿等新工艺品),海关验凭中国人民银行制发的"特种发货票"放行。

4. 外汇

游客携带外币、旅行支票、信用证等进境,数量不受限制。游客携带 5000 美元或等值其他外币入境,必须向海关如实申报;复带出境时,海关凭本次入境申报的数额核发。游客携带外币现钞金额等值 5000 美元至 1 万美元出境,海关凭携带外汇出境许可证查验放行。我国居民个人购汇限额为 5000 美元或等值外币。

5. 人民币

游客携带人民币现钞进出境，限额 2 万元。超出限额的禁止出境。

6. 文物、字画

文物指遗存在社会上或埋藏在地下的历史文化遗物。字画也称书画，系书法和绘画的合称。中国政府禁止出境珍贵文物及其他禁止出境的文物。珍贵文物是指国家馆藏一、二、三级文物；其他禁止出境的文物，指有损国家荣誉、有碍民族团结、在政治上有不良影响的文物；一般文物是指 1795 年（乾隆六十年）以后的、可以在文物商店出售的文物。

游客携带文物入境，如需复带出境，请向海关详细报明。游客携带出境的文物（含已故现代著名书画家的作品），需经中国文化和旅游行政管理部门鉴定。携运文物出境时，必须向海关详细申报。对在境内商店购买的文物，海关凭中国文化和旅游行政管理部门指定的文化行政管理部门钤盖的鉴定标志及文物外销发货票或开具的许可出口证明查验放行。对在境内通过其他途径得到的文物，海关凭中国文化行政管理部门加盖的鉴定标志及开具的出口许可证明查验放行；未经鉴定的文物，不允许携带出境。携带文物出境不据实向海关申报的，海关将按规定处理。

7. 中药材、中成药

游客携带中药材、中成药出境，前往国外的，总值限人民币 300 元；前往港澳地区的，总值限人民币 150 元；寄往国外的中药材、中成药，总值限人民币 200 元；寄往港澳地区的，总值限人民币 100 元。进境游客出境时携带用外汇购买的、数量合理的自用中药材、中成药，海关凭有关发货票和外汇兑换证明放行。麝香、犀牛角、蟾蜍、虎骨、牛黄等以及超出上述规定限值的中药材、中成药不准出境。

旅客携运进出境的行李物品有下列情形之一的，海关暂不予放行：旅客不能当场缴纳进境物品税款的；进出境的物品属于许可证件管理的范围，但旅客不能当场提交的；进出境物品超出自用合理数量，按规定应当办理货物报关手续或其他海关手续，其尚未办理的；对进出境物品的属性、内容存疑，需要由有关主管部门进行认定、鉴定、验核的；按规定暂不予以放行的其他行李物品。

(二) 禁止入出境物品

1. 禁止入境物品

禁止入境物品包括：

(1) 各种武器、仿真武器、弹药及爆炸物品；

(2) 伪造的货币及伪造的有价证券；

(3)对中国政治、经济、文化、道德有害的印刷品、胶卷、照片、唱片、影片、录音带、录像带、激光视盘、计算机存储介质及其物品;

(4)各种烈性毒药;

(5)鸦片、吗啡、海洛因、大麻以及其他能使人成瘾的麻醉品、精神药物;

(6)带有危险性病菌、害虫及其他有害生物的动物、植物及其产品;

(7)有碍人畜健康的、来自疫区的以及其他能传播疾病的食品、药物或其他物品。

2. 禁止出境物品

禁止出境物品包括:

(1)列入禁止入境范围的所有物品;

(2)内容涉及国家秘密的手稿、印刷品、胶卷、照片、唱片、影片、录音带、录像带、激光视盘、计算机存储介质及其他物品;

(3)珍贵文物及其他禁止出境的文物;

(4)濒危的和珍贵的动物、植物(均含标本)及其种子和繁殖材料。

第五节　交通知识

一、航空客运知识

(一)航班

1. 飞行形式

民航运输主要有三种飞行形式:班期飞行、加班飞行和包机飞行。

班期飞行是按照班期时刻表和规定的航线,定机型、定日期、定时刻的飞行。

加班飞行是根据临时需要在班期飞行以外增加的飞行。

包机飞行是按照包机单位的要求,在现有航线上或以外进行的专用飞行。

航班分为定期航班和不定期航班。定期航班是指飞机定期自始发站起飞,按规定航线经经停站至终点站或直达终点站的飞行。在国际航线上飞行的航班称国际航班,在国内航线上飞行的航班则称国内航班。航班还可以分为去程航班和回程航班。

2. 航班号

航班编号是由航空公司的二字英文代码和阿拉伯数字组成,例如,中国国际航空公司、中国东方航空公司、中国南方航空公司的英文代码分别是 CA、MU 和 CZ。

国内航班编号是由航空公司的英文代码和四位阿拉伯数字组成。第一个数字是执行该航班任务的航空公司起飞基地所在区域的数字代码；第二个数字表示该航班终点站所属的管理局或航空公司所在地的数字代码；第三、四位数字是该航班的具体编号，第四位数字若为单数表示是去程航班，双数则为回程航班。例如，MU5401为东方航空公司自上海飞往重庆的航班，而MU5402则为返程航班。

我国国际航班的航班号由执行该航班任务的航空公司的英文字母代码和三位阿拉伯数字组成。其中第一位数字是航空公司的数字代码。例如，中国国际航空公司的数字代码为9，中国南方航空公司的数字代码为3，东方航空公司的数字代码为5等。后两位是航班序号，单数为去程，双数为回程。CA919是指中国国际航空公司自北京飞往东京的航班，CA977为中国国际航空公司自北京飞往新加坡的航班。

3. 代码共享

代码共享（Code-Share）是指一家航空公司的航班号（即代码）可以用在另一家航空公司的航班上。这对航空公司而言，不仅可以在不投入成本的情况下完善航线网络、扩大市场份额，而且越过了某些相对封闭的航空市场的壁垒。旅客则可以享受到更加便捷、丰富的服务，比如众多的航班和时刻选择，一体化的转机服务，优惠的环球票价，共享的休息厅以及旅客计划等。正因为代码共享优化了航空公司的资源，并使旅客受益匪浅，所以20世纪70年代代码共享在美国国内市场诞生后，如今已成为全球航空运输业内最流行的合作方式。目前开通中国航线的外国航空公司有50余家。这些外航与我国几大主要航空公司都分别签署有相互的代码共享协议。代码共享这种方式使中国的航空公司得以直接吸取国外先进航空公司在经营和管理上的经验，尽快融入日益全球化、自由化的航空运输业。

4. 机舱等级

飞机安排座位时是分舱位的，而不同的舱位对应的机票折扣不同，价格不同，所得到的服务也不一样。国内客票的舱位等级主要分为头等舱（舱位代码为F）、公务舱（舱位代码为C）、经济舱（舱位代码为Y），经济舱里面又分不同的座位等级（舱位代码为B、K、H、L、M、Q、X、E不等，这种代码每个航空公司的标识都不相同，价格也不一样），折扣舱依次往下排列，低舱位享受的服务和高舱位的不同，最明显的就是提前预订机上座位、餐食服务以及是否允许退票等。国际客票的舱位等级主要分为头等舱（舱位代码为FA）、公务舱（舱位代码为CDJ）、经济舱（舱位代码为Y），经济舱下属的座位等级和国内的差不多，也会有不退票的规定。

5. 国际航空联盟

随着世界经济全球化，航空公司战略联盟在国际民航界已成为重要的竞争手段，目前在世界上形成了三大国际航空客运联盟。一是星空联盟（Star Alliance），成立于1997年，总部位于德国法兰克福，它是目前全球最大的航空公司联盟，也是首个国际性航空联盟，我国的中国国航、深圳航空是其成员；二是天合联盟（Sky Team），2000年成立，总部设在荷兰阿姆斯特丹，我国的东方航空、厦门航空是其成员；三是寰宇一家（OneWorld），1999年成立，总部设在美国纽约，中国香港的国泰航空是其创始成员之一。

（二）机票

1. 电子机票

2006年10月16日，国际上开始实行电子机票，我国从2008年6月1日起停止发售纸质机票。电子机票可在民航售票处或联网计算机上完成订座、出票、作废、退换、改转签等操作。游客购买机票必须凭本人有效身份证件，客票只限票上所列姓名的游客本人使用，不得转让。在线购买成功后，会得到一个电子票号或者出票记录传真，在机场游客凭有效证件到值机柜台换取乘机凭证。正常票价的客票有效期为一年。特价机票的有效期以承运人的规定为准。

2. 机票分类

（1）机票可分为普通机票和特别机票。

普通一年期机票，主要分头等票（First Class），商务票（Business Class）及经济票（Economy Classor Coach）三种，有效期为一年，可换乘其他航空公司的航班，票价较高，但灵活方便，没有太多时间上的限制，适合途中可能改变线路、时间的旅客。

特别机票又可分为旅游机票、团体机票、包机机票、学生机票、优惠机票等，价格较为优惠，但限制较多。

①旅游机票。旅游机票的票价相比普通一年期机票较为低廉，但限制相对来说较多，只能购买来回票，不能购买单程票，可分为中途停站及不停站两种，中途容许停站的票价较贵，持票人一定要在目的地停留一段时间后，在机票规定的有效期内回程，否则机票就会失效，因此，购买此种机票时，应该详细了解有效期，以免机票因过期失效，回程要另行买票，招致损失。

②团体机票。团体机票是由航空公司委托的旅游企业作为指定代理，事先向航空公司订下若干数目的机位，作为举办团体旅行之用。按规定这种团体机票不能出售给个别旅游人士，旅客在购买时应该注意其有效期及能否退回程票等情况，因为某些团体票在机票上注明不能退款、不能改签，如旅游团延误，

则损失很大，必须警惕。

③包机机票。包机机票是包机公司或旅行社向航空公司包下整架或部分飞机座位，以供旅客搭乘。这类机票的票价及营运限制，均由包机公司或旅行社自行订购。

（2）机票可根据购买对象分为成人票、儿童票、婴儿票等。成人票是指年满12周岁的人士应购买的机票。儿童票是指年龄满2周岁但不满12周岁的儿童所购买的机票，票面价值是成人适用的正常票价的50%左右，提供座位。婴儿票是指不满2周岁的婴儿应购买的机票，票面价值是成人适用的正常票价的10%左右，不提供座位（如需要单独占用座位时，应购买儿童票），一个成人旅客若携带婴儿超过一名时，超出的人数应购买儿童票。购买儿童票和婴儿票时，应出示有效的出生证明。

（3）机票可按是否订妥座位分为定期机票（OK票）和不定期机票（OPEN票）。前者是指已订妥座位的机票，后者是指未订妥座位的机票，须订妥座位后方可使用。机票有效期为一年。定期机票自旅客开始旅行之次日零时起算；不定期机票自填开客票之次日零时起算。

（4）机票按航线分为联程机票和来回程机票。联程机票是指一条航线（如从甲地飞往乙地）上分为几个航段，而每个航段的航班甚至执行航班的航空公司都可能不同，因而中间需要"中转"的机票。一般来说，购买联程机票的飞行虽然比直飞航班所需时间较长，但价格比直飞航班便宜。因此，对旅行者来说，如果时间允许，购买联程机票是比较经济实惠的。来回程机票是指同一条航线上往返飞行的机票。

购买了联程机票或来回程机票的旅客订妥座位后，如在该联程或回程地点停留72小时以上，须在该联程或回程航班飞机离站前两天中午12时以前，办理座位再证实手续。否则，原定座位不予保留。如旅客到达联程或回程地点的时间离航班飞机离站时间不超过72小时，则不需办理座位再证实手续。

3. 退票

按照民航局2018年发布的《关于改进民航票务服务工作的通知》（简称《通知》），明确规定航空公司应明确合理确定客票退改签收费标准，退票费不得高于客票的实际销售价格，不能简单规定特价机票一律不得退改签。

根据《通知》精神，占航空公司总数七成的23家航空公司先后制定了机票退改签阶梯费率，将此前仅有的起飞前两小时以上及两小时以内两档退改签的规定改为四档，即航班起飞30天（含）之前，航班起飞前30天（不含）至14天（含）、航班起飞前14天（不含）至4小时（含）、和航班起飞前4小时（不含）至航班起飞后。除航班起飞前30天不收退票费外，其他三档都要收取退票费。虽然不同航空公司收取的退票费率略有差异，但总体上是，办理退改手续越早，手续费率越低。

中国国际航空公司的规定是：航班起飞前4小时到起飞后，改签费用是收取票面的10%，退票费用是票面的20%。

南方航空公司的规定是：在航班离站前168小时（7天）收取10%的退票费，在48小时以前收取25%退票费。在航班离站4小时以前，收取40%的退票费。在航班离站4小时之内，或收取50%的退票费。

东方航空公司的规定是：起飞前7天以上退票需支付票面费用10%的手续费、起飞前2~7天退票费用为20%、起飞前4~48小时退票费用为40%、起飞前4小时以内退票费用为50%。

此外，特价票也可退改签，如春秋航空公司规定，特价机票退票手续费由原来票价的百分之百降到了50%，变更的手续费从原票价的百分之百降到了40%。

（三）乘机

1. 国内航班乘机流程

游客可通过机场柜台或机场"电子客票自助值机"服务，办理登机手续。国内航班乘机流程：抵达机场确认航站楼—确认航空公司办票柜台—在规定的时限内凭本人有效身份证件在值机柜台领取登机牌、托运行李—凭相关身份证件、登机牌、携带随身物品通过安检—根据登机牌标示的登机口到相应候机区休息候机—登机。无托运行李游客只需至自助值机机柜—通过读卡机读取证件信息—进入自助值机系统—根据系统提示完成换发登机牌手续—取得登机牌—前往安检。航空公司值机柜台停止办理乘机手续的时间：国内航班一般为航班离站时间前30分钟，国际航班为40分钟。

自2019年9月15日起，全国203家机场已开通"民航临时乘机证明"系统，乘客若忘记携带身份证，可在微信小程序中搜索点击"民航临时乘机证明"或在微信"城市服务—交通出行"中点击"民航临时乘机证明"即可获得电子防伪二维码，凭此二维码办理值机手续和接受安检。该二维码有效期为15天，若超过15天可再一次申办，不收任何费用。

2. 行李

（1）随身携带物品

每位游客以5千克为限。持头等舱客票的游客，每人可随身携带两件物品；持公务舱或经济舱客票的游客，每人只能随身携带一件物品。每件随身携带物品的体积均不得超过 20 厘米 ×40 厘米 ×55 厘米。超过上述重量、件数或体积限制的随身携带物品，应作为托运行李托运。

（2）免费行李额

每位游客的免费行李额：持成人票或儿童票的头等舱游客为 40 千克，公务舱游客为 30 千克，经济舱游客为 20 千克。持婴儿票的游客，无免费行李额。同行游客的免费行李额可合并计算。构成国际运输的国内航段，每位游客的免费行李额按适用的国际航线免费行李额计算。

（3）超重行李

游客的超重行李在其所乘飞机载量允许的情况下，应与旅客同机运送。游客应对超重行李付超重行李费，超重行李费率以每千克按经济舱票价的 1.5% 计算，金额以元为单位。

（4）不准作为行李运输的物品

游客不得在交运行李或随身携带物品内夹带易燃、易爆、腐蚀、有毒、放射性物品、可聚合物质、磁性物质及其他危险物品，不得携带武器、利器和凶器。

（5）不准在交运行李内夹带的物品

游客不得在交运的行李内夹带重要文件和资料、外交信贷、证券、货币、汇票、贵重物品、易碎易腐物品，手机、手提电脑、数码相机、充电宝以及含锂电池的其他物品。

（6）不准随身携带但可作为行李托运的物品

可用于危害航空安全的菜刀、大剪刀、大水果刀、剃刀等生活用刀；手术刀、屠宰刀、雕刻刀等专用刀具；文艺单位表演用的刀、矛、剑、戟等；斧、凿、锤、锥、加重或有尖头的手杖、铁头登山杖和其他可用来危害航空安全的锐器、钝器。

（7）行李赔偿

根据《中国民用航空旅客、行李国内运输规则》规定，托运行李被损坏或丢失，赔偿金额应低于 100 元人民币 / 千克（2.2 磅）（或等值外币）。如行李价值不足 100 元人民币 / 千克（2.2 磅）（或等值外币），则根据行李的实际价值赔偿。重要文件和资料、货币、贵重物品、易碎易腐物品等不能夹入行李托运，如果托运行李内夹带上述物品发生遗失或损坏，航空公司按一般托运行李承担责任，即每千克托运行李赔偿金额不超过 100 元。旅客托运行李价值每千克超过 100 元可办理行李声明价值，若在运输中丢失最高赔偿额为 8000 元人民币。

旅客对于行李的损坏、遗失或延误必须在下列期限内向中国民航书面提出索赔要求，否则就不能向中国民航提出诉讼：

①行李损坏，应当在发现损坏时，立即向中国民航提出索赔要求，最迟不得超过从收到行李之日起7天以内提出。

②行李遗失，最迟不得超过从行李应当交付收件人之日起21天以内提出。

③行李延误，最迟不得超过从行李交付收件人之日起21天以内提出。

3. 机票遗失与误机

(1) 机票遗失

旅客机票遗失，应以书面形式，在所乘航班规定离站时间1小时前向承运人或其代理人申请挂失，提供证明。承运人经核实并查明遗失机票确未被冒用或冒退，可予补发新客票，收取补票手续费，补开的客票不能办理退票。如遗失机票在申请挂失前被冒用或冒退，承运人不负责任。

(2) 误机与延误

①旅客误机。旅客误机后最迟应在该航班离站后的次日中午12时（含）以前，到乘机机场的承运人乘机登记处、承运人售票处或承运人地面服务代理人售票处办理误机确认。误机确认后，旅客如要求改乘后续航班，可在上述地点或原购票地点办理变更手续，承运人应在航班有可利用座位的条件下予以办理，免收误机费。但是，如所购误机的机票是折价票，旅客需向承运人补交票差。

旅客若未办理误机确认，如果要求继续旅行，应交付客票价20%的误机费。旅客误机变更后，如果要求再次改变航班、日期，应交付客票价50%的变更手续费。旅客误机或误机变更后，如果要求改变承运人，按自愿退票的规定办理，应交付客票价50%的误机费。旅客误机或误机变更后，如果要求退票，也按自愿退票规定办理，应交付客票价50%的误机费。

②航班延误或取消。由于机务维护、航班调配、商务、机组等承运人自身原因，造成航班在始发地出港延误或者取消；国内航班在经停地延误或者取消；国内航班发生备降三种情况造成航班出港延误，无论何种原因，承运人或者地面服务代理人应当向旅客提供餐食或住宿服务。由于天气、突发事件、空中交通管制、安检以及旅客等非承运人原因，造成航班在始发地延误或取消，承运人可协助旅客安排餐食和住宿，费用由旅客自理。

4. 旅客保险与伤害赔偿

(1) 旅客保险

旅客可以自行决定向保险公司投保国内航空运输旅客人身意外伤害保险。此项保险金额的给付，不免除或减少承运人应当承担的赔偿限额。

(2) 旅客身体伤害赔偿

在国内航空运输中，承运人对每名旅客身体伤害的最高赔偿限额，按照国务院的有关规定办理。在国际航空运输中,承运人对每名旅客伤害的赔偿限额为16600计算单位。

5. 注意事项

为维护游客生命安全,2008年3月,中国民航局规定,游客乘坐国内航班禁止携带液体物品。液体物品包括液体、凝胶、气溶胶等,常用的眼药水、口红、牙膏、发胶等物品均在受限范围内。而乘坐从中国境内机场始发的国际、地区航班的游客,其携带的液体物品仍执行中国民航局2007年3月17日发布的有关规定,即每件容器不超过100毫升,盛放液体的容器应置于最大容积不超过1升的、可重新封口的透明塑料袋中。2008年4月,该局还规定,禁止游客携带打火机、火柴乘坐民航飞机。5月,该局又进一步规定,无论是手提行李还是托运行李都禁止夹带打火机和火柴。此外,游客也不能携带未关闭的手机、电脑等物品及强磁物品乘坐飞机。2014年8月,中国民航局对旅客携带的充电宝的规定是:额定能量不超过100Wh(瓦特小时)的充电宝无须航空公司批准就可带上飞机;超过100Wh但不超过160Wh的,需经航空公司批准后方可携带;未标明相关技术参数的一律禁止携带。

2016年8月6日发布的《中华人民共和国民用航空法》(修订征求意见稿)规定:14种危及民用航空安全和秩序的非法干扰行为("空闹")将面临最高5万元罚款。该14种非法干扰行为是:在航空器内使用手机、吸烟、抢占座位;劫持飞行中或者地面上的航空器;在航空器上或机场扣留人质;强行闯入航空器、机场或者航空设施场所,冲闯航空器驾驶舱,强行拦截航空器;非法将武器、危险装置或者材料带入航空器、机场或者空中交通管制单位;谎报险情、制造混乱、散布诸如危害飞行中或地面上的航空器、机场或者民航设施场所内的旅客、机组、地面人员或者公众安全的虚假信息;盗劫、故意损坏、擅自移动航空器设备以及机场内其他航空设施设备,强行打开飞行中航空器应急舱门等。

不足14天的婴儿、孕期超过9个月的孕妇、醉酒旅客不得乘坐民航客机。中国民航局颁布的《民用航空飞行标准管理条例》中,对公众乘坐飞机不应该出现的行为进行了规定。按照规定,如果旅客在航空器起飞、着陆、滑行以及飞机颠簸过程中擅自离开座位或开启行李架,可能面临500元以上、1万元以下的罚款。处以同样罚款的不正当行为还包括:在航空器内吸烟;强行将不符合尺寸及重量要求的行李带入航空器客舱内,或者不听从机组的劝告强行在航空器客舱内放置行李可能导致影响紧急情况下人员撤离;在紧急情况下,不听从机组人员的指挥,造成秩序混乱或影响航空器的载重平衡等。此外,一旦旅客行为过激，构成违反治安管理行为的，由公安机关依法给予行政处罚；构成犯罪的，依法追究刑事责任。

二、铁路客运知识

（一）列车种类

我国列车分为国内旅客列车和国际旅客列车（如北京至莫斯科的国际列车）。特别是我国高速铁路飞速发展，通车里程已居世界第一，将建设"四纵四横"为重点的高速铁路网。"四纵"即北京—上海、北京—香港、北京—哈尔滨和杭州—深圳，"四横"即青岛—太原、徐州—兰州、南京—成都和杭州—昆明。火车已成为舒适、便捷、安全的旅游交通工具。

按车次前冠有的字母分为：

车次前冠有字母"G"的列车为高铁列车；

车次前冠有字母"C"的列车为城际动车组列车；车次前冠有字母"D"的列车为动车组；

车次前冠有字母"Z"的列车为直达特快列车；车次前冠有字母"T"的列车为特快旅客列车；车次前冠有字母"K"的列车为快速旅客列车；车次前无字母的为普通旅客列车。

此外，下列列车一般在节假日、春秋旅游季节开行：

车次前冠以字母"L"的列车为临客普快列车；

车次前冠以字母"Y"的列车为郊游临客快速列车；车次前冠以字母"JY"的列车为郊游旅客列车。

按照铁道部门的有关规定，乘坐列车均采用实名制购票（儿童除外）和实名查验。

（二）车票

1. 车票种类

火车票中包括客票和附加票两部分。客票部分为软座、硬座。附加票分为加快票、卧铺票、空调票。附加票是客票的补充部分，除儿童外，不能单独使用。为了优待儿童、学生和伤残军人，还发售半价票。

2. 儿童票

儿童身高为 1.2~1.5 米的，应购买儿童票，一名成年人旅客可以免费携带一名身高不足 1.2 米的儿童。如果身高不足 1.2 米的儿童超过一名时，一名儿童免费，其他儿童应购买儿童票，超过 1.5 米的，应购买全价座票。成年人旅客持卧铺车票时，儿童可以与其共用一个卧铺，并按上述规定免费或购票。儿童单独使用一个卧铺时,应另行购买全价卧铺票。目前,在铁路售票窗口购买实名制车票时,儿童票不实行实名制。

3. 购票

2012年1月1日(乘车日期)起,全国所有旅客列车实行车票实名制,旅客需凭本人有效身份证件或复印件购买车票。同一乘车日期、同一车次,一张有效身份证件只能购买一张实名制车票。旅客可在车站售票处及各售票网点购票,也可以通过中国铁路客户服务中心网站(http://www.12306.cn)进行网络订票或通过电话订票,然后到车站取票。旅客可在各地购买带有席位号的异地票、联程票和往返票。购票前或购票后无法出示有效身份证件原件的,可到车站办理"乘坐旅客列车临时身份证明",但需提供自己的姓名和身份证号码。

4. 退票

旅客要求退票时,应当在票面指定的开车时间前到车站办理,退还全部票价,核收退票费。特殊情况经购票地车站或票面乘车站站长同意的,可在开车后2小时内办理。旅客开始旅行后一般不能退票。退票费按如下核收:票面乘车站开车时间前48小时以上的按票价5%计;24小时以上、不足48小时的按票价10%计;不足24小时的按票价20%计。按照铁路部门发布的火车票退改签规定,无论是网上订票还是窗口订票,都只能改签1次。旅客换取纸质车票后,不能再在中国铁路客户服务中心网站办理改签、退票手续,应凭纸质车票在车站办理。

按团体旅客(20人以上乘车日期、车次、到站、座别相同的有组织旅客可作为团体旅客)办理的车票,改签、退票时,应不晚于开车前48小时。

5. 车票遗失

旅客购买实名车票后,如果遗失,其处理分为以下三种情况:

(1)进站前丢失车票

首先,失主须在开车前至少20分钟到车站售票厅办理"挂失补票"业务的窗口,提供购票时使用的身份证件和购(取)票地车站名称、乘车日期、车次、发站与到站等信息,经工作人员确认无误后,失主则按原车票车次、席位、票价重新购买一张新车票(新车票所载信息与原车票一致,并注有"挂失补"字样);其次,失主持"挂失补"车票上车后,须主动向列车工作人员声明,并提出开具"客运记录"的要求。到站前,列车长确认该席位使用正常时,将向失主开具"客运记录";最后,失主到站24小时以内,凭"客运记录"和注有"挂失补"的新车票到退票窗口办理退票手续,不收退票费。

(2)列车上丢失车票

失主须主动向列车工作人员声明,进行补办。经列车工作人员查验失主本人购票时使用的身份证原件、购票信息,确认一致后,失主支付2元手续费便可取得标有"车票丢失"字样的车票。到站前,列车工作人员确认席位使用正常后,将向失主开具"客运记录"。到站后失主须主动向出站口车站工作人员声明,并配合其查验。经工作人员确认情况属实,并收回"客运记录"后,失主方可出站。

(3)出站前丢失车票

失主须主动向车站声明,并配合车站工作人员进行查验。经车站人员查实已购车票有效,乘车日期、车次相符,票证人一致后,失主支付2元手续费便可取得标有"车票丢失"字样的新车票,然后持该车票和购票时使用的身份证件原件出站。

(三)乘车

1. 持有效身份证件乘车

游客必须持车票和与票面所载信息相符的有效身份证件原件进站、乘车（免费乘车的儿童及持儿童票的儿童除外）。票、证、人不一致或无法出示有效身份证件的游客,不得进站乘车。

2. 免费携带行李的重量及尺寸

每名旅客免费携带品的重量和体积是：儿童（含免费儿童）10千克,外交人员35千克,其他旅客20千克。每件物品外部尺寸长、宽、高之和不超过160厘米,杆状物品不超过200厘米,但乘坐动车组列车不超过130厘米,重量不超过20千克。残疾人代步所用的折叠式轮椅不计入上述范围。

3. 不准携带的物品

凡是危险品（如雷管、炸药、鞭炮、汽油、电石、液化气等易燃、易爆和杀伤性剧毒物品）,国家限制运输物品,妨碍公共卫生（包括有恶臭等异味）的物品、动物（导盲犬、初生雏20只除外）以及损坏或污染车辆的物品都不准带入车内。

2016年8月15日起,全国所有动车组都禁止旅客在车内吸烟,违者将受到公安行政处罚,并自受处罚之日起,暂停对其发售全国各次动车组车票。该旅客只有携带身份证原件到铁路任一客户服务中心签订协议书后,方可购买动车组车票。但是,如果他再次违法在动车组列车上吸烟,中国铁路总公司将停止对其提供乘坐全国各次动车组列车的服务。

4. 乘火车赴香港的要求

乘火车赴香港须提前办好赴香港特别行政区的证件，并持该证件与有效车票提前90分钟到出入境联检大厅办理验关手续。

5. 乘火车赴西藏的要求

乘火车赴西藏须先行阅读火车站公布的"高原旅行提示"，然后认真填写"旅客健康登记卡"。上车时，须同时出示车票和填写完整的"旅客健康登记卡"。

外国人、台湾同胞购买赴藏火车票，须出示西藏自治区外事办公室或文化和旅游部门、商务厅的批准函（电），或者出示中国内地司局级接待单位出具的、已征得自治区上述部门同意的证明信函。

三、水路客运知识

（一）水路旅行常识

水运交通服务是指旅游企业为了满足游客在各种水域中旅行游览的需求，向内河航运、沿海航运和国际航海等水上客运部门或企业购买的交通服务。水运交通服务所提供的交通工具包括普通客轮、豪华客轮、客货混装轮船和气垫船等。每种轮船分别设有各种不同舱位，供不同类型的乘客选用。水运交通服务主要分为四种，即远程定期班轮服务、海上短程轮渡服务、游船服务和内河客轮服务。

（二）船票

船票分普通船票和加快船票，又分成人票、儿童票（1.2～1.5米的儿童）和残障军人优待票。1.2米以下儿童免费乘船旅行，一个成人只能带一名免费儿童。乘同一船名、航次、起迄港10人以上的团体可凭介绍信购买或预订团体票。《水路旅客运输实名制管理规定》中规定，自2017年1月10日起，我国部分区域水路旅客运输将实行实名制管理。乘船人遗失船票的，经核实其身份信息后，水路旅客运输经营者或者其委托的船票销售单位应当免费为其补办船票。

（三）行李

1. 随身携带行李

乘坐沿海和长江客轮，游客可携带免费行李20千克，持儿童票和免费票儿童可带15千克；每件行李的体积不超过0.2立方米，长度不超过1.5米，杆状物品不超过2米，重量不超过20千克。乘坐其他内河客轮，免费携带的行李分别为20千克和10千克。旅客可携带下列物品乘船：气体打火机5个，安全火柴20小盒，不超过20毫升的指甲油，100毫升以内的香水，300毫升以内的空气清新剂。

2. 禁止携带和托运的物品

法令限制运输的物品：有臭味、恶腥味的物品，能损坏、污染船舶和妨碍其他游客的物品，易爆品、易燃品、腐蚀性物品、有毒物品、杀伤性物品以及放射性物品。

第六节　其他相关知识

一、货币知识

(一) 外汇

1. 外汇的概念

外汇是指以外币表示的可用于国际结算的一种支付手段，包括外国货币（钞票、铸币等）、外币有价证券（政府公债、国库券、公司债券、息票等）、外币支付凭证（票据、银行存款凭证等）以及其他外汇资金。

2. 我国的外汇政策

我国对外汇实行国家集中管理、统一经营的方针。在中国境内，禁止外汇流通、使用、质押，禁止私自买卖外汇，禁止以任何形式进行套汇、炒汇、逃汇。

3. 货币兑换

海外游客来华时携入的外汇和票据金额没有限制，但数额大时必须在入境时据实申报；在中国境内，海外游客可持外汇到中国银行各兑换点（机场、饭店或商店）兑换成人民币。在中国境内能兑换的外币主要有：美元 USD、欧元 EUR、英镑 GBP、日元 JPY、澳大利亚元 AUD、加拿大元 CAD、瑞士法郎 CHF、丹麦克朗 DKK、挪威克朗 NOK、瑞典克朗 SEK、新加坡元 SGD、新西兰元 NZD、菲律宾比索 PHP、泰国铢 THB、韩元 KRW、俄罗斯卢布 RUB 以及港币 HKD、澳门元 MOP、新台币 TWD 等。兑换外币后，游客应妥善保管银行出具的外汇兑换证明（俗称"水单"），该证明有效期为 6 个月，游客若在半年内离开中国，而兑换的人民币没有花完，可持护照和水单将其兑换成外币，但不得超过水单上注明的金额。

4. 人民币进入 SDR

2015 年 12 月 1 日，国际货币基金组织（IMF）宣布把人民币纳入 SDR，权重定为 10.92%。SDR 是特别提款权（Special Drawing Right）的英文首字母，SDR 是国际货币基金组织创造的国际储备资产，目前由美元、英镑、欧元和日元组成。中国加入 SDR 意味着人民币真正跻身于全球主要货币之列，人民币作为结算货币将得到更广泛的使用,也将推动人民币成为可兑换、可自由使用的货币。

(二)信用卡

信用卡是银行和其他专门机构为提供消费信用而发给客户在指定地点按照给予的消费信用额度支取现金、购买货物或支付劳务费用的信用凭证,实际上是一种分期付款的消费者信贷。信用卡是一种电子智能卡,卡上印有信用卡名称、持卡者姓名、持卡者账号及每笔赊购的限额、签字有效期和防伪标记等内容。

信用卡的种类有很多,通常可以按照以下标准划分:按发卡机构,可分为银行卡和非银行卡;按持卡人的资信程度,可分为普通卡、金卡和白金卡;按清偿方式,可分为贷记卡和借记卡;按流通范围,可分为国际卡和地区卡。中国银行的外汇长城万事达卡是国际卡,而人民币万事达信用卡和中国工商银行的牡丹卡都是地区卡。

我国目前主要受理的外币信用卡有:维萨卡(Visa Card),总部设在美国旧金山;万事达卡(Master Card),总部设在美国纽约;运通卡(American Express),由美国运通公司及其世界各地的分公司发行;大莱卡(Dinners Club Card),该卡是世界上发行最早的信用卡,由大莱卡国际有限公司统一管理;JCB卡(JCB Card),1981年由日本最大的JCB信用卡公司发行;百万卡(Million Card),由日本东海银行发行;发达卡(Federal Card),由中国香港南洋商业银行发行。

维萨卡、万事达卡、银联卡(China Union Pay)在全球范围构建了一个刷卡消费的联盟,国内银行与它们合作以后,国内银行发行的信用卡就能在它们的联盟范围内刷卡消费,在部分国家地区甚至可以持银联卡直接消费。消费者可以在申请信用卡的时候选择申请维萨信用卡或万事达信用卡。

(三)离境退税

2011年1月1日,海南省正式实施境外旅客购物离境退税政策试点。

2014年8月,国务院公布的《关于促进旅游业改革发展的若干意见》提出,扩大旅游购物消费,研究完善境外旅客购物离境退税政策,并将实施范围扩大至全国符合条件的地区。2015年国家税务总局发布了《境外旅客购物离境退税管理办法(试行)》。该办法规定:

1. *退税对象*

在我国连续居住不超过183天的外国人和港澳台同胞。

2. *退税物品*

服装、鞋帽、化妆品、钟表、首饰、电器、医疗保健及美容器材、厨卫用具、家具、空调、电冰箱、洗衣设备、电视机、摄影（像）设备、计算机、自行车、文具、体育用品等，共 21 个大类 324 种。但不包括《中华人民共和国禁止、限制进出境物品表》所列的禁止、限制出境的物品，如食品、饮料、水果、烟、酒、汽车、摩托车等。

2020 年，财政部、海关总署、税务总局发布的《关于海南离岛旅客免税购物政策的公告》中规定："(1)自 7 月 1 日起，海南离岛旅客免税购物额度从每年每人 3 万元提高至 10 万元；(2)离岛免税商品品种由 38 种增至 45 种，即增加了 7 类电子消费产品；(3)取消单件商品 8000 元免税限额；(4)以额度管理为主，大幅减少单次购买数量限制的商品种类。"但是，不得以牟利为目的为他人购买免税品或将所购免税品在国内市场再次销售；不得在购买或提取免税品时，提供虚假身份证件或旅行证件，使用不符合规定身份证件或旅行证件，或者提供虚假离岛信息；否则，海关将依法进行处理。

3. 退税条件

（1）在退税定点商店购买退税物品，购物金额达到起退点（500 元），并且按规定取得退税申请单（凭购买退税物品的增值税普通发票向退税商店索取）等退税凭证。

（2）在离境口岸办理离境手续，离境前退税物品尚未启用或消费。

（3）离境日距退税物品购买日不超过 90 天。

（4）所购退税物品由境外旅客本人随身携带或托运出境。

（5）所购退税物品经海关验核并在退税申请单上签章。

（6）在指定的退税代理机构办理退税。

4. 退税率

退税率为 11%，但退税机构要收取 2% 的手续费，旅客应得退税金额为商品价格的 9%。如旅客购买了 500 元退税物品，可获得退税金额为：500 元 ×（11%−2%）=45 元。

5. 退税币种

退税币种为人民币。退税金额超过 10 000 元人民币的，退税代理机构将以银行转账方式退税。退税金额未超过 10 000 元人民币的，退税代理机构可采用现金退税或银行转账方式退税，由境外旅客自行选择。

6. 退税流程

（1）托运行李包括退税物品

离境退税商店购买商品—索取离境退税申请单—航空公司乘机手续办理—海关退税物品验核并托运行李—联检手续—退税机构退税。

（2）随身携带退税物品

离境退税商店购买商品—索取离境退税申请单—航空公司乘机手续办理—联检手续—海关退税物品验核—退税机构退税。

7. 享有退税政策的省市

目前被批准实施境外旅客购物离境退税政策的省区市增加至23个，包括甘肃、湖南、海南、北京、上海、天津、辽宁、安徽、福建、四川、江苏、陕西、云南、黑龙江、山东、广东、新疆、河南、宁夏、重庆、河北、广西、江西。

二、保险知识

（一）旅游保险的概念与特点

1. 旅游保险的概念

旅游保险是保险业的一项业务。它是指根据合同的约定，投保人向保险人支付保险费，保险人对于合同约定的在旅游活动中可能发生的事故所造成的人身财产损失承担赔偿保险金的责任。目前，游客报名时所涉及的保险通常有三种，分别是旅行社责任保险、旅游意外保险和交通意外伤害保险。

2. 旅游保险的特点

与其他保险合同相比较，旅游保险具有短期性、强制保险与自愿保险相结合、财产保险与人身保险相结合等特点。

（二）旅游保险的种类

1. 旅行社责任保险

旅行社责任保险是指旅行社根据保险合同的约定，向保险公司支付保险费，保险公司对旅行社在从事旅游业务经营活动中，致使游客人身、财产遭受损害应由旅行社承担的责任，转由承保的保险公司负责赔偿保险金的行为。旅行社责任保险属强制保险。

保险期限：旅行社责任保险的保险期限为一年。

旅行社不承担赔偿责任的情形：

（1）游客参加旅游活动，应当保证自身身体条件能够完成旅游活动。因此在旅游过程中，游客由于自身疾病引起的各种损失或损害，旅行社不承担任何赔偿责任。但是在签约时游客已经声明且为旅行社接受的需要旅行社照顾的情形，旅行社及其工作人员没有尽到应尽的照顾义务的，仍然应当承担赔偿责任。

（2）游客参加旅行社组织的旅游活动，应当服从导游或领队的安排，在旅行过程中注意保护自身和随行的未成年人的安全，妥善保管随身携带的行李、物品。由于游客个人过错导致的人身伤亡和财物损失，以及由此产生的各种费用支出,旅行社不承担赔偿责任。

(3)游客自行终止旅行社安排的旅游行程后,或者没有参加约定的旅游活动而自行活动时,发生的人身、财物损害,旅行社不承担赔偿责任。

2. 旅游意外保险

旅游意外保险,是指旅行社在组织团队旅游时,为保护游客的利益,代游客向保险公司支付保险费,一旦游客在旅游期间发生事故,按合同约定由承保保险公司向游客支付保险金的保险行为。旅游意外保险属自愿保险。旅游意外保险由组团社负责一次性办理,接待旅行社不再重复投保。旅游意外保险的保险费由游客支付。

保险期限:

(1)旅行社组织的入境旅游,旅游意外保险期限从游客入境后参加旅行社安排的旅游行程时开始,直至该旅游行程结束时为止。

(2)旅行社组织的国内旅游、出境旅游,旅游意外保险期限从游客在约定的时间登上由旅行社安排的交通工具开始,直至该次旅行结束离开旅行社安排的交通工具为止。

不承担赔偿责任的情况:

(1)游客自行终止旅行社安排的旅游行程,其保险期限至其终止旅游行程的时间为止。

(2)游客在中止双方约定的旅游行程后自行旅行的,不在旅游意外保险之列。

旅游意外保险的索赔时效以自事故发生之日起180日内为限。

3. 交通意外伤害保险

交通意外伤害保险也称为交通工具意外伤害保险。它是以被保险人的身体为保险标的,以被保险人作为乘客在乘坐客运大众交通工具期间因遭受意外伤害事故,导致身故、残疾、医疗费用支出等为给付保险金条件的保险,主要包括火车、飞机、轮船、汽车等交通工具。

(1)航空旅客意外伤害保险

航空旅客意外伤害保险简称为航意险,属自愿投保的个人意外伤害保险。此种保险游客可自愿购买一份或多份。其保险期限自游客持保险合同约定航班的有效机票到达机场通过安全检查时起,至游客抵达目的港走出所乘航班的舱门时止(不包括舷梯与廊桥)。在此期间,若飞机中途停留或绕道飞行中,只要被保险人一直跟机行动,其遭受的意外伤害均在保险责任范围内。当被保险人进入舱门后,由于民航原因,飞机延误起飞又让旅客离开飞机,在此期间被保险人遭受的伤害,保险公司也负责。

(2)铁路意外伤害保险

2013年,国务院废止了《铁路旅客意外伤害强制保险条例》,铁路意外伤害保险由原来强制性捆绑式销售改变为乘客自愿购买。2015年11月1日起,铁路部门为境内乘车旅客提供最新的铁路旅客人身意外伤害保险,简称乘意险。铁路乘意险将保险责任扩展到旅客自持有效乘车凭证实名制验证或检票进站时起,至旅客到达所持乘车凭证载明的到站检票出站时止,即由"车上"扩展到"车上和站内"。成年旅客购买乘意险为3元,最高保障30万元意外身故、伤残保险金和3万元意外医疗费用;未成年人购买乘意险为1元,最高保障10万元意外身故、伤残保险金和1万元意外医疗费用。

(三)旅游保险报案与索赔

1. 及时报案

游客发生意外事故后,应及时向投保的保险公司报案。

2. 收集证据,并妥善保存

导游应提醒当事人收集医院诊断证明、化验单据、意外事故证明等证据。

3. 转院需取得保险公司同意

游客因意外住院后,如需要转回本地医院继续治疗,应事先征得保险公司同意,并要求救治医院出具书面转院报告。

三、卫生常识

(一)骨折

1. 症状与体征

骨折,指骨头或骨头的结构完全或部分断裂。一般骨折,伤者的软组织(皮下组织、肌肉、韧带等)损伤疼痛剧烈,受伤部位肿胀瘀血明显。四肢骨折,可见受伤部位变形,活动明显受阻。若是开放性骨折,折断的骨骼会暴露在伤口处,而闭合性骨折,则皮肤表面无伤口。

2. 处理常识

(1)判断骨折

首先要考虑伤者受伤的原因,如果是车祸伤、高处坠落伤等原因,一般骨折的可能性很大;其次要看一下伤者的情况,如伤肢出现反常的活动,肿痛明显,则骨折的可能性很大,如骨折端已外露,肯定已骨折;最后,在判断不清是否有骨折的情况下,应按骨折来处理。

（2）止血

如出血量较大，应以手将出血处的上端压在邻近的骨突或骨干上或用清洁的纱布、布片压迫止血，再以宽的布带缠绕固定，要适当用力但又不能过紧。不要用电线、铁丝等直径细的物品止血。如有止血带，可用止血带止血，如无止血带可用布带。上肢出血时，止血带应放在上臂的中上段，不可放在下1/3或肘窝处，以防损伤神经。下肢止血时，止血带宜放在大腿中段，不可放在大腿下1/3、膝部或腿上段。上止血带时，要放置衬垫。上止血带的时间上肢不超过1小时，下肢不超过1.5小时。

（3）包扎

对骨折伴有伤口的患者，应立即封闭伤口。最好用清洁、干净的布片、衣物覆盖伤口，再用布带包扎；包扎时，不宜过紧也不宜过松，过紧会导致伤肢缺血坏死，过松则起不到包扎作用，同时也起不到压迫止血的作用。如有骨折端外露，注意不要将骨折端放回原处，应继续保持外露，以免引起深度感染。

（4）上夹板

尽可能保持伤肢固定位置，不要任意牵拉或搬运患者。固定的器材最好用夹板，如无夹板可就地取材用树枝、书本等固定。在没有合适器材的情况下，可利用自身固定，如上肢可固定在躯体上，下肢可利用对侧固定，手指可与邻指固定。

（5）搬运伤员

单纯的颜面骨折、上肢骨折，在做好临时固定后可搀扶伤员离开现场。膝关节以下的下肢骨折，可背运伤员离开现场。颈椎骨折，可一人双手托住枕部、下颌部，维持颈部伤后位置，另两人分别托起腰背部、臀部及下肢移动。胸腰椎骨折，则需要一人托住头颈部，另两人分别于同侧托住胸腰段及臀部，另一人托住双下肢，维持脊柱伤后位置移动。髋部及大腿骨折，需要一人双手托住腰及臀部，伤员用双臂抱住救护者的肩背部，另一人双手托住伤员的双下肢移动。伤员在车上宜平卧，如遇昏迷患者，应将其头偏向一侧，以免呕吐物吸入气管，发生窒息。

（二）蛇咬伤和毒虫蜇伤

1. *被毒蛇咬伤的处理常识*

在旅游途中如果不幸有游客被毒蛇咬伤，导游应该马上进行紧急处理，处理得越快越早，效果就越好。

（1）导游要让伤者冷静下来，千万不要走动。被毒蛇咬伤后，如果跑动或有其他剧烈动作，则血液循环加快，蛇毒扩散吸收也同时加快。

（2）给伤者包扎伤口。导游应该马上用绳、布带或其他植物纤维在伤口上方超过一个关节处结扎。动作必须快捷，不能结扎得过紧，阻断静脉回流即可，而且每隔15分钟要放松一次，以免组织坏死。然后用手挤压伤口周围，将毒液挤出，等伤口经过清洗、排毒，再经过内服外用有效药物半小时后，方可去除包扎。

（3）帮助伤者冲洗伤口。用清水冲洗伤口的毒液，以减少吸附。有条件的话用高锰酸钾溶液冲洗伤口，这样效果更好。

（4）扩大伤口排毒。用小刀按毒牙痕的方向切纵横各1厘米的十字形口，切开至皮下即可，再设法把毒素吸出或挤出。一直到流血或吸出的血为鲜红色为止，或者局部皮肤由青紫变成正常为止。在不切开伤口的前提下，可努力破坏蛇毒，使其失去毒性。

（5）用凉水浸祛毒素。帮助伤者将伤口置于流动的水或井水中，同时清洗伤口。

（6）进行初步处理后，应及时送伤者去医院治疗。

2. 被毒虫蜇伤的处理常识

（1）蝎子蜇伤

蝎子伤人会引起伤者局部或者全身的中毒反应，还会出现剧痛、恶心、呕吐、烦躁、腹痛、发烧、气喘，重者可能出现胃出血，甚至昏迷，儿童可能因此而中毒死亡。蝎子伤人的急救方法与毒蛇咬伤的处理方法大致相同。不同之处是由于蝎子毒是酸性毒液，冲洗伤口时应该用碱性肥皂水反复冲洗，这样可以中和毒液，然后再把红汞涂在伤口上。如果游客中毒严重，导游应该立即送其去医院抢救。

（2）蜈蚣刺伤

游客在野外、山地旅游或露天扎营过夜时，有可能被蜈蚣刺伤，刺伤后一般有红肿热痛现象，可发生淋巴管炎和淋巴结炎。严重中毒时会出现发烧、恶心、呕吐、眩晕、昏迷。一般来说，出现这种情况对成人无生命危险，但儿童可能会中毒死亡。蜈蚣毒性同蝎毒一样是酸性毒液，可用肥皂水或石灰水冲洗中和，然后口服蛇药片，对较轻的蜈蚣刺伤，可用牛鼻上的汗水涂擦伤口，或剪下一撮受伤者的头发烧着后烟熏伤口，均有不错的疗效。

（3）毒蜘蛛咬伤

毒蜘蛛的毒性很大，可能导致肿痛、头昏、呕吐、虚脱，甚至死亡。毒蜘蛛咬伤的急救方法与毒蛇咬伤的急救方法相同。

（4）蜂蜇伤

被蜂蜇受伤以后，有的几天后自愈，有的则出现生命危险。被黄蜂蜇伤后，导游应该帮助伤者轻轻挑出蜂刺，注意千万不能挤压伤口，以免毒液扩散。因为黄蜂、马蜂、胡蜂的毒为碱性毒液，可以用醋清洗伤口。被其他蜂，如蜜蜂等蜇伤后，导游要帮助游客先将伤口内的刺挤出来，再用肥皂水清洗。

四、安全常识

（一）高原旅游安全知识

高原一般是指地势在海拔 2700 米左右高度的地区。由于到达这一高度时，气压低、空气干燥、含氧量少，人体会产生高原反应。

1. 症状与体征

高原反应即急性高原病，是人到达一定海拔高度后，身体为适应因海拔高度而造成的气压低、含氧量少、空气干燥等的变化，而产生的自然生理反应，海拔高度一般达到 2700 米左右时，就会有高原反应。在进入高原后，如果出现了下列症状，应考虑已经发生高原反应：

（1）头部剧烈疼痛、心慌、气短、胸闷、食欲不振、恶心、呕吐、口唇指甲发绀。

（2）意识恍惚，认知能力骤降。主要表现为计算困难，在未进入高原之前做一道简单的加法题，记录所用时间，在出现症状时，重复做同样的计算题，如果所用时间比原先延长，说明已经发生高原反应。

（3）出现幻觉，感到温暖，常常无目标地跟随在他人后面行走。

2. 处理常识

（1）在高原上动作要缓，尤其是刚刚到达的时候要特别注意，不可疾速行走，更不能跑步或奔跑，也不能做体力劳动。

（2）不可暴饮暴食，以免加重消化器官负担，不要饮酒和吸烟，多食蔬菜和水果等富含维生素的食品，适量饮水，注意保暖，少洗或不洗澡以避免受凉感冒和消耗体力。

（3）进入高原后要不断少量喝水，以预防血栓。一般每天需补充 4000 毫升液体。因湿度较低，嘴唇容易干裂，除了喝水，还可以外用润唇膏改善症状。

（4）学会腹式呼吸，即在行走或攀登时将双手置于臀部，使手臂、锁骨、肩胛骨及腰部以上躯干的肌肉作辅助呼吸，以增加呼吸系统的活动能力。

（5）尽量避免将皮肤裸露在外，可以戴上防紫外线的遮阳镜和撑遮阳伞，在可能暴露的皮肤上涂上防晒霜。

（6）高原反应容易导致失眠，可以适当服用安定保证睡眠，以及时消除疲劳，保证旅游顺利进行。

(7)提前服用抗高原反应药,如红景天、高原康、高原安等,反应强烈时,可以通过吸氧来缓解。

(二)沙漠旅游安全知识

(1)行前导游应了解当地的有关情况,如气候、植被、河流、村庄、道路等,规划好旅游线路,在确保安全的情况下制订出可行的旅游方案。

(2)告知游客在出发前穿上防风沙衣服和戴上纱巾,脸上搽上防晒霜,戴太阳镜和遮阳帽,穿上轻便透气的高帮运动鞋,以防风沙。

(3)告知游客在沙漠旅游中不要走散,一旦走散后迷失了方向,不要慌张,也不要乱走,应在原地等待救援。

(4)若在沙漠旅游中遇到沙暴,要带领游客避开风的正面,千万不要到沙丘背风坡躲避,否则有被沙暴掩埋的危险。

(三)冰雪旅游安全知识

(1)在滑雪前,导游应告知游客穿戴好滑雪服,滑雪服最好选用套头式,上衣要宽松,以利滑行动作;衣物颜色最好与雪面白色有较大反差,以便他人辨认和避免相撞;佩戴好合适的全封闭保护眼镜,避免阳光反射及滑行中冷风对眼睛的刺激。

(2)在滑雪前,导游还应告知游客做好必要的防护措施,如检查滑雪板和滑雪杖有无折裂的地方,固定器连接是否牢固,选用油性和具有防紫外线作用的防护用品,对易受冻伤的手脚、耳朵做好保护措施等。

(3)进入滑雪场后,导游应叮嘱游客严格遵守滑雪场的有关安全管理规定,向滑雪场工作人员了解雪道的高度、坡度、长度和宽度及周边情况,告知游客根据自己的滑雪水平选择相应的滑道,注意循序渐进,量力而行,要按教练和雪场工作人员的安排和指挥去做,不要擅自到技术要求高的雪区去滑雪;注意索道开放时有无人看守,若没有人看守,切勿乘坐。

(4)告知游客在滑雪过程中,要注意与他人保持一定的距离,不要打闹,以免碰撞;滑雪人数较多时,应调节好速度,切勿过快过猛。

(四)漂流安全知识

(1)在上船之前,导游应告知游客不要身带现金和贵重物品,仔细阅读漂流须知,听从工作人员安排,穿好救生衣,根据需要戴好安全帽。

(2)告知游客在水上漂流中不要做危险动作,不要打闹,不要主动去抓水上的漂浮物和岸边的草木石头,不要自作主张随便下船。

(3)告知游客漂流中一旦落水,千万不要惊慌失措,因为救生衣的浮力足以将人托浮在水面上,静心等待工作人员和其他游客前来救援。

(五)温泉旅游安全知识

1. 不适宜泡温泉的情形

(1)癌症、白血病患者,不宜泡温泉,以防刺激新陈代谢,加速身体衰弱。

(2)皮肤有伤口、溃烂或真菌感染如香港脚、湿疹的患者,都不适合泡温泉,以免引起伤口恶化。过敏性皮肤疾病患者也不适合浸泡在高温的泉水中,以免由于加速皮肤水分蒸发、破坏皮肤保护层而引发荨麻疹。

(3)女性生理期来时或前后,怀孕的初期和末期,最好不要泡温泉。

(4)睡眠不足、熬夜之后、营养不良、大病初愈等身体疲惫状态下,不适合泡温泉,以免因为突然接触过高温度引起脑部缺血或休克。

2. 泡温泉注意事项

(1)高血压和心脑血管疾病患者,在规则服药或经医生允许的前提下,可以泡温泉,但以每次不超过 20 分钟为宜。并注意:入水前,先用温泉水缓慢地擦拭身体,待适应后再进入,以免影响血管正常收缩;出水时,缓慢起身,以防因血管扩张、血压下降导致头昏眼花而跌倒,诱发脑中风或心肌梗死。

(2)糖尿病患者在血糖控制较好、体征比较稳定的情况下,可以泡温泉。如果血糖不稳定,会因为在温泉中容易出汗,造成脱水,引起血糖变化。此外,大多数糖尿病患者,都伴有周围神经病变,手掌、脚掌感觉异常,温度敏感度较差,容易因为长久浸泡造成烫伤而不知。

(3)空腹或太饱时不宜入浴,以免出现头晕、呕吐、消化不良、疲倦等症状。

(4)入水时,应从低温到高温,逐次浸泡,每次 15~20 分钟即可。

(5)泡温泉的时间,应根据泉水温度来定,温度较高时,不可长久浸泡,以免出现胸闷、口渴、头晕等症状。

(6)泡温泉时,应多喝水,随时补充流失的水分。

(7)泡温泉时,由于脸上的毛孔会释放大量自由基而损伤皮肤,最好敷上面膜或用冷毛巾敷面,同时闭上双眼,以冥想的心情,配合缓慢的深呼吸,真正舒缓身心压力。

(8)泡温泉时,如果感觉身体不适,应马上离开,不可勉强继续。

3. 泡后注意事项

(1)泡完温泉后,一般不必再用清水冲洗,但如果是浸泡较强酸性或硫化氢含量高的温泉,则最好冲洗,以免刺激皮肤,造成过敏。

(2)泡温泉后要注意保暖,迅速擦干全身,特别是腋下、胯部、肚脐周围和四肢皮肤的皱褶处,及时涂抹滋润乳液,锁住皮肤水分。

(3)泡温泉后,人体水分大量蒸发,应多喝水补充。

(六)研学旅行安全知识

研学旅行的对象是中小学生,研学旅行是以提升其素质为教学目的,依托旅游吸引物等社会资源,进行体验式教育和探究性学习的一种教育旅游活动,有助于促进参与对象自理能力、创新能力和实践能力的提升。

研学旅行产品按照资源类型分为知识科普型、自然观赏型、体验考察型、励志拓展型、文化康乐型。

知识科普型:主要包括各种类型的博物馆、科技馆、主题展览、动物园、植物园、历史文化遗产、工业项目、科研场所等资源;

自然观赏型:主要包括山川、江、湖、海、草原、沙漠等自然景观资源;

体验考察型:主要包括农庄、实践基地、夏令营营地或团队拓展基地等资源;

励志拓展型:主要包括红色教育基地、大学校园、国防教育基地、军营等资源;

文化康乐型:主要包括各类主题公园、演艺影视城等资源。

1. 研学活动开展前注意事项

(1)导游应结合研学活动学校的实际情况,协助活动学校制定研学旅行安全应急预案,明确应急事故处理程序和方式。

(2)为确保研学活动安全,导游应配合活动学校成立安全工作组,工作组包括但不限于人员清点组、交通安全组、饮食安全组、住宿安全组、活动安全组、医疗后勤组、宣传统筹组等,并明确各小组具体分工、责任人与职责。

(3)导游应在研学活动开展前到活动学校,召开研学旅行活动行前说明会,提供安全防控教育知识读本,对学生进行行前安全教育。

(4)导游应提前熟悉研学旅行活动的地点,进行实地勘查,制定安全合理的活动路线和方案,以确保活动安全。

(5)导游应以安全、卫生和舒适为基本要求,提前对住宿营地进行实地考察,并提前将住宿营地相关信息告知学生和家长,以便做好相关准备工作。

2. 研学旅行中的导游讲解服务

(1)讲解服务应符合《导游服务规范》。

(2)讲解中应将安全知识、文明礼仪作为重要内容,随时提醒、引导学生安全旅游、文明旅游,例如:

上车时请自觉排队,不要拥挤;上车后及时系好安全带,靠走道的同学请放下座椅把手;车辆行驶途中不得擅自离开座位,在走道上随意走动,不要把头、手伸出窗外;在车上不得大声喧哗,随时保持车上卫生;住宿时,不要在夜间或自由活动时自行外出，出行前需告知导游；洗澡时，注意防滑，不要嬉戏，调好水温，防止烫伤，不要贪图一时凉快用冷水洗澡；不要触摸电器线路板、插座等带电设施；晚上按时就寝，锁好房门，不要让陌生人进入房间；用餐时要在统一安排的餐厅就餐，不乱吃小吃摊上的东西，以防生病；游览时，要跟着导游的路线走，认真听讲解，记住自己乘坐的车号，以免跟错团，一旦脱团要在原地等候，等待导游或老师返回寻找，或拨打胸卡上的老师或导游的电话。

（3）导游应结合教育服务要求和讲解对象年龄小、文化水平较低、活泼好动、喜好新事物的特点，提供有针对性、互动性、趣味性、启发性和引导性的讲解服务。

3. 研学活动进行中的注意事项

（1）导游需加强交通服务环节的安全防范，向学生宣讲交通安全知识和紧急疏散要求，组织学生有序乘坐交通工具，在承运过程中随机开展安全巡查工作，并在学生上、下交通工具时清点人数，防范出现滞留或走失。

（2）入住研学营地时，导游应详细告知学生入住注意事项，宣讲住宿安全知识，带领学生熟悉安全通道，根据制定的住宿安全管理制度，开展巡查、夜查工作。

（3）导游应提前制定就餐座次表，组织学生有序就餐，在学生用餐时做好巡查工作，确保餐饮服务质量，并督促餐饮服务提供方按照有关规定，做好食物留样工作。

（4）导游要认真组织、有序开展研学活动。活动中导游应将安全知识作为导游讲解服务的重要内容，并通过各种形式加强对学生的安全教育，以提高学生的安全防范意识，让学生掌握自护、自救、互救安全防范的知识和本领。

（5）活动结束后导游要组织学生在规定的地点按时集中，认真清点人数上报，组织学生有序上车，与跟班老师跟车回校，待学生家长接到学生后方能离开。

（6）在带团中，如有学生生病或受伤，应及时将其送往医院或急救中心治疗，并妥善保管就诊医疗记录。返程后，应将就诊医疗记录复印并转交给家长或带队老师。

五、时差与温度、度量衡换算

（一）时差

1. 国际标准时间

英国格林尼治天文台每天播报的时间被称为国际标准时间，即"格林尼治时间"。

2. 地方时

人们在日常生活中所用的时间是以太阳通过天体子午线的时刻——"中午"作为标准来划分的。每个地点根据太阳和子午线相对位置确定的本地时间即为"地方时"。地球每24小时自转一周（360°），每小时自转15°。自1884年起，国际上将全球划分为24个时区，每个时区的范围为15个经度，即经度相隔15°，时间相差1小时。以经过格林尼治天文台的零度经线为标准线，从西经7度半到东经7度半为中区（称为0时区）。然后从中区的边界线分别向东、西每隔15°划1个时区，东西各有12个时区，而东、西12区都是半时区，合起来称为12区。各时区都以该区的中央经线的"地方时"为该区共同的标准时间。

3. 北京时间

北京位于东经116°24′，划在东8区，该区的中央经线为东经120°，因此，"北京时间"是以东经120°的地方时作为标准时间。中国幅员辽阔，东西横跨经度64度，跨5个时区（从东五区到东九区），为了统一，以"北京时间"作为全国标准时间。

4. 时差换算

时差换算公式：甲乙两地的时区差＝两地时区数相加减（甲乙两地同在东时区或同在西时区用"-"，甲乙两地一个在东时区另一个在西时区时用"+"）。

如北京在东8区，伦敦在0时区，则8-0=8，即相隔8个时区，时差为8小时。北京12时，伦敦为12-8=4时。

如北京在东8区，开罗在东2区，则8-2=6，即相隔6个时区，时差为6小时。北京12时，开罗6时。

如北京在东8区，悉尼在东10区，则10-8=2时，即相隔2个时区，时差为2小时。北京12时，悉尼12+2=14时。

如北京在东8区，纽约在西5区，则8+5=13时，即相隔13个时区，时差为13小时。北京12时，纽约12-13=-1(前日23时)。

如北京在东8区，洛杉矶在西8区，则8+8=16时，时差为16小时。北京12时，洛杉矶时间为12-16=-4(前日20时)。

时刻换算公式：甲地时刻＝乙地时刻±甲乙两地的时区差（甲在乙东则"+"，甲在西则"-"）。

表9-3和表9-4分别表示的是北京12时时世界主要城市的当地时间与时差情况。

表9-3 北京时间12时与世界主要城市当地时间对照表

城市	当地时间	城市	当地时间
加拉加斯	23:00	雅典	6:00
纽约	23:00	法兰克福	5:00
多伦多	23:00	柏林	5:00
芝加哥	22:00	巴黎	5:00
墨西哥城	22:00	布鲁塞尔	5:00
丹佛	21:00	阿姆斯特丹	5:00
洛杉矶	20:00	马德里	5:00
安克雷奇	19:00	罗马	5:00
夏威夷	18:00	雅加达	11:30
	（以上时间为前一天的）	新加坡	11:30
惠灵顿	16:00	曼谷	11:00
悉尼	14:00	河内	11:00
东京	13:00	金边	11:00
首尔	13:00	乌兰巴托	11:00
中国香港	12:00	仰光	10:30
马尼拉	12:00	新德里	9:00
布加勒斯特	6:00	孟买	9:00
安卡拉	6:00	卡拉奇	9:00
赫尔辛基	6:00	迪拜	8:00
开普敦	6:00	德黑兰	7:00
内罗毕	7:00	莫斯科	7:00
巴格达	7:00	利雅得	7:00
达累斯萨拉姆	7:00	斯德哥尔摩	5:00
开罗	6:00	布达佩斯	5:00
维也纳	5:00	伦敦	4:00
日内瓦	5:00	阿尔及尔	4:00
苏黎世	5:00	达喀尔	4:00

续表

城市	当地时间	城市	当地时间
华沙	5：00	里约热内卢	1：00
		布宜诺斯艾利斯	1：00

资料来源：徐堃耿. 导游业务［M］. 北京：旅游教育出版社，1999.

表9-4　北京与世界主要城市时差表

北京0时与世界主要城市相比。"＋"表示比北京时间早，"－"表示比北京时间晚。各地时间均为标准时间。

城市名称	时差数	城市名称	时差数
中国香港、马尼拉、中国澳门、吉隆坡	0	开罗、开普敦、索菲亚	-6
首尔、东京、平壤	+1	斯德哥尔摩、柏林、巴黎、日内瓦、华沙、布达佩斯、维也纳、罗马	-7
悉尼、堪培拉、布里斯班、墨尔本	+2		
惠灵顿	+4	伦敦、阿尔及尔、达喀尔	-8
新加坡、雅加达	-0.5	布宜诺斯艾利斯、里约热内卢	-11
河内、金边、曼谷、乌兰巴托	-1	纽约、华盛顿、渥太华、多伦多	-13
仰光	-1.5	芝加哥、墨西哥城	-14
新德里、孟买	-2.5	洛杉矶、温哥华	-16
迪拜	-4	夏威夷（檀香山）	-18
莫斯科、巴格达、科威特	-5		

资料来源：徐堃耿. 导游业务［M］. 北京：旅游教育出版社，1999.

（二）温度换算

温度的测算标准有两种：摄氏温度和华氏温度。我国习惯用摄氏温度，而西方国家则较多地用华氏温度。二者的换算公式如下：

$$摄氏（℃）=5÷9×（华氏温度-32）$$

例如：将90华氏度换算成摄氏温度：$5÷9×（90-32）≈32.2（℃）$

$$华氏（℉）=摄氏温度×9÷5+32$$

例如：将 30 摄氏度换算成华氏温度：30×9÷5+32=86（℉）

（三）度量衡换算

世界上的度量衡有公制和英美制，中国还有市制，虽然它们之间的换算比较复杂，但是导游在工作中会经常遇到此类的换算问题，所以应该了解常用的度量衡换算。

表 9-5　长度换算（一）

公制	中国市制	英美制	英制
公里（千米）	市里	英里	海里
1	2	0.6214	0.53996
0.5	1	0.3107	0.26998
1.60934	3.2187	1	0.86842
1.853	3.706	1.1515	1

注：英制 1 海里 =6080 英尺（实用通常为 6000 英尺 = 纬度的 1/60）

美制 1 海里 =（国际海里）=6076 英尺（1954 年 7 月 1 日起美国改用国际海制）

表 9-6　长度换算（二）

公制		中国市制	英美制		
米	厘米	尺	码	英尺	英寸
1	100	3	1.0936	3.2808	39.37
0.01	1	0.03	0.01094	0.03281	0.3937
0.3333	33.33	1	0.3645	1.094	13.123
0.9144	91.44	2.743	1	3	36
0.3048	30.48	0.9144	0.3333	1	12
0.0254	2.54	0.0762	0.0278	0.0833	1

表 9-7　容（体）积换算（一）

公制	中国市制	英制	美制
升	升	（英）加仑	（美）加仑
1	1	0.22	0.264
4.546	4.546	1	1.201
3.785	3.785	0.833	1

表 9-8　容（体）积换算（二）

公制		英美制			中国市制
立方米	立方厘米	立方码	立方英尺	立方英寸	立方尺
1	1000000	1.308	35.3147	61023.7	27
0.000001	1	0.0000013	0.00004	0.06102	0.000027
0.76456	764555	1	27	46656	20.643
0.02832	28317.016	0.037	1	1728	0.76455
0.000016	16.3871	0.00002	0.00058	1	0.00044
0.037	37037	0.0484	1.308	2260.137	1

表 9-9　重量换算

公制		英美制常衡		英美制金衡或药衡		中国市制
千克	克	磅	盎司	磅	盎司	两
1	1000	2.20462	35.2736	2.679227	32.15072	20
0.001	1	0.0022	0.035274	0.0026792	0.03215	0.02
0.45359	453.592	1	16	1.2152777	14.5833324	9.072
0.02835	28.3495	0.0625	1	0.07595486	0.91145833	0.567
0.37324	373.2418	0.82285714	13.1657	1	12	7.465
0.031103	31.1035	0.06857143	1.0971428	0.08333	1	0.622
0.05	50	0.11023	1.76368	0.13396	1.60752	1

注：宝石：1 克拉 =0.2 克；1 金衡盎司 =155.5 克拉。

表 9-10　面（地）积换算

公制	中国市制	英美制	公制		中国市制	英美制
平方千米（公里）	平方里	平方英里	公顷	公亩	亩	英亩
1	4	0.3861	100	10000	1500	247.106
0.25	1	0.0965	25	2500	375	61.78
2.59	10.36	1	259	25900	3885	640
0.01	0.04	0.003861	1	100	15	2.471
0.0001	0.0004	0.000039	0.01	1	0.15	0.0247
0.00067	0.002667	0.000257	0.0667	6.667	1	0.165

续表

公制	中国市制	英美制	公制		中国市制	英美制
平方千米（公里）	平方里	平方英里	公顷	公亩	亩	英亩
0.00405	0.016187	0.00156	0.4047	40.468	6.07	1

注：1公顷=100米的平方=10000平方米；1亩=666.67平方米。

随堂练

文本

参考文献

［1］熊剑平，袁俊．导游业务［M］．武汉：武汉大学出版社，2004．
［2］熊剑平，董继武．导游业务［M］．武汉：华中师范大学出版社，2006．
［3］熊剑平，李志飞，张贞冰．导游学：理论·方法·实践［M］．北京：科学出版社，2007．
［4］熊剑平，刘承良，章晴．成功导游素质与修炼［M］．北京：科学出版社，2008．
［5］熊剑平，章晴．导游原理与实务［M］．上海：上海交通大学出版社，2011．
［6］熊剑平．导游实务与案例［M］．武汉：湖北教育出版社，2014．
［7］湖北省旅游局人事教育处．导游业务［M］．武汉：华中师范大学出版社，2006．
［8］国家旅游局人事劳动教育司．导游业务［M］．北京：旅游教育出版社，2005．
［9］陈乾康．导游实务［M］．北京：中国人民大学出版社，2006．
［10］问建军．导游业务［M］．北京：科学出版社，2005．
［11］杜炜，张建梅．导游业务［M］．北京：高等教育出版社，2002．
［12］刘峰．现代导游职业技能自我提升实用指南［M］．北京：中国旅游出版社，2008．
［13］胡静．实用礼仪教程［M］．武汉：武汉大学出版社，2003．
［14］佟瑞鹏．旅游景区事故应急工作手册［M］．北京：中国劳动社会保障出版社，2008．
［15］郭书兰．导游原理与实务［M］．大连：东北财经大学出版社，2002．
［16］侯志强．导游服务实训教程［M］．福州：福建人民出版社，2003．
［17］赵湘军．导游学原理与实践［M］．长沙：湖南人民出版社，2003．
［18］陶汉军，黄松山．导游服务学概论［M］．北京：中国旅游出版社，

2003.

[19] 王连义. 海外旅游领队 20 谈 [M]. 北京：旅游教育出版社，1990.

[20] 王连义. 怎样做好导游工作 [M]. 北京：中国旅游出版社，1997.

[21] 王连义. 导游技巧与艺术 [M]. 北京：旅游教育出版社，2002.

[22] 王连义. 幽默导游词 [M]. 北京：中国旅游出版社，2003.

[23] 蒋炳辉. 导游带团艺术 [M]. 北京：中国旅游出版社，2001.

[24] 蒋炳辉. 导游人员带团 200 个怎么办 [M]. 北京：中国旅游出版社，2002.

[25] 韩荔华. 导游语言概论 [M]. 北京：旅游教育出版社，2000.

[26] 韩荔华. 实用导游语言技巧 [M]. 北京：旅游教育出版社，2002.

[27] 帕特里克·克伦. 导游的成功秘诀 [M]. 北京：旅游教育出版社，1989.

[28] 导游服务规范. 中华人民共和国国家标准（GB/T15971—2010）.

[29] 导游管理办法. 中华人民共和国国家旅游局〔2017〕第 44 号令.

[30] 导游人员管理条例（2017 年修正版）. 中华人民共和国国务院令〔2017〕第 687 号.

[31] 旅行社条例（2017 年修正版）. 中华人民共和国国务院令〔2017〕第 676 号.

[32] 旅行社条例实施细则（2016 年修正版）. 中华人民共和国国家旅游局〔2016〕第 42 号令.

责任编辑：贾东丽

图书在版编目（CIP）数据

导游业务 / 全国导游人员资格考试教材编写组编. -- 5版. -- 北京：旅游教育出版社，2020.8
全国导游人员资格考试系列教材
ISBN 978-7-5637-4096-3

Ⅰ.①导… Ⅱ.①全… Ⅲ.①导游－资格考试－教材 Ⅳ.①F590.633

中国版本图书馆CIP数据核字(2020)第082900号

全国导游人员资格考试系列教材

导游业务

（第5版）

全国导游人员资格考试教材编写组　编

出版单位	旅游教育出版社
地　　址	北京市朝阳区定福庄南里1号
邮　　编	100024
发行电话	（010）65778403　65728372　65767462（传真）
本社网址	www.tepcb.com
E - mail	tepfx@163.com
排版单位	北京旅教文化传播有限公司
印刷单位	天津雅泽印刷有限公司
经销单位	新华书店
开　　本	710毫米×1000毫米　1/16
印　　张	20.5
字　　数	298千字
版　　次	2020年8月第5版
印　　次	2020年8月第1次印刷
定　　价	32.00元

（图书如有装订差错请与发行部联系）